U0520746

国家出版基金项目
NATIONAL PUBLICATION FOUNDATION

现代化的中国图景

CHINA'S PROSPECT OF MODERNIZATION

郑有贵——著

湖南人民出版社·长沙

中国式现代化，深深植根于中华优秀传统文化，体现科学社会主义的先进本质，借鉴吸收一切人类优秀文明成果，代表人类文明进步的发展方向，展现了不同于西方现代化模式的新图景，是一种全新的人类文明形态。中国式现代化，打破了"现代化＝西方化"的迷思，展现了现代化的另一幅图景，拓展了发展中国家走向现代化的路径选择，为人类对更好社会制度的探索提供了中国方案。

——习近平

目 录

绪 论 | 命题答卷
中国共产党对中国式现代化的
成功推进和拓展　　　　　　　　001

一、现代化命题 / 005
二、中国式现代化答卷 / 012
三、中国式现代化经验 / 020

第一章 | 科学内涵
中国式现代化的中国特色
及其对人类社会现代化的重大突破　037

一、人口规模巨大的现代化：
　　将从质和量两个维度改变世界现代化人口版图 / 041
二、全体人民共同富裕的现代化：
　　摒弃和超越了两极分化的现代化 / 043

三、物质文明和精神文明相协调的现代化：

摒弃和超越了物质文明和精神文明偏废的现代化 / 050

四、人与自然和谐共生的现代化：

摒弃和超越了竭泽而渔的现代化 / 054

五、走和平发展道路的现代化：

摒弃和超越了基于恃强凌弱、巧取豪夺、零和博弈思维推进的现代化 / 059

第二章 | **目标提升**
中国式现代化目标内涵的
拓展提升　　　　　　　　069

一、提出：实现四个现代化 / 072

二、转换：建设富强民主文明的社会主义现代化国家 / 078

三、拓展：建设富强民主文明和谐的社会主义现代化国家 / 087

四、提升：全面建成富强民主文明和谐美丽的社会主义现代化强国 / 093

第三章 　主题拓展
中国式现代化推进和拓展的两大主题和战略支点　　105

一、以发展实业为基础促进农业文明向工业文明演进 / 109

二、坚持以人民为中心促进全面发展与创造人类文明新形态 / 119

三、做好发展战略性先导产业、攻克重大关键科技、建设重大基础设施等战略支点 / 128

第四章 　道路创造
坚持自信自立　成功走出中国式现代化道路　　141

一、落后的近代中国选择向工业化先发国家学习 / 145

二、社会主义现代化道路的探索形成 / 149

三、中国特色社会主义现代化道路的开创 / 154

四、中国式现代化道路的成功走出 / 161

五、中国式现代化道路成功走出的原因 / 169

第五章 **优势厚植**
中国式现代化
跨越发展机制的构建　　　179

一、构建以人民为中心的政策体系
　　保障中国式现代化行稳致远 / 183

二、公有制的建立和对公有制主体地位的坚持
　　是中国式现代化跨越发展的根基 / 188

三、农村社区集体统筹和积累机制
　　促进五个文明全面协调发展 / 200

四、集中力量办大事成就中国式现代化
　　由受弱势窘境困扰向优势跨越发展转变 / 212

第六章 **全面发展**
中国式现代化演进中
破解不平衡不充分发展问题的路径　　　233

一、基于人自由而全面的发展、人的现代化
　　促进经济社会协调发展 / 237

二、在产业体系现代化演进中促进产业协调发展 / 243

三、基于实现全体人民共同富裕的本质要求
致力于促进城乡区域协调发展 / 259

第七章 | **使命任务**
中国式现代化由全面小康向现代化强国
大跨越的目标任务和战略安排　　281

一、中国进入新发展阶段的战略判断
明确了中国发展的历史方位 / 285

二、新时代新征程中国共产党使命任务的目标指向 / 290

三、"分两步走"的战略安排赋予人类文明新形态
和社会主义现代化强国新的丰富内涵 / 295

第八章 守正创新
中国式现代化的本质要求和重大原则对人民性的坚守和保障 　311

一、本质要求对中国式现代化人民性的坚守
及其目标指向 / 314

二、重大原则对坚守中国式现代化人民性的保障 / 325

三、基于人民立场和人民至上理念
构建中国式现代化理论体系 / 333

后　记　　　　　　　　　　　　　　　　337

绪 论

命题答卷
中国共产党对中国式现代化的成功推进和拓展

党的二十大报告强调:"从现在起,中国共产党的中心任务就是团结带领全国各族人民全面建成社会主义现代化强国、实现第二个百年奋斗目标,以中国式现代化全面推进中华民族伟大复兴。"① 党的二十大明确了中国式现代化的中国特色、本质要求、重大原则等,初步构建起中国式现代化理论体系,对马克思主义政治经济学作出了原创性贡献。2024年7月,党的二十届三中全会审议通过《中共中央关于进一步全面深化改革、推进中国式现代化的决定》,对紧紧围绕推进中国式现代化进一步全面深化改革作出战略部署,为中国式现代化提供强大动力和制度保障。中国共产党团结带领人民赓续奋斗,拓展提升了现代化的内涵,成功走出中国式现代化道路,回答了作为工业化后发国家如何以中国式现代化推进中华民族伟大复兴的历史性命题,回答了两极分化还是共同富裕、物质至上还是物质精神协调发展、竭泽而渔还是人与自然和谐共生、零和博弈还是合作共赢、照抄照搬别国模式还是立

---

① 《习近平著作选读》第1卷,人民出版社2023年版,第18页。

足自身国情自主发展等一系列现代化之问，突破了在国际上受弱势窘境困扰，实现了向优势跨越发展的转变，成就了人自由而全面的发展、经济的历史性跨越发展、五个文明全面发展、协调发展、和平发展新动能的培育，创造了人类文明新形态。这缘于中国共产党在推进和拓展中国式现代化进程中，正确把握了四个维度的重大关系：在道路创造上，处理好走自己的路与借鉴国外经验的关系，坚持自信自立，把发展进步的命运牢牢掌握在自己手中；在问题导向上，处理好现代化战略目标导向与解决现实问题导向的关系，致广大而尽精微，一张蓝图绘到底；在动力机制上，坚持以人民为中心，处理好保障人民主体地位与激活各种生产要素的关系，把两者统一起来；在治理保障上，处理好现代化建设与国家治理体系和治理能力现代化的关系，把中国式现代化的本质要求、重大原则落实到治国理政的各个领域和各个环节，厚植起显著优势。

"时代是出卷人，我们是答卷人，人民是阅卷人。"① 2018年1月，习近平总书记在学习贯彻党的十九大精神研讨班开班式上的这一重要论断，既是中国共产党百余年奋斗史的真实呈现，又更加深刻地明示了中国共产党作为马克思主义执政党与人民的关系，彰显了中国共产党彻底的唯物主义精神、深厚的人民情怀、强烈的使命担当。

现代化是人类文明史的新篇章，是一场整体性历史性的社会演进，是必须经历的长久历史进程。实现国家现代化是中国共产党必须回答的历史性实践和理论命题。中国共产党自建立起，以马克思主义为指导，回答了作为工业化后发国家如何以中国式现代化推进中华民族伟大复兴的历史性命题。习近平总书记在庆祝中国共产党成立100周年大会上指出："我们坚持和发展中国特色社会主义，推动物质文明、政治文明、精神文明、社会文明、生态文明协调发展，创造了中国式现代化新道路，创造了人类文明新形态。"② 党

---

① 《习近平谈治国理政》第3卷，外文出版社2020年版，第70页。
② 《习近平谈治国理政》第4卷，外文出版社2022年版，第10页。

的十九届六中全会指出:"党领导人民成功走出中国式现代化道路,创造了人类文明新形态,拓展了发展中国家走向现代化的途径,给世界上那些既希望加快发展又希望保持自身独立性的国家和民族提供了全新选择。"①党的二十大对中国式现代化的中国特色、本质要求、重大原则等的明确,是对中国式现代化推进和拓展经验及其创新意义的高度概括,标注了中华文明发展的新高度、推进和拓展中国现代化的方向和目标定位,初步构建起中国式现代化理论体系。中国共产党团结带领人民在以中国式现代化推进中华民族伟大复兴进程中已经书写了无愧于历史的辉煌答卷,并将继续答好建设中华民族现代文明和全面建设社会主义现代化国家这一历史性命题。

一、现代化命题

2023年3月,习近平总书记在中国共产党与世界政党高层对话会上发表的以《携手同行现代化之路》为题的主旨讲话指出:"实现现代化是近代以来中国人民矢志奋斗的梦想。"②

"现代化"一词在英文中产生于18世纪中叶(1748—1770年),到20世纪初才出现在中文中。③现代化自工业革命起,成为一个

---

① 《中共中央关于党的百年奋斗重大成就和历史经验的决议》,人民出版社2021年版,第64页。
② 习近平:《携手同行现代化之路——在中国共产党与世界政党高层对话会上的主旨讲话》,《人民日报》2023年3月16日,第2版。
③ 何传启:《战略升级:从全面小康到现代化强国》,《中国青年报》2017年12月11日,第2版。

全球性命题，是一个动态的历史进程，其内涵随着经济社会发展逐渐丰富。20世纪90年代，吴承明对现代化内涵在经济学认识和历史观方面的变化进行考察，指出："现代化的内涵和人们对它的认识是不断变化的。""什么是现代化，无经典定义。总的说，是从传统社会向现代社会演变，应包括各个方面。"① 与这个判断类似，学界多从社会演进视角对现代化的丰富内涵进行概括。例如，现代化是一个描述人类社会从传统向现代转型的总体性概念，是一个标识人类文明演进和发展趋势的核心概念。一般意义上，现代化是指工业革命以来经济、政治、文化、社会和思想等领域发生的全方位、系统性剧变。② 又如，现代化倾向本身就是人类传统文明的健康的继续和延伸，它一方面全力吸收了以往人类历史所创造的一切物质和精神财富，一方面又以传统所从来未曾有过的创造力和改造能力，把人类文明推向一个新的高峰。③

在现代化的丰富内涵中，生产力发展水平是一个基础性和标志性的要素。所谓基础性，是因为生产力决定生产关系、经济基础决定上层建筑。与使用石器工具为主要标志的社会生产力对应的是原始社会，铁制农具和耕牛的使用成就了封建社会发展，第一、二次工业革命成就了资本主义社会发展。所谓标志性，是因为生产力发

---

① 吴承明：《现代化与中国十六、十七世纪的现代化因素》，《中国经济史研究》1998年第4期。
② 赵义良：《中国式现代化与中国道路的现代性特征》，《中国社会科学》2023年第3期。
③ ［美］阿历克斯·英格尔斯等：《人的现代化》，殷陆君编译，四川人民出版社1985年版，第58页。

展水平是区分传统社会与现代社会的标志性要素,第一次工业革命的兴起成为经济社会由传统向现代转型的起点。

在现代化进程中,长期以工业化为引领和主导,有其历史逻辑。一方面,工业化在发展中处于引领和主导地位。开始于18世纪60年代的工业革命,促进生产效率大幅度提升、技术进步加速、物质财富迅速增长,进而成就了人类社会由农业文明向工业文明转型。自工业革命起,一国的工业化进程,也决定了一国的经济社会发展水平和综合国力。基于英国人瓦特改良蒸汽机,煤炭能源革命兴起,英国引领世界现代化发展。基于德国人卡尔·本茨发明内燃机汽车,美国人富兰克林发明电,英国人法拉第发明发电机等,世界进入利用石油、天然气等的能源时代和电气化时代,美国开始引领世界现代化发展。

另一方面,在工业发展上的差异是东西方大分流的重要表征。在第一、二次工业革命进程中,欧美等西方国家成为引领工业化的先发国家,而中国仍处于农业社会,在工业化进程中落伍,与工业化先发国家的差距日益拉大。工业化先发国家以帝国主义殖民掠夺财富的方式实现物质财富快速增长,使这种分流更为强化。

中国因在工业化进程中落伍付出了沉重代价。作为文明古国的中国,在历史上长期走在世界前列,为人类文明进步作出了卓越贡献。然而,在西方工业革命后,中国仍然以农业立国,在工业化进程中逐渐落伍。1840年鸦片战争后,中国被西方列强入侵瓜分,逐步成为半殖民地半封建社会,经济社会发展遭受破坏,人民流离失所，国家陷入积贫积弱的恶性循环。

近代中国不仅重要工业由列强掌控，农业的发展也遭受挤压。外国资本在中国重工业、轻工业的生产投资中占据重要甚至垄断地位。例如，1931—1936 年，外资控制的企业占有中国生铁产量的 95% 以上，机械采煤量的 65% 以上，发电量的 55% 以上，棉布产量在 1935 年达到最高的 65%，卷烟产量在 1935 年达到最高的 58%。其中，仅美商上海电力公司在中国的发电量就相当于全国各华资电厂发电量的总和，英商颐中烟草公司在中国的产量超过所有华厂的产量。① 中国进口粮食数量呈大幅增加趋势，平均每年进口量由 1867—1870 年的 9.5 万担，增加到 1901—1905 年的 138 万担。② 对外农业贸易具有传统优势的主打产品丝、茶贸易也呈衰落走势。1894 年，郑观应在《盛世危言·商战》中指出，在商战中，中国有竞争力的大宗商品有二，一为丝，二为茶。丝的价值由盛时的四千余万两减至三千七八百万两，茶的价值由盛时的三千五百余万两减为一千万两。如此，丝、茶的全部价值尚不及鸦片、洋布全数。③ 1923 年 6 月党的三大通过的《农民问题决议案》显示，自从各帝国主义者以武力强制输入外货起，在价格增长率上一般日用品

---

① 中国大百科全书总编辑委员会《经济学》编辑委员会、中国大百科全书出版社编辑部编：《中国大百科全书·经济学Ⅲ》，中国大百科全书出版社 1988 年版，第 1234 页。
② 中国农业博物馆编、白鹤文等主编：《中国近代农业科技史稿》，中国农业科技出版社 1996 年版，第 3 页。
③ 中国农业博物馆编、白鹤文等主编：《中国近代农业科技史稿》，中国农业科技出版社 1996 年版，第 2 页。

远超过农产品,农民的副业也被摧残。陈独秀在1923年7月发表的《中国农民问题》一文中,根据统计资料分析指出,外货输入使"一般物价增高率远过于农产物价格增高率"①,是当时农业衰退和农民经济地位日益下降以至破产的原因。

面对近代中国的残酷现实,中国共产党人深刻地认识到实现以工业化为基础的现代化是中华民族伟大复兴的必答题。中国共产党在争取民族独立斗争中,主张将实现国家工业化作为民族复兴的大计。1920年1月,中国共产党创始人之一李大钊在所著的《由经济上解释中国近代思想变动的原因》中分析指出:西洋的工业经济来压迫东洋的农业经济了!正在革命中的日本由农业国一变而为工业国,不但可以自保,近来且有与欧美各国并驾齐驱的势力了。国内的工业都是手工业和家庭工业,哪能和国外的机械工业、工厂工业竞争呢?结果就是中国的农业经济挡不住国外的工业经济的压迫,中国的家庭产业挡不住国外的工厂产业的压迫,中国的手工产业挡不住国外的机械产业的压迫。国内的产业多被压倒,输入超过输出,全国民渐渐变成世界的无产阶级,一切生活都露出困迫不安的现象。②这实际上论述了中国发展工业的必要性。共产党员恽代英于1923年10月30日在《申报》"时论"专栏发表《中国可以不工业化乎》(署名戴英,收入《恽代英全集》第5卷),根据工

---

① 中共中央文献研究室、中央档案馆编:《建党以来重要文献选编(1921—1949)》第1册,中央文献出版社2011年版,第282页。
② 参见李大钊:《由经济上解释中国近代思想变动的原因》,《新青年》第7卷第2号(1920年1月)。

业国把农业国变成殖民地，以压迫剥削农业国的事实（恽代英在文中指出"中国在先进工业国之下，已成为经济的隶属关系"），分析指出了章士钊、董时进等主张"以农立国"的危害，并指出中国作为农业国不可能脱离世界上的工业国独立存在，因而提出"中国亦必化为工业国然后乃可以自存"的主张。[①] 党的七大明确提出，中国工人阶级的任务不但是为建立新民主主义的国家而斗争，而且是为中国的工业化和农业近代化而斗争。中国共产党清醒认识到："如果我们不建设起强大的现代化的工业、现代化的农业、现代化的交通运输业和现代化的国防，我们就不能摆脱落后和贫困，我们的革命就不能达到目的。"[②]

中国共产党毫不隐晦把实现现代化作为中华民族伟大复兴的必答题，向世界明确表达了中国建设现代化，一方面是不甘落后，要摆脱落后受人欺负的状况；另一方面，要为人类作出较多的贡献。在20世纪50年代，毛泽东提出"中国应当对于人类有较大的贡献"[③]。1979年12月，邓小平在会见来中国访问的日本首相大平正芳时指出："四个现代化这个目标是毛主席、周总理在世时确定的。所谓四个现代化，就是要改变中国贫穷落后的面貌，不但使人民生活水平逐步有所提高，也要使中国在国际事务中能够恢复符合

---

① 参见李天华：《关于恽代英〈中国可以不工业化乎〉一文的考证及解读》，《中国经济史研究》2012年第3期。
② 中共中央文献研究室编：《建国以来重要文献选编》第5册，中央文献出版社1993年版，第584页。
③ 《毛泽东文集》第7卷，人民出版社1999年版，第157页。

招商局抗战时期各项损失汇总表

单位：美元

损失项目	资产损失	营业损失	总计损失
船舶	17097526	241887241	258984767
上海码头、仓库	8342000	41393500	49735500
各地房产	1078170	2059550	3137720
总计	26517696	285340291	311857987

抗战时期招商局员工因公死亡情况表 1939年—1943年

船名（或分局名）	时间	地点	员工死亡人数
津通	1939.12.20	沙市	3
江建	1940.09.03	巴东台子湾	1
快利	1940.09.07	秭归么姑沱	33
江大	1940.09.07	秭归么姑沱	25
海详	1941.08.13	秭归石门	1
澄平	1941.08.29	巴东台子湾	1
江华	1941.08.30	万县	3
万县分局	1943.07	万县	2
合计			69

◆ 落后的中国遭受欺凌。图为抗日战争时期招商局各项损失汇总表和1939—1943年员工因公死亡情况表。2018年4月作者摄于深圳改革开放展览馆

自己情况的地位,对人类作出比较多一点的贡献。落后是要受人欺负的。"①

中国共产党团结带领人民经过百年奋斗,全面建成小康社会、实现第一个百年奋斗目标,在这一新的历史起点上又有了新的命题。党的二十大明确新时代新征程中国共产党的使命任务是:"从现在起,中国共产党的中心任务就是团结带领全国各族人民全面建成社会主义现代化强国、实现第二个百年奋斗目标,以中国式现代化全面推进中华民族伟大复兴。"②2023年3月,习近平总书记在中国共产党与世界政党高层对话会上指出:"我们将始终把自身命运同各国人民的命运紧紧联系在一起,努力以中国式现代化新成就为世界发展提供新机遇,为人类对现代化道路的探索提供新助力,为人类社会现代化理论和实践创新作出新贡献。"③2023年6月,习近平总书记在文化传承发展座谈会上提出了建设中华民族现代文明。④

二、中国式现代化答卷

党的二十大报告指出:"在新中国成立特别是改革开放以来长

---

① 《邓小平文选》第2卷,人民出版社1994年版,第237页。
② 《习近平著作选读》第1卷,人民出版社2023年版,第18页。
③ 习近平:《携手同行现代化之路——在中国共产党与世界政党高层对话会上的主旨讲话》,《人民日报》2023年3月16日,第2版。
④ 《担负起新的文化使命,努力建设中华民族现代文明》,《人民日报》2023年6月3日,第1版。

期探索和实践基础上，经过十八大以来在理论和实践上的创新突破，我们党成功推进和拓展了中国式现代化。"① 这是对中国式现代化演进历程的高度概括。2023年3月，习近平总书记在中国共产党与世界政党高层对话会上指出："中国式现代化是人口规模巨大、全体人民共同富裕、物质文明和精神文明相协调、人与自然和谐共生、走和平发展道路的现代化，既基于自身国情、又借鉴各国经验，既传承历史文化、又融合现代文明，既造福中国人民、又促进世界共同发展，是我们强国建设、民族复兴的康庄大道，也是中国谋求人类进步、世界大同的必由之路。"② 中国式现代化的成功推进和拓展，成就了人自由而全面的发展、经济的历史性跨越发展、五个文明全面发展、协调发展、和平发展新动能的培育。

中国式现代化的成功推进和拓展成就了人自由而全面的发展。习近平总书记强调，现代化的本质是人的现代化。③ 这强调了中国式现代化的人民性。发展为了人民是马克思主义政治经济学的根本立场。中国式现代化以人为本，发展物质文明为人自由而全面的发展服务，摒弃和超越了资本主义以物为本的现代化。这将使中国式现代化从质和量两个维度改变世界现代化人口版图，即不仅改变全世界现代化人口数量版图，还将改变人自由而全面的发展的世界现

---

① 《习近平著作选读》第1卷，人民出版社2023年版，第18页。
② 习近平：《携手同行现代化之路——在中国共产党与世界政党高层对话会上的主旨讲话》，《人民日报》2023年3月16日，第2版。
③ 中共中央文献研究室编：《十八大以来重要文献选编（上）》，中央文献出版社2014年版，第594页。

代化版图。中国共产党自成立起，致力于探索形成并与时俱进地完善促进人自由而全面的发展的现代化实现路径。新民主主义革命的胜利和新中国的建立，实现了民族独立和人民解放，构建起人民当家作主制度，人民在政治上和经济上翻身得解放。中国共产党围绕人自由而全面的发展，基于对社会主要矛盾的科学把握治国理政，在20世纪50年代建立起社会主义基本制度后，着力满足人民日益增长的物质文化需要，进入新时代着力满足人民对美好生活的向往。党的十八届五中全会鲜明提出以人民为中心的发展思想，把增进人民福祉、促进人的全面发展、朝着共同富裕方向稳步前进作为经济发展的出发点和落脚点。党的二十大强调坚持以人民为中心的发展思想，将实现高质量发展和丰富人民精神世界明确为中国式现代化的本质要求，提出发展全过程人民民主，为人自由而全面的发展提供了更加充分的政治制度保障。2022年11月，国家主席习近平在亚太经合组织工商领导人峰会上的书面演讲中强调："中国14亿多人口实现现代化将是人类发展史上前所未有的大事。中国经济社会的更好发展，归根结底要激发14亿多人民的力量。我们将坚持以人民为中心，继续提高人民生活水平，使中等收入群体在未来15年超过8亿，推动超大规模市场不断发展。"① 在持续推动发展的基础上，中国着力解决好发展不平衡不充分问题，坚持以推动高质量发展为主题，更好满足人民在经济、政治、文化、

---

① 习近平：《坚守初心，共促发展，开启亚太合作新篇章——在亚太经合组织工商领导人峰会上的书面演讲》，《人民日报》2022年11月18日，第2版。

社会、生态等方面日益增长的需要。中国促进人自由而全面的发展和社会全面进步,人民群众的获得感、幸福感、安全感更加充实、更有保障、更可持续。这些举措激励着人民,为中国式现代化提供了原动力。

中国式现代化的成功推进和拓展成就了经济的历史性跨越发展。 第二次世界大战后,发展中国家实现了经济增长,但在国际博弈中真正能够突破受弱势窘境困扰的国家极少。这其中有后发国家自身因素难以走出中等收入陷阱的原因,也有发达国家主导甚至把控国际政治经济秩序的原因。而中国在共产党的坚强领导下,建立并不断完善社会主义制度,厚植和发挥社会主义国家制度和国家治理体系的显著优势,坚持全国一盘棋,调动各方面积极因素,集中人力、物力、财力等,破解了后发国家面临的技术力量弱、资本不足、基础设施差等关键约束,在事关国计民生的战略性先导产业起步发展、重大关键科技接续攻关、重大基础设施建设等方面持续实现重大突破,成为产业发展的强劲带动力量和技术支撑,成为各市场主体提升发展能力、竞争力乃至更大发展空间的基础设施支撑。办成这些事关国计民生的大事,实现了对旧中国长久陷入徘徊的历史发展趋势的突破,实现了对发展起点极低的现实困境的突破,实现了对作为后发国家在国际上受弱势窘境困扰而发展空间被锁定的突破。[①] 在社会主义市场经济体制建立和完善进程中,集中力量办

---

① 参见郑有贵:《新中国70年对既有发展趋势的突破和历史性演进的跨越发展》,《宁夏社会科学》2019年第6期。

大事机制逐步完善，既促进了经济快速发展，又使经济发展更具活力和协调性、稳定性。这是中国用几十年时间走完发达国家几百年走过的发展历程，进而实现由农业社会向工业社会跨越发展的重要法宝。中国自立自强，不断推进创新发展，从跟跑追赶到并跑，再到在一些领域领跑。这些成功实践表明，中国之治形成了快、活、稳相统一的发展路径。

中国式现代化的成功推进和拓展成就了五个文明全面发展。全面发展是马克思主义的基本观点。中国式现代化以全面发展为旨归，又基于所处发展阶段必须解决的问题，经历了由主攻工业化向五个文明全面发展的过程。这是一种不断丰富和提升现代化内涵的演进。新中国成立初期，在物质文明上，促进国民经济快速恢复和民生改善；在政治文明上，建立社会主义基本制度；在精神文明上，开展全国性扫盲运动，推进教育和科技发展。随着社会主义制度的建立和大规模经济建设的持续推进，中国共产党针对中国仍处于农业社会而工业发展落后于世界的严峻现实，把工业化作为发展的战略重心，以此为基点提出并推进四个现代化建设。改革开放后，中国共产党将国家现代化目标转换拓展为小康，并逐步形成经济、政治、文化、社会、生态文明"五位一体"的中国特色社会主义事业总体布局。中国推进五个文明全面发展的现代化，超越了以物为本的现代化。随着生产力水平不断提升到新的台阶，中国共产党对"现代化国家"所加的前置词，先由"富强民主文明"丰富为"富强民主文明和谐"，后又丰富为"富强民主文明和谐美丽"。中国特色社会主义事业总体布局的逐步形成和丰富完善，建设富强民主文明和谐美丽的社会主义现代化国家目标的明确和实现路径的探索完善，促进了生产关系与生产力、上层建筑与经济基础的协调，推动了社会主义物质文明、政治文明、精神文明、社会文明、生态文明全面发展。

中国式现代化的成功推进和拓展成就了协调发展。中国共产党致力于协调发展。早在1956年，毛泽东就在《论十大关系》中，以苏联为鉴，从基于国情走自己的路出发，提出要处理好农轻重、沿海工业与内地工业、经济建设与国防建设等关系。① 在总结长期实践经验的基础上，党的十八届五中全会提出包括协调发展在内的五大新发展理念。对于实现协调发展的路径，改革开放前通过计划经济体制实施国家发展计划推进协调发展，在市场取向改革进程中通过国家发展战略规划引导和国家宏观调控促进协调发展。进入新时代，中国共产党加强对经济工作的战略谋划和统一领导，完善党领导经济工作的体制机制，既充分发挥市场在资源配置中的决定性作用，又更好发挥政府作用，完善国家宏观经济治理，创新宏观调控思路和方式，增强宏观政策自主性。在新发展理念引领下，中国探索形成破解发展不平衡问题之路，并取得重大进展。针对农业弱质性的问题，强化工业反哺农业政策的实施和促进农村一二三产业融合发展。基于经济大国的国情，注重处理好实体经济与虚拟经济

---

① 参见《毛泽东文集》第7卷，人民出版社1999年版，第24—28页。

发展的关系，把发展经济的着力点放在实体经济上，防止虚热实伤，坚持金融为实体经济服务。在解决城乡二元结构问题上，强化城市对农村的支持，走城乡融合发展之路，把县域作为城乡融合发展的重要切入点，致力于促进城乡共同繁荣。针对区域发展差距大、区域分化现象明显、无序开发与恶性竞争现象时有发生、区域发展不平衡不充分的突出问题，大力实施国家区域重大战略、区域协调发展战略、主体功能区战略，致力于破除地区之间利益藩篱和政策壁垒，促进统筹有力、竞争有序、绿色协调、共享共赢的区域协调发展新机制形成，发挥好各地区比较优势，促进基本公共服务均等化、基础设施通达程度比较均衡、人民基本生活保障水平大体相当目标的实现。在全面建成小康社会决胜期，突出抓重点、补短板、强弱项，打好防范化解重大风险、精准脱贫、污染防治三大攻坚战，全面建成小康社会得到了人民认可。

中国式现代化的成功推进和拓展成就了和平发展新动能的培育。中国尽管遭受过列强殖民主义的掠夺，遭受过西方资本主义阵营封锁禁运等多种方式的遏制，但作为以几千年文明延绵发展为基础的社会主义国家，不仅没有效仿零和博弈思维和恃强凌弱行径，反而早在20世纪50年代就明确倡导坚持互相尊重主权和领土完整、互不侵犯、互不干涉内政、平等互利、和平共处的五项原则。进入新时代，中国致力于和平发展新动能的培育。党的二十大强调，推进高水平对外开放，深度参与全球产业分工和合作，维护多元稳定的国际经济格局和经贸关系。2022年11月，国家主席习近平在亚太经合组织工商领导人峰会上的书面演讲中强调，要走和平发展之路、开放包容之路、和衷共济之路，筑牢和平发展的根基。[①] 中国坚持共商共建共享，积极推进共建"一带一路"倡议，于2018年11月起每年在上海举行中国国际进口博览会（这是中国在世界上首创的以进口为主题的国家级展会），切实践行着主动向世界开放市场、为世界各国发展提供新机遇、让各方分享发展机遇、推动构建人类命运共同体的大国担当。中国不仅成为世界经济发展的引擎，还秉持共商共建共享的全球治理观，高举多边主义旗帜，维护联合国权威和作用，充分发挥全球和区域多边平台的建设性作用，为应对治理赤字、信任赤字、发展赤字、和平赤字扩大的挑战，推动构建公正合理的国际治理体系，提供了中国智慧和中国方案。面对此起彼伏的国际地区热点问题、层出不穷的种种全球性挑战，中国发挥维护世界和平与稳定的建设性作用。中国是联合国第二大维和摊款出资国，也是联合国安理会常任理事国中派出维和人员最多的国家。中国积极劝和促谈，推动热点难点问题政治解决进程。中国积极参与国际反恐合作，派军舰在亚丁湾、索马里海域执行护航任务。中国倡导构建人类命运共同体，推动构建新型国际关系，促进全球治理体系变革，在国际上的影响力、感召力、塑造力显著提高，为世界和平发展作出了重大贡献。新冠肺炎疫情暴发后，中国与世界各国共克时艰，携手抗疫，推动共同构建人类卫生健康共同

[①] 习近平：《坚守初心，共促发展，开启亚太合作新篇章——在亚太经合组织工商领导人峰会上的书面演讲》，《人民日报》2022年11月18日，第2版。

体，加强宏观经济政策协调，致力于防止世界经济陷入衰退，用实际行动向世界展示同舟共济、守望相助的人类命运共同体精神。

由上可见，中国共产党团结带领人民赓续奋斗，交出了成功推进和拓展中国式现代化的答卷，拓展丰富了现代化的内涵，创造了人类文明新形态，是对人类社会现代化的重大突破和创新，为人类发展进步作出了重大贡献。

三、中国式现代化经验

中国式现代化的成功推进和拓展，证明中国式现代化道路是成功的。为什么中国共产党能够带领人民成功推进和拓展中国式现代化？对此，已有多种视角的研究成果。从促进中国式现代化的保障维度分析，中国式现代化成功推进和拓展的原因有：中国共产党的领导是政治保障、中国化时代化的马克思主义是思想保障、中国特色社会主义制度是制度保障、中国特色社会主义文化是文化保障。[①]从中国式现代化演进内在逻辑分析的经验有：在指导思想方面，以中国化时代化的马克思主义为指导，尊重现代化发展规律推进现代化发展；在演进路径方面，从国情世情出发走自己的现代化之路；在价值和目标取向上，以满足人民对美好生活的向往为价值和目标取向创造全面发展的人类文明新形态。

---

① 参见何星亮：《中华民族创造"中国式现代化新道路"的四个保障》，《人民论坛》2021年9月中期。

这里对已有重要经验的总结不再赘述，而是从长时段视角，探讨中国共产党在推进和拓展中国式现代化过程中把握好道路创造、问题导向、动力机制、治理保障四个维度重大关系的经验。

（一）道路创造：处理好走自己的路与借鉴国外经验的关系

推进和拓展现代化不能东施效颦。习近平总书记在庆祝中国共产党成立100周年大会上指出："走自己的路，是党的全部理论和实践立足点，更是党百年奋斗得出的历史结论。"①2021年8月，习近平总书记强调："中国幅员辽阔、人口众多，要想发展振兴，最重要的就是立足国情、走自己的路。"②2023年3月，习近平总书记在中国共产党与世界政党高层对话会上指出："现代化不是少数国家的'专利品'，也不是非此即彼的'单选题'，不能搞简单的千篇一律、'复制粘贴'。一个国家走向现代化，既要遵循现代化一般规律，更要立足本国国情，具有本国特色。"③中国共产党之所以能够带领人民成功推进和拓展中国式现代化，一个重要原因是，正确把握好现代化进程中走自己的路与借鉴国外经验之间的辩证关系。

中国历史上曾漠视国外现代化发展，长期闭关自守，这是在全

---

① 《习近平谈治国理政》第4卷，外文出版社2022年版，第10页。
② 《习近平给"国际青年领袖对话"项目外籍青年代表回信》，《人民日报》2021年8月12日，第1版。
③ 习近平：《携手同行现代化之路——在中国共产党与世界政党高层对话会上的主旨讲话》，《人民日报》2023年3月16日，第2版。

球现代化历史进程中落伍、在很长时期内陷入现代化后发国家的重要原因之一。中国是世界文明古国之一，而且是唯一长久保持大一统的国家。中国古代的"四大发明"在促进人类进步发展上作出了重大贡献。然而，中西方发展的大分流无情地到来。20世纪50年代李约瑟在其编著的《中国科学技术史》中提出，为什么中国古代对人类科技发展作出了很多重要贡献，却没有在近代发生科技和工业革命，这一问题被称为"李约瑟难题"或"李约瑟之谜"。美国学者彭慕兰在《大分流》一书中提出，中国与欧洲的大分流起于18世纪。对此，学者们持不同观点。有学者从制度和闭关自守的角度分析了大分流的原因，并提出大分流的起点更早。康拉德在《全球史导论》中提出，16世纪是世界整合的起点，也是全球化世界的开端。① 在大航海后，欧洲列强为摆脱土地、资金、市场约束向全球扩张。由于制度约束，中国没能在全球率先推进科技和工业革命，对世界现代化发展又缺乏深刻认知。这是中国在现代化进程中落伍的教训。

新中国在成立后的很长时期内，为打破西方国家遏制中国所采取的封锁禁运等作出了不懈努力。新中国在追赶工业化进程中，遭受西方国家的封锁禁运，学习借鉴世界先进技术和管理方法之路被堵住。为此，新中国自力更生、艰苦奋斗，全国一盘棋，集中力量打造国之重器，发展集技术密集、资金密集于一体的重工业，实现

---

① ［德］S.康拉德：《全球史导论》，陈浩译，商务印书馆2018年版，第146页。

了综合国力的快速提升。中国成功走出自立自强之路，是能够在国际上赢得恢复在联合国合法席位等重大胜利的重要因素，是能够迎来和平发展国际环境的重要因素，也为学习国外先进技术和管理方法创造了条件。

从20世纪70年代末起，中国在改革开放进程中大胆学习借鉴发达国家的经验，这有其历史逻辑。就国际环境而言，和平与发展逐渐成为世界的主题。就国内环境而言，到20世纪70年代末，一方面中国已经建立起独立的比较完整的工业体系和国民经济体系，为现代化建设的进一步推进奠定了坚实的物质技术基础；另一方面与发达国家相比，中国在科学技术和先导产业发展上仍然有较大差距。邓小平在日本访问乘坐高铁时，用一个"快"字形象地表述了中国与发达国家在现代化上的差距。1977年至1978年间，中国高规格政府代表团对日本、欧洲一些发达国家及港澳地区现代化建设进行考察。邓小平在听取谷牧率领的代表团出访前汇报时，要求"资本主义的先进的经验、好的经验我们应当把它学回来"[①]。1978年12月，邓小平在中共中央工作会议闭幕会上指出："我们要学会用经济方法管理经济。自己不懂就要向懂行的人学习，向外国的先进管理方法学习。不仅新引进的企业要按人家的先进方法去办，原有企业的改造也要采用先进的方法。在全国的统一方案拿出来以前，可以先从局部做起，从一个地区、一个行业做起，逐步推

[①] 中共中央文献研究室、中央电视台编著：《大型电视文献纪录片〈邓小平〉》，中央文献出版社1997年版，第191页。

开。中央各部门要允许和鼓励它们进行这种试验。试验中间会出现各种矛盾,我们要及时发现和克服这些矛盾。这样我们才能进步得比较快。"①中国的改革开放没有一开始就在全国范围全面铺开,而是选择在深圳、珠海、汕头、厦门的较小范围内先进行试验,以此方式大胆探路试错,以避免以往姓"社"姓"资"认知下可能的干扰和全国性风险的发生。②实践表明,善于学习借鉴世界先进技术和管理方法,是中国实现由跟跑向并跑乃至在一些领域领跑转变的重要因素之一。

中国学习借鉴国外先进技术和管理方法时,注重处理好走自己的路与借鉴他国经验的关系。一是不以学习借鉴他国先进经验为名否定社会主义道路,而是旗帜鲜明地反对资本主义思潮,坚持马克思主义指导,坚持中国共产党领导,坚持中国特色社会主义,坚定社会主义道路自信、理论自信、制度自信、文化自信。二是从中国实际出发。中国国情是一个国际视角的概念,包括人口众多、作为后发国家处于弱势地位、有深厚的优秀传统文化、发展不平衡等。这些都决定了要从国情出发对现代化建设的目标任务、战略部署和实现路径作出适应性选择。三是对他国经验加以学习借鉴,但不依附任何国家,自立自强。人类历史上没有一个民族、一个国家是通过依赖外部力量、照搬外国模式、跟在他人后面亦步亦趋实现振兴

---

① 《邓小平文选》第2卷,人民出版社1994年版,第150页。
② 参见郑有贵:《创办经济特区的战略智慧和历史地位》,《中国井冈山干部学院学报》2021年第5期。

的。照搬他国做法，必然遭遇失败，或成为他国的附庸。这已经被国际经验反复证明。成功推进和拓展中国式现代化，缘于中国善于学习借鉴世界先进经验，但不依附任何国家，更不为强势国家的各种威胁所屈服，在学习借鉴的同时创新发展。正如党的十九届六中全会指出的："只要我们坚持独立自主、自力更生，既虚心学习借鉴国外的有益经验，又坚定民族自尊心和自信心，不信邪、不怕压，就一定能够把中国发展进步的命运始终牢牢掌握在自己手中。"[1] 党的二十大在总结经验的基础上，将"必须坚持自信自立"明确为继续推进实践基础上的理论创新要坚持好、运用好的立场观点方法。党的二十大报告分析强调："中国人民和中华民族从近代以后的深重苦难走向伟大复兴的光明前景，从来就没有教科书，更没有现成答案。党的百年奋斗成功道路是党领导人民独立自主探索开辟出来的，马克思主义的中国篇章是中国共产党人依靠自身力量实践出来的，贯穿其中的一个基本点就是中国的问题必须从中国基本国情出发，由中国人自己来解答。我们要坚持对马克思主义的坚定信仰、对中国特色社会主义的坚定信念，坚定道路自信、理论自信、制度自信、文化自信，以更加积极的历史担当和创造精神为发展马克思主义作出新的贡献，既不能刻舟求剑、封闭僵化，也不能照抄

---

[1] 《中共中央关于党的百年奋斗重大成就和历史经验的决议》，人民出版社2021年版，第67—68页。

照搬、食洋不化。"①

（二）问题导向：处理好现代化战略目标导向与解决现实问题导向的关系

现代化是内含自身发展水平及在国际上所处位势的动态发展概念。中国共产党自诞生起，就以为人民谋幸福和为民族谋复兴为初心使命。这在实际上把中国问题的解决纳入国际大局，正视了中国在国际上的落后境况，同时明确了中国共产党致力于实现中华民族伟大复兴的战略目标。随着中国社会主义现代化建设实践的接续推进，现代化战略目标日益拓展提升，其实现进程也更加明晰。党的十九大和二十大都明确提出，到 21 世纪中叶把中国建成富强民主文明和谐美丽的社会主义现代化强国。在实现现代化战略目标的伟大历史进程中，中国经历了不同发展阶段，面临着不同的发展课题。

致广大而尽精微。中国共产党在推进现代化进程中回答的课题，既事关长远发展的战略方向和目标，又直面所处发展阶段的现实问题。百余年来，中国共产党在推进中华民族伟大复兴的奋斗历程中，始终注意把握好长远战略目标引领与解决好所处发展阶段主要问题的关系，从解决阶段性问题出发，尽力避免超越所处的发展阶段。中国共产党在成立之初就制定了内在统一的最高纲领和最

---

① 习近平：《高举中国特色社会主义伟大旗帜，为全面建设社会主义现代化国家而团结奋斗——在中国共产党第二十次全国代表大会上的报告》，人民出版社 2022 年版，第 19 页。

低纲领，此后都把解决现实问题与实现长远战略目标统一起来。中国共产党团结带领人民取得新民主主义革命胜利，彻底结束半殖民地半封建社会，彻底结束一盘散沙局面，彻底废除列强强加给中国的不平等条约和帝国主义在中国的特权，这为现代化建设和实现中华民族伟大复兴创造了根本社会条件。从新中国成立起至党的十一届三中全会前，中国共产党团结带领人民完成社会主义革命，消灭一切剥削制度，实现了中华民族有史以来最为广泛而深刻的社会变革，实现了一穷二白、人口众多的东方大国大步迈进社会主义社会的伟大飞跃，为以中国式现代化推进中华民族伟大复兴奠定了根本政治前提和制度基础。从党的十一届三中全会起至党的十八大前，中国共产党团结带领人民实现党的历史上具有深远意义的伟大转折，确立社会主义初级阶段的基本路线，坚定不移推进改革开放，战胜各方面的风险挑战，开创、坚持、捍卫、发展中国特色社会主义，实现由高度集中的计划经济体制到充满活力的社会主义市场经济体制、由封闭半封闭到全方位开放的历史性转变，实现从生产力相对落后的状况到经济总量跃居世界第二的跨越，实现人民生活由温饱不足到总体小康、奔向全面小康的历史性跨越，为以中国式现代化推进中华民族伟大复兴提供了充满活力的体制保证和坚实可靠的物质条件。党的十八大以来，中国共产党团结带领人民统筹推进"五位一体"总体布局、协调推进"四个全面"战略布局，坚持和完善中国特色社会主义制度、推进国家治理体系和治理能力现代化，战胜一系列重大风险挑战，完成全面建成小康社会的历史任务，实现第一个百年奋斗目标，迈上全面建设社会主义现代化国家新征程，向第二个百年奋斗目标进军，推动党和国家事业取得历史性成就、发生历史性变革，为以中国式现代化全面推进中华民族伟大复兴提供了更为完善的制度保证、更为坚实的物质基础、更为主动的精神力量。

中国共产党团结带领人民，一张蓝图绘到底，处理好全局与局部、长远与近期的发展关系，把实现现代化战略目标与解决现实阶段性主要问题统一起来，既在解决现实问题时以社会主义现代化战略目标为导向，不偏离实现国家富强和满足人民对美好生活向往的价值和目标取向，又在社会主义现代化战略目标下坚实地走好每一步，成功推进和拓展了中国式现代化，踏上了全面建设社会主义现代化国家新征程。

（三）动力机制：处理好保障人民主体地位与激活各种生产要素的关系

中国构建和完善的社会主义现代化动力机制，显著特征是坚持以人民为中心，将新发展理念贯穿到激活各种生产要素全过程，把保障人民主体地位与激活多种生产要素统一起来。实现现代化这个宏伟目标，必须激发各种生产要素活力。党的十八届三中全会提出："全面深化改革的总目标是完善和发展中国特色社会主义制度，推进国家治理体系和治理能力现代化。必须更加注重改革的系统性、整体性、协同性，加快发展社会主义市场经济、民主政治、先进文

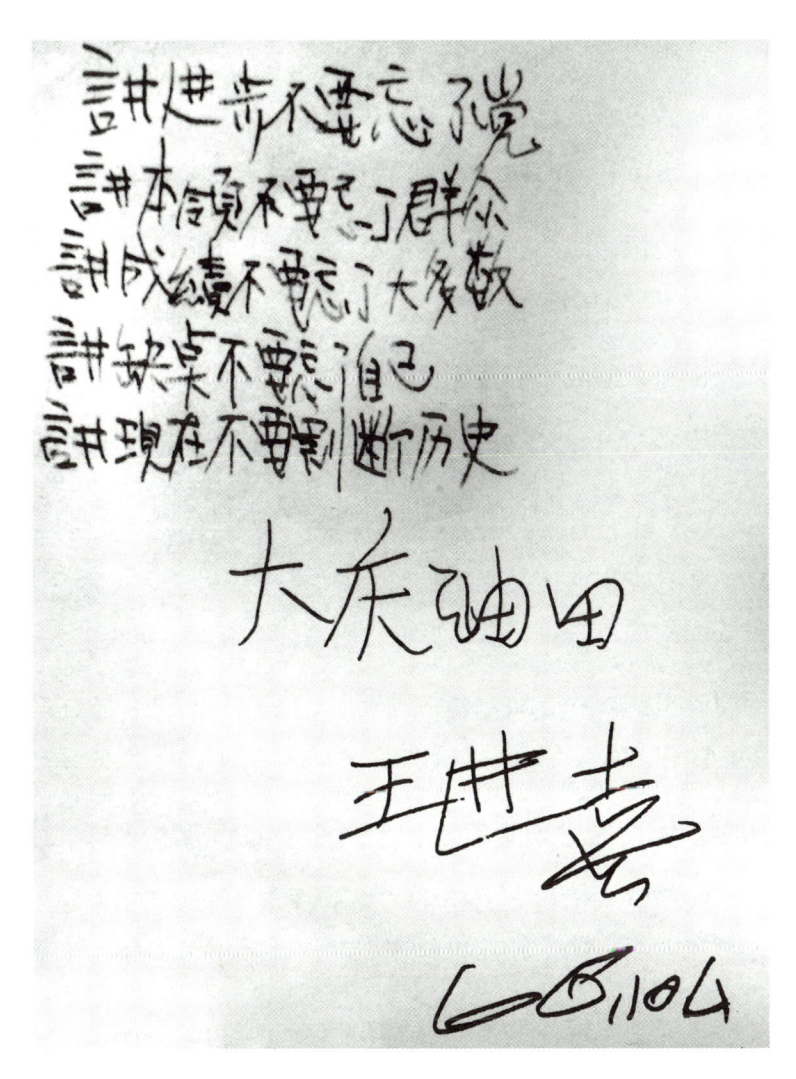

◆ 大庆油田石油工人以国家主人的担当，为甩掉中国贫油的帽子艰苦奋斗。图为大庆油田石油工人王进喜的手书。2018年7月作者摄于黑龙江省大庆市铁人王进喜纪念馆化、和谐社会、生态文明，让一切劳动、知识、技术、管理、资本的活力竞相迸发，让一切创造社会财富的源泉充分涌流，让发展成果更多更公平惠及全体人民。"① 同时，中国共产党在坚持人民主体地位下激活各种生产要素，构建发展为了人民、发展依靠人民、发展成果由人民共享的政策体系，从政治和经济等方面着力构建保障人民主体地位与激活多种生产要素有机统一的机制。这是不同于资本主义资本至上的现代化政策逻辑和发展动力机制。

首先，探索形成了坚持党的全面领导下确保人民主体地位的制度体系。党的二十大报告强调，"人民性是马克思主义的本质属性"②。中国共产党基于马克思主义关于人民群众是历史的创造者的观点，始终牢记江山就是人民、人民就是江山，尊重人民群众在现代化进程中的主体地位。紧紧围绕坚持党的领导、人民当家作主、依法治国有机统一深化政治体制改革，发展全过程人民民主，激励人民参与到现代化进程中。

其次，探索形成了激活各种生产要素的社会主义基本经济制度。中国共产党基于生产力与生产关系、经济基础与上层建筑关系的运动规律，在推进中国式现代化进程中探索形成并不断完善中国特色社会主义基本经济制度。在所有制上，坚持公有制为主体、多

---

① 中共中央文献研究室编：《十八大以来重要文献选编（上）》，中央文献出版社2014年版，第512页。
② 习近平：《高举中国特色社会主义伟大旗帜，为全面建设社会主义现代化国家而团结奋斗——在中国共产党第二十次全国代表大会上的报告》，人民出版社2022年版，第19页。

种所有制经济共同发展，将其作为中国特色社会主义制度的重要支柱和社会主义市场经济体制的根基，既发挥国有经济主导作用和不断增强国有经济竞争力、创新力、控制力、影响力、抗风险能力，又促进非公有制经济健康发展和非公有制经济人士健康成长。在分配制度上，坚持按劳分配为主体、多种分配方式并存，不断健全劳动、资本、土地、知识、技术、管理、数据等生产要素由市场评价贡献、按贡献决定报酬的机制。在经济体制上，紧紧围绕充分发挥市场在资源配置中的决定性作用、更好发挥政府作用深化经济体制改革，完善国家宏观经济治理。中国共产党坚持完善中国特色社会主义基本经济制度，厚植起解放和发展社会生产力的社会主义制度优势，为中国式现代化提供了强劲动力。

（四）治理保障：处理好社会主义现代化建设与国家治理体系和治理能力现代化的关系

中国共产党注重现代化的系统协调性，以基本经济制度为基石，统筹推进"五位一体"总体布局、协调推进"四个全面"战略布局，把中国式现代化的价值体系、目标体系、治理体系有机统一起来。

在推进和拓展中国式现代化进程中，中国根据经济社会所处发展阶段及相应的经济体制，实现了由管理向治理的转变。这种转变有其历史逻辑。作为后发国家，在追赶世界发展步伐的进程中，要更快完成集资本密集、技术密集于一体的工业化，需要更快速地解决资本短缺和技术落后问题，这是实行资源配置计划管理的实践逻辑。到20世纪70年代末，中国通过国家计划配置资源办工业化这一重大举措，建立起独立的比较完整的工业体系和国民经济体系，这就为改革高度集中的计划经济体制提供了坚实的物质技术基础，是由高度集中的计划经济体制向市场经济体制转变的重要前提。随着社会主义市场经济体制的建立完善，政府逐步由"管理型"向"治理型"转变。党的十八届三中全会将"推进国家治理体系和治理能力现代化"明确为全面深化改革的总目标，丰富了中国式现代化的内涵，也为中国式现代化的成功推进和拓展提供了治理体系的保障。

党的十九届四中全会对坚持和完善中国特色社会主义制度、推进国家治理体系和治理能力现代化进行战略部署，总结和明确了中国国家制度和国家治理体系13个方面的显著优势，即：坚持党的集中统一领导，坚持党的科学理论，保持政治稳定，确保国家始终沿着社会主义方向前进的显著优势；坚持人民当家作主，发展人民民主，密切联系群众，紧紧依靠人民推动国家发展的显著优势；坚持全面依法治国，建设社会主义法治国家，切实保障社会公平正义和人民权利的显著优势；坚持全国一盘棋，调动各方面积极性，集中力量办大事的显著优势；坚持各民族一律平等，铸牢中华民族共同体意识，实现共同团结奋斗、共同繁荣发展的显著优势；坚持公有制为主体、多种所有制经济共同发展和按劳分配为主体、多种分配方式并存，把社会主义制度和市场经济有机结合起来，不断解放和发展社会生产力的显著优势；坚持共同的理想信念、价值理念、道德观念，弘扬中华优秀传统文化、革命文化、社会主义先进文化，促进全体人民在思想上精神上紧紧团结在一起的显著优势；坚持以人民为中心的发展思想，不断保障和改善民生、增进人民福祉，走共同富裕道路的显著优势；坚持改革创新、与时俱进，善于自我完善、自我发展，使社会始终充满生机活力的显著优势；坚持德才兼备、选贤任能，聚天下英才而用之，培养造就更多更优秀人才的显著优势；坚持党指挥枪，确保人民军队绝对忠诚于党和人民，有力保障国家主权、安全、发展利益的显著优势；坚持"一国两制"，保持香港、澳门长期繁荣稳定，促进祖国和平统一的显著优势；坚持独立自主和对外开放相统一，积极参与全球治理，为构建人类命运共同体不断作出贡献的显著优势。这些显著优势的总结和明确，既为坚定中国特色社会主义道路自信、理论自信、制度自信、文化自信提供了基本依据，也指明了推进中国国家治理体系和治理能力现代化的方向。在此基础上，党的二十大报告进一步强调："深入推进改革创新，坚定不移扩大开放，着力破解深层次体制机制障碍，不断彰显中国特色社会主义制度优势，不断增强社会主义现代化建设的动力和活力，把我国制度优势更好转化为国家治理效能。"①

中国共产党在推进和拓展中国式现代化进程中，发挥国家制度和国家治理体系所具有的显著优势，不仅构建起强劲的增长极，

---

① 习近平：《高举中国特色社会主义伟大旗帜，为全面建设社会主义现代化国家而团结奋斗——在中国共产党第二十次全国代表大会上的报告》，人民出版社2022年版，第27页。

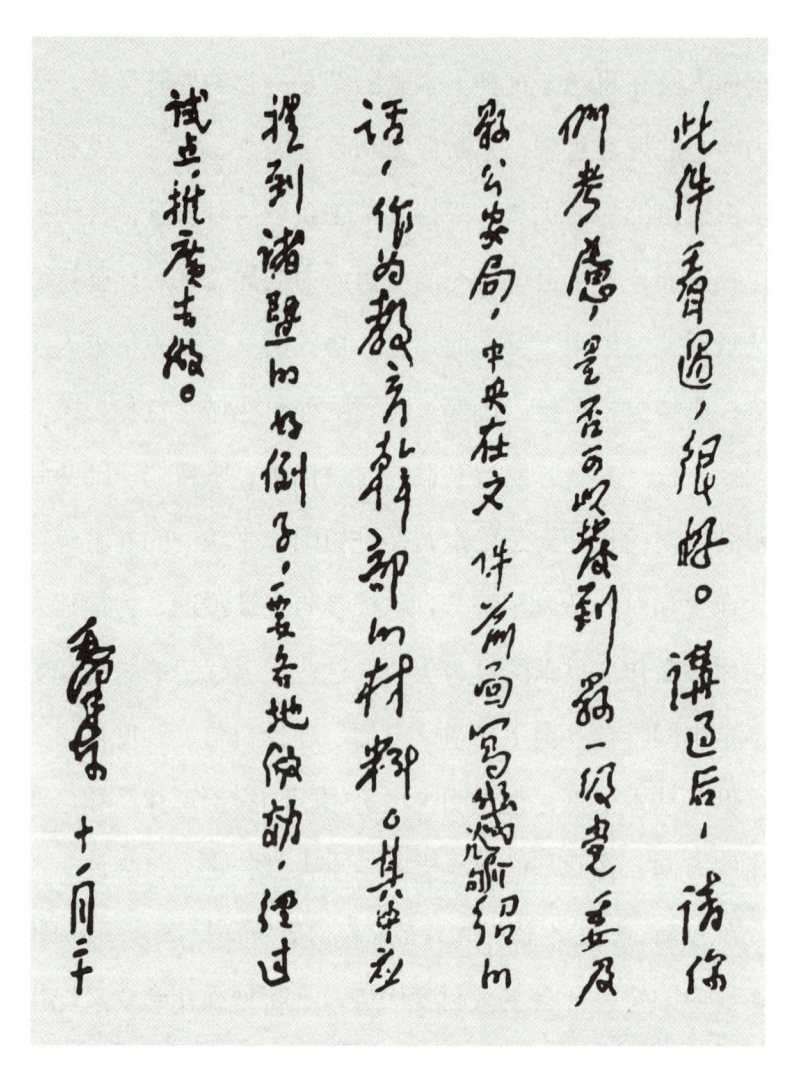

此件看过,很好。讲过后,请你们考虑,是否可以发到各大区,并发公安局,中央在文件前面写几段介绍的话,作为教育干部训练群众的材料。其中必须提到诸暨的好例子,要各地仿效,经过试点,推广去做。

毛泽东 十一月二十

◆ 20世纪60年代初,浙江省诸暨县(今诸暨市)枫桥镇干部群众创造了"发动和依靠群众,坚持矛盾不上交,就地解决,实现捕人少,治安好"的"枫桥经验"。此后,"枫桥经验"在实践中不断丰富发展,特别是党的十八大以来形成了特色鲜明的新时代"枫桥经验",其内涵是:坚持和贯彻党的群众路线,在党的领导下,充分发动群众、组织群众、依靠群众解决自己的事情,做到"小事不出村、大事不出镇、矛盾不上交"。图为1963年11月20日毛泽东对"枫桥经验"的批示(誊清重排)。2023年3月作者摄于诸暨市枫桥经验陈列馆还构建起防范化解重大风险和解决短板问题的有效机制。在防范化解风险上，树立总体国家安全观，统筹发展与安全。在解决短板问题上，由农业国向工业国迈进的过程中，以促进全体人民共同富裕为目标，把握好以工业化引领经济社会发展与夯实农业农村基础的关系，把握好经济增长极与区域协调发展的关系，促进东中西部地区协调发展、城乡协调发展。在科技创新引领上，不断完善推进重大关键科技创新的中国特色社会主义举国体制，完善以企业为主体的创新体系。

综上所述，中国共产党在团结带领人民回答作为工业化后发国家如何以中国式现代化推进中华民族伟大复兴历史性命题进程中，拓展提升了现代化的内涵，成功走出中国式现代化道路，回答了两极分化还是共同富裕、物质至上还是物质精神协调发展、竭泽而渔还是人与自然和谐共生、零和博弈还是合作共赢、照抄照搬别国模式还是立足自身国情自主发展等一系列现代化之问，突破了作为工业化后发国家在国际上受弱势窘境困扰，实现了向优势跨越发展的转变，成就了人自由而全面的发展、经济的历史性跨越发展、五个文明全面发展、协调发展、和平发展新动能的培育，创造了人类文明新形态。这缘于中国共产党在推进和拓展中国式现代化进程中，正确把握了四个维度的重大关系：在道路创造上，处理好走自己的路与借鉴国外经验的关系，坚持自信自立，把发展进步的命运牢牢掌握在自己手中；在问题导向上，处理好现代化战略目标导向与解决现实问题导向的关系，致广大而尽精微，一张蓝图绘到底；在动力机制上,坚持以人民为中心,处理好保障人民主体地位与激活各种生产要素的关系,把两者统一起来;在治理保障上,处理好现代化建设与国家治理体系和治理能力现代化的关系,把中国式现代化的本质要求、重大原则落实到治国理政的各个领域和各个环节,厚植起显著优势。党的二十大明确了中国式现代化的中国特色、本质要求、重大原则等,初步构建起中国式现代化理论体系,对马克思主义政治经济学作出了原创性贡献。

第一章 科学内涵

中国式现代化的中国特色及其对人类社会现代化的重大突破

2023年2月，习近平总书记在学习贯彻党的二十大精神研讨班开班式上指出："党的二十大报告明确概括了中国式现代化是人口规模巨大的现代化、是全体人民共同富裕的现代化、是物质文明和精神文明相协调的现代化、是人与自然和谐共生的现代化、是走和平发展道路的现代化这5个方面的中国特色，深刻揭示了中国式现代化的科学内涵。这既是理论概括，也是实践要求，为全面建成社会主义现代化强国、实现中华民族伟大复兴指明了一条康庄大道。"① 马克思基于以资本为内驱力的鲜明特征的资本主义现代化充满矛盾性，进而造成"物的人格化和人格的物化"②，引发现代化危机和"现代的灾难"③，通过对资本主义现代性的批判，找到了通往现代化的新路——共产主义道路。马克思反对将"西欧资本主义起源"上升、套用或推广为人类走向现代化的"一般发展道路"，

---

① 《正确理解和大力推进中国式现代化》，《人民日报》2023年2月8日，第1版。
② 《马克思恩格斯文集》第8卷，人民出版社2009年版，第393页。
③ 《马克思恩格斯文集》第5卷，人民出版社2009年版，第9页。

也明确反对"一切民族，不管它们所处的历史环境如何，都注定要走这条道路"①。中国共产党团结带领人民成功推进和拓展中国式现代化，实现了人类社会现代化的重大突破和创新，突出体现在5个方面：一是创造人口规模巨大的现代化，将从质和量两个维度改变世界现代化人口版图；二是创造全体人民共同富裕的现代化，摒弃和超越了两极分化的现代化；三是创造物质文明和精神文明相协调的现代化，摒弃和超越了物质文明和精神文明偏废的现代化；四是创造人与自然和谐共生的现代化，摒弃和超越了竭泽而渔的现代化；五是创造走和平发展道路的现代化，摒弃和超越了基于恃强凌弱、巧取豪夺、零和博弈思维推进的现代化。中国式现代化对人类社会现代化的重大突破和创新，创造了人类文明新形态，是中国共产党团结带领人民创造中国式现代化道路的必然结果，是中国式现代化演进到新时代的最新实践成果和理论升华。

---

① 《马克思恩格斯文集》第3卷，人民出版社2009年版，第466页。

党的二十大报告强调："中国式现代化，是中国共产党领导的社会主义现代化，既有各国现代化的共同特征，更有基于自己国情的中国特色。"[①] 习近平总书记在党的十九届五中全会上对中国式现代化作出论述，党的二十大报告进一步对中国式现代化的中国特色作出概括和明确，深刻揭示了中国式现代化的科学内涵，标注了中国式现代化的价值取向、目标取向、历史方位。2023年2月，习近平总书记在学习贯彻党的二十大精神研讨班开班式上指出："中国式现代化，深深植根于中华优秀传统文化，体现科学社会主义的先进本质，借鉴吸收一切人类优秀文明成果，代表人类文明进步的发展方向，展现了不同于西方现代化模式的新图景，是一种全新的人类文明形态。"[②] 从历史演进视域分析，中国共产党团结带领人民成功推进和拓展中国式现代化，形成中国式现代化的中国特

[①] 习近平：《高举中国特色社会主义伟大旗帜，为全面建设社会主义现代化国家而团结奋斗——在中国共产党第二十次全国代表大会上的报告》，人民出版社2022年版，第22页。

[②] 《正确理解和大力推进中国式现代化》，《人民日报》2023年2月8日，第1版。

色，创造人类文明新形态，是对人类社会现代化的重大突破和创新。

一、人口规模巨大的现代化：将从质和量两个维度改变世界现代化人口版图

党的二十大报告强调："中国式现代化是人口规模巨大的现代化。我国十四亿多人口整体迈进现代化社会，规模超过现有发达国家人口的总和，艰巨性和复杂性前所未有，发展途径和推进方式也必然具有自己的特点。我们始终从国情出发想问题、作决策、办事情，既不好高骛远，也不因循守旧，保持历史耐心，坚持稳中求进、循序渐进、持续推进。"[①] 党的二十大将人口规模巨大的现代化明确为中国式现代化的中国特色之一，这与中国式现代化其他四个特色和中国式现代化的本质要求、重大原则一起，共同明确了中国将从质和量两个维度改变世界现代化人口版图的目标任务。

就质的维度而言，中国创造的人口规模巨大的现代化，将改变人自由而全面的发展的世界现代化版图。中国共产党坚持现代化的本质是人的现代化，把为中国人民谋幸福和为中华民族谋复兴统一起来，促进人自由而全面的发展和社会全面进步。人民群众对美好生活的需要是全方位和多层次的，既包括对物质生活的更高要求，

---

① 习近平：《高举中国特色社会主义伟大旗帜，为全面建设社会主义现代化国家而团结奋斗——在中国共产党第二十次全国代表大会上的报告》，人民出版社2022年版，第22页。

也包括对民主、法治、公平、正义、安全、环境等日益增长的要求。中国共产党从满足人民对美好生活的向往出发，致力于物的全面丰富和人自由而全面的发展。推进以人民为中心的现代化，日益提升人民的获得感、幸福感和安全感，全体人民共同迈进全面小康社会，并在此基础上致力于全体人民迈向现代化。中国改变人自由而全面的发展的世界现代化版图，这将深刻影响世界现代化进程，对人类进步产生广泛和深远影响，在促进人类文明进步上作出巨大贡献。

就量的维度而言，中国创造的人口规模巨大的现代化，将改变世界现代化人口数量版图。第一次工业革命时期，英国人口低于900万人。第二次工业革命时期，美国人口低于8000万人。迄今为止，世界上实现工业化的国家不超过30个，人口总数不超过10亿。[①] 中国14亿多人口，如此超大规模人口整体迈入现代化，必将创造人口规模巨大的现代化的奇迹，改变由少数人先行的世界现代化格局，使全世界进入现代化人口占世界总人口的比重由当下的不足1/7提高到1/3。

破解人自由而全面的发展且超大规模人口整体迈入现代化这一世界历史上绝无仅有的命题，必然要克服更多困难，付出更大努力。新中国自成立起，就面临由农业社会向工业社会转型的一系列难题。新中国在成立初期仍处于传统农业社会阶段，人口文化素质低，科技力量弱。在工业化、城镇化进程中，"三农"发

---

① 习近平：《坚守初心，共促发展，开启亚太合作新篇章——在亚太经合组织工商领导人峰会上的书面演讲》，《人民日报》2022年11月18日，第2版。

展又受弱质性困扰。①在这种状况下，如何发挥工业发展的基础和先导作用，促进数量庞大的乡村人口实现现代化，困难重重。在国际上，中国作为工业化后发国家，与工业化先发国家在发展上存在较大的势能差，在推进现代化进程中受弱势窘境困扰。同时，中国作为社会主义阵营的大国，还面临资本主义阵营的集体封锁禁运。在这种情况下，中国既要促进工业化发展，又要促进农业农村发展，难度极大。新中国自成立起至20世纪70年代末全国人口快速增长，面临人口与资源、环境的突出矛盾。中国坚持社会主义市场经济取向改革进程中，面临市场经济下城乡区域发展不平衡的突出问题。中国共产党在带领人民推进现代化建设进程中，正视所面临的重重困难，对于人口规模巨大的现代化如何推进的命题，做出了艰辛探索，取得的经济快速发展和社会长期稳定两大奇迹是解答这一命题的优秀答卷。

二、全体人民共同富裕的现代化：摒弃和超越了两极分化的现代化

党的二十大报告强调："中国式现代化是全体人民共同富裕的现代化。共同富裕是中国特色社会主义的本质要求，也是一个长期的历史过程。我们坚持把实现人民对美好生活的向往作为现代化建

---

① 参见郑有贵：《问题视域下新中国70年"三农"的转型发展》，《当代中国史研究》2019年第5期。

设的出发点和落脚点，着力维护和促进社会公平正义，着力促进全体人民共同富裕，坚决防止两极分化。"①党的二十大将全体人民共同富裕的现代化明确为中国式现代化的中国特色之一，并将实现全体人民共同富裕明确为中国式现代化的本质要求之一，这就标注了中国式现代化与资本主义两极分化的现代化的本质区别，是对两极分化的现代化的摒弃和超越。

在资本主义现代化进程中，物质财富不断增长，但这并没有扼制住两极分化现象。1910年，法国最富有的1%和10%人群拥有的社会财富占比为60%和90%。两次世界大战后，欧美国家财富不平等有所缩小，并在20世纪70年代维持在较低的水平，但20世纪80年代以来，欧美财富不平等再次呈扩大趋势。②联合国开发计划署《1993年人文发展报告》显示，两极分化扩大，占世界人口20%的最富裕人的收入与占世界人口20%的最贫穷人的收入比值，由1960年的30∶1，增加到1990年的90∶1。世界经济论坛创始人克劳斯·施瓦布在《第四次工业革命——行动路线图：打造创新型社会》一书中写道：第四次工业革命将产生极广泛而深远的影响，包括加剧不平等，特别是有可能扩大资本回报和劳动力回报的差距。全球最富有的1%人口所拥有财富超过其余99%

---

① 习近平：《高举中国特色社会主义伟大旗帜，为全面建设社会主义现代化国家而团结奋斗——在中国共产党第二十次全国代表大会上的报告》，人民出版社2022年版，第22页。
② 易行健、李家山、张凌霜：《财富不平等问题研究新进展》，《经济学动态》2021年第12期。

人口财富的总和，收入分配不平等和发展空间不平衡问题令人担忧。[①]这一长时段历史进程表明，资本主义现代化是两极分化的过程，物质财富的增长也扼制不了两极分化。

中国共产党提出共同富裕目标，一开始就是与选择走资本主义道路还是选择走社会主义道路联系在一起的。中国共产党在提出"共同富裕"概念前，曾使用过"大家富裕"概念。《人民日报》于1953年11月16日发表题为《领导农民走大家富裕的道路》的社论，使用了"大家富裕"这一概念，文中把大家富裕与发展道路选择联系在一起，将大家富裕视为道路的目标。该社论反对走资本主义道路，主张走社会主义道路，因为只有这条道路才能使全体农民富裕起来，才能使农民利益同国家利益、工业化利益、工农联盟利益相一致。[②]中共中央于1953年12月通过的《关于发展农业生产合作社的决议》，在阐述中国共产党在农村中工作的最根本任务时，第一次在党的文献中使用"共同富裕"概念，这是与实现对农业、手工业和资本主义工商业的社会主义改造联系在一起的社会发展目标。在农业生产合作化实现后，1957年党的八届三中全会（扩大）通过的《一九五六年到一九六七年全国农业发展纲要（修正草案）》丰富了这一道路的表述，即："发展农业可以有两条道路。一条是资本主义道路：让农民的命运掌握在地主、富农和投机商人的手里，极少数人发财而人多数人贫困和不断破产。一条是社会主

[①] 《习近平谈治国理政》第2卷，外文出版社2017年版，第480页。
[②] 《领导农民走大家富裕的道路》，《人民日报》1953年11月16日，第1版。

义道路：让农民在工人阶级的领导下掌握自己的命运，共同富裕和共同繁荣。这两条道路的斗争在我国过渡时期中将长期地存在，但是，由于农业合作化的基本完成，我国绝大多数农民已经摆脱了前一条道路，走上后一条道路。今后的任务是要尽力巩固合作化制度，同时继续反对农村中的资本主义自发势力。"①

中国共产党鲜明地把实现全体人民共同富裕明确为中国式现代化的本质要求和目标。1992年邓小平南方谈话指出："社会主义的本质，是解放生产力，发展生产力，消灭剥削，消除两极分化，最终达到共同富裕。"②党的十八大以来，以习近平同志为核心的党中央担当起促进全体人民共同富裕的历史重任，将促进全体人民共同富裕明确为必须一以贯之的政策取向和经济社会发展目标。2012年11月，党的十八届一中全会闭幕后，习近平总书记同采访十八大的中外记者见面时指出："我们的责任，就是要团结带领全党全国各族人民，继续解放思想，坚持改革开放，不断解放和发展社会生产力，努力解决群众的生产生活困难，坚定不移走共同富裕的道路。"③2012年12月，习近平总书记指出："消除贫困、改善民生、实现共同富裕，是社会主义的本质要求。"④2015年8月，习近平总书记在中共中央召开的党外人士座谈会上指出："广大人

---

① 《一九五六年到一九六七年全国农业发展纲要（修正草案）》，《人民日报》1957年10月26日，第1版。
② 《邓小平文选》第3卷，人民出版社1993年版，第373页。
③ 中共中央文献研究室编：《十八大以来重要文献选编（上）》，中央文献出版社2014年版，第70页。
④ 习近平：《论"三农"工作》，中央文献出版社2022年版，第21页。

民群众共享改革发展成果,是社会主义的本质要求,是我们党坚持全心全意为人民服务根本宗旨的重要体现。我们追求的发展是造福人民的发展,我们追求的富裕是全体人民共同富裕。改革发展搞得成功不成功,最终的判断标准是人民是不是共同享受到了改革发展成果。"[1] 党的十九大提出,中国特色社会主义新时代是逐步实现全体人民共同富裕的时代。这就把逐步实现全体人民共同富裕明确为中国特色社会主义新时代的重大目标、重大特征。这次大会还对促进共同富裕作出战略部署,提出从2020年到2035年全体人民共同富裕迈出坚实步伐,到21世纪中叶全体人民共同富裕基本实现。[2] 党的十九届五中全会将"全体人民共同富裕取得更为明显的实质性进展"列为到2035年基本实现社会主义现代化的远景目标。党的二十大报告强调,扎实推进共同富裕。

中国共产党探索形成以共享发展促进共同富裕的实现路径。 中国共产党在现代化进程中坚决防止两极分化,把做大"蛋糕"和分好"蛋糕"统一起来,自觉主动地解决区域差距、城乡差距和收入差距问题,使全体人民共享现代化成果。《中华人民共和国国民经济和社会发展第十三个五年规划纲要》不仅对经济社会发展作出全面规划,还以专章的篇幅对"缩小收入差距"作出规划,提出从规范初次分配、加大再分配调节力度、调整优化国民收入分

---

[1] 《中共中央召开党外人士座谈会》,《人民日报》2015年10月31日,第1版。
[2] 中共中央党史和文献研究院编:《十九大以来重要文献选编(上)》,中央文献出版社2019年版,第20页。

配格局等方面促进收入差距缩小的政策思路及具体措施。2018年3月，习近平总书记在十三届全国人大一次会议上强调："我们要以更大的力度、更实的措施保障和改善民生，加强和创新社会治理，坚决打赢脱贫攻坚战，促进社会公平正义，在幼有所育、学有所教、劳有所得、病有所医、老有所养、住有所居、弱有所扶上不断取得新进展，让实现全体人民共同富裕在广大人民现实生活中更加充分地展示出来。"[①] 党的二十大从扎实推进共同富裕出发，对完善分配制度作出部署。党的二十大报告指出："分配制度是促进共同富裕的基础性制度。坚持按劳分配为主体、多种分配方式并存，构建初次分配、再分配、第三次分配协调配套的制度体系。努力提高居民收入在国民收入分配中的比重，提高劳动报酬在初次分配中的比重。坚持多劳多得，鼓励勤劳致富，促进机会公平，增加低收入者收入，扩大中等收入群体。完善按要素分配政策制度，探索多种渠道增加中低收入群众要素收入，多渠道增加城乡居民财产性收入。加大税收、社会保障、转移支付等的调节力度。完善个人所得税制度，规范收入分配秩序，规范财富积累机制，保护合法收入，调节过高收入，取缔非法收入。引导、支持有意愿有能力的企业、社会组织和个人积极参与公益慈善事业。"[②]

---

① 习近平：《在第十三届全国人民代表大会第一次会议上的讲话》，《人民日报》2018年3月21日，第2版。
② 习近平：《高举中国特色社会主义伟大旗帜，为全面建设社会主义现代化国家而团结奋斗——在中国共产党第二十次全国代表大会上的报告》，人民出版社2022年版，第46—47页。

党的十八大以来，以习近平同志为核心的党中央探索形成促进全体人民共同富裕的有效实现路径和政策体系。在发展上，坚持以经济建设为中心，统筹推进"五位一体"总体布局，促进经济、政治、文化、社会、生态文明全面协调发展。在基本经济制度上，党的十九届四中全会对中国特色社会主义基本经济制度作出新概括，将"公有制为主体、多种所有制经济共同发展的基本经济制度"，丰富发展为"公有制为主体、多种所有制经济共同发展，按劳分配为主体、多种分配方式并存，社会主义市场经济体制等社会主义基本经济制度"，这是对中国特色社会主义政治经济学的创新发展。党的二十大对坚持和完善基本经济制度作出进一步部署。在分享发展成果上，提出和践行共享发展理念，形成和践行以人民为中心的发展思想，在长期坚持做好一、二次分配的基础上又提出要做好三次分配，致力于探索形成发展为了人民、发展依靠人民、发展成果由人民共享的实现机制。中国共产党特别注重解决区域发展不平衡问题、城乡发展不平衡问题、贫困人口脱贫问题。在中国共产党的坚强领导下，中国在经济发展取得历史性跨越的同时，脱贫攻坚战取得全面胜利，历史性地解决了绝对贫困问题，使全体人民迈进全面小康社会，促进全体人民共同富裕取得明显进展，形成超 4 亿人口的中等收入群体，2012—2021 年中国中等收入群体的比重由 1/4 左右上升到了 1/3 左右。2013—2021 年，全国居民人均可支配收入年均实际增长 6.6%，比同期人均国内生产总值年均增长率高 0.5 个百分点，全国居民收入基尼系数由 2012 年的 0.474 降低到 2021

年的 0.466①。这是不同于资本主义两极分化的现代化的历史性成就，坚定了全国人民走共同富裕道路的信心。

三、物质文明和精神文明相协调的现代化：摒弃和超越了物质文明和精神文明偏废的现代化

党的二十大报告强调："中国式现代化是物质文明和精神文明相协调的现代化。物质富足、精神富有是社会主义现代化的根本要求。物质贫困不是社会主义，精神贫乏也不是社会主义。我们不断厚植现代化的物质基础，不断夯实人民幸福生活的物质条件，同时大力发展社会主义先进文化，加强理想信念教育，传承中华文明，促进物的全面丰富和人的全面发展。"②党的二十大将物质文明和精神文明相协调明确为中国式现代化的中国特色之一，将丰富人民精神世界明确为中国式现代化的本质要求之一，这是对基于物质至上片面追求物的现代化的摒弃和超越。

新中国把大规模经济建设和科学文化建设作为社会发展的重要目标导向。1940年，毛泽东提出将中国建设成文明先进的中国。他指出："我们不但要把一个政治上受压迫、经济上受剥削的中国，

---

① 《经济发展大提高，生态环境大改善（中国这十年·系列主题新闻发布）》，《人民日报》2022年5月13日，第4版。
② 习近平：《高举中国特色社会主义伟大旗帜，为全面建设社会主义现代化国家而团结奋斗——在中国共产党第二十次全国代表大会上的报告》，人民出版社2022年版，第22—23页。

变为一个政治上自由和经济上繁荣的中国,而且要把一个被旧文化统治因而愚昧落后的中国,变为一个被新文化统治因而文明先进的中国。"①1949年9月30日,毛泽东指出,中央政府"将领导全国人民克服一切困难,进行大规模的经济建设和文化建设,扫除旧中国所留下来的贫困和愚昧,逐步地改善人民的物质生活和提高人民的文化生活"②。把大规模经济建设和科学文化建设作为社会发展的重要目标导向,丰富了现代化的内涵。

中国在改革开放的历史进程中,旗帜鲜明地提出"两手抓、两手都要硬"。改革开放初期,随着对外开放的扩大,资本主义思潮冲击社会主义精神文明建设,社会上一度片面追求物质财富增长。针对这一现象,邓小平坚定地强调物质文明和精神文明"两手抓、两手都要硬"。邓小平指出:"我们要在建设高度物质文明的同时,提高全民族的科学文化水平,发展高尚的丰富多彩的文化生活,建设高度的社会主义精神文明。"③在坚持和发展中国特色社会主义进程中,江泽民指出:"建设有中国特色社会主义,包括发展物质文明和精神文明两个方面,必须实现经济、社会的协调发展和全面进步。"④胡锦涛指出:"必须把发展社会生产力同提高全民族文明素质结合起来,推动物质文明和精神文明协调发展,更加自觉、

---

① 《毛泽东选集》第2卷,人民出版社1991年版,第663页。
② 《毛泽东文集》第5卷,人民出版社1996年版,第348页。
③ 《邓小平文选》第2卷,人民出版社1994年版,第208页。
④ 《全面加强党的建设的伟大纲领》,人民出版社2000年版,第9页。

更加主动地推动文化大发展大繁荣。"①

进入新时代，以习近平同志为核心的党中央明确丰富人民精神世界这一中国式现代化的本质要求，深化了促进物质文明和精神文明协调发展的认识，并作出了一系列战略部署。

中国从实现中华民族伟大复兴的战略高度深化了对促进物质文明和精神文明协调发展的认识。一是明确物质文明和精神文明对于实现现代化和中国梦的作用。习近平总书记强调："没有社会主义文化繁荣发展，就没有社会主义现代化。"②"要坚持'两手抓、两手都要硬'，以辩证的、全面的、平衡的观点正确处理物质文明和精神文明的关系。"③"实现中国梦，是物质文明和精神文明均衡发展、相互促进的结果"，"实现中国梦，是物质文明和精神文明比翼双飞的发展过程"。④二是不仅将物质文明建设和精神文明建设作为改善全国各族人民物质生活和精神生活的重要组成部分，还将其作为推进中国特色社会主义事业的国家物质力量和精神力量。习近平总书记强调："只有物质文明建设和精神文明建设都搞好，国家物质力量和精神力量都增强，全国各族人民物质生活和精神生活都改善，中国特色社会主义事业才能顺利向前推进。"⑤

中国形成了促进物质文明和精神文明协调发展的战略布局和制

---

① 《胡锦涛文选》第3卷，人民出版社2016年版，第163页。
② 《习近平谈治国理政》第4卷，外文出版社2022年版，第309页。
③ 《习近平谈治国理政》第2卷，外文出版社2017年版，第324页。
④ 习近平：《论党的宣传思想工作》，中央文献出版社2020年版，第68页。
⑤ 中共中央党史和文献研究院编：《习近平关于总体国家安全观论述摘编》，中央文献出版社2018年版，第99页。

度保障。其一，中国共产党确立和坚持马克思主义在意识形态领域指导地位的根本制度，增强社会主义文化自信，践行社会主义核心价值观，为促进物质文明和精神文明协调发展提供了根本指导和价值导向。不仅如此，"十四五"规划和2035年远景目标纲要将精神文明建设纳入其中，明确"加强社会主义精神文明建设，培育和践行社会主义核心价值观，推动形成适应新时代要求的思想观念、精神面貌、文明风尚、行为规范"[①]，这将为向全面建成社会主义现代化强国的第二个百年奋斗目标迈进提供价值引领、文化滋养、精神支撑。其二，中国共产党勇于自我革命，确保党不变质、不变色、不变味，以伟大自我革命引领伟大社会革命，使促进物质文明和精神文明协调发展有了先进的马克思主义政党领导的坚强保障。其三，统筹推进"五位一体"总体布局、协调推进"四个全面"战略布局，使促进物质文明和精神文明协调发展有了战略布局的引领。

坚持和广泛践行社会主义核心价值观。社会主义核心价值观是凝聚人心、汇聚民力的强大力量。弘扬以伟大建党精神为源头的中国共产党人精神谱系，用好红色资源，深入开展社会主义核心价值观宣传教育，深化爱国主义、集体主义、社会主义教育，着力培养担当民族复兴大任的时代新人。推动理想信念教育常态化制度化，持续抓好党史、新中国史、改革开放史、社会主义发展史宣传教育，引导人民知史爱党、知史爱国，不断坚定中国特色社会主义共同理

[①] 《中华人民共和国国民经济和社会发展第十四个五年规划和2035年远景目标纲要》，人民出版社2021年版，第102页。

想。用社会主义核心价值观铸魂育人，完善思想政治工作体系，推进大中小学思想政治教育一体化建设。坚持依法治国和以德治国相结合，把社会主义核心价值观融入法治建设、融入社会发展、融入日常生活。

按照物质富足、精神富有的社会主义现代化的根本要求，中国摒弃基于物质至上片面追求物的现代化，在现代化进程中促进物质文明和精神文明协调发展，使物质力量和精神力量全面增强并相互赋能。在成功推进和拓展中国式现代化进程中，人民群众物质生活和精神生活实现同步改善，既"富口袋"又"富脑袋"，在实现家家"仓廪实""衣食足"的物质生活的同时，丰富人人"知礼节""明荣辱"的精神文化生活。中国创造的物质文明和精神文明相协调的现代化，避免了资本主义以物的现代化为旨归的弊病。在社会主义大家庭里，人民群众坚定了促进物质文明和精神文明协调发展的自觉，涌现出一大批时代楷模，在促进物质文明和精神文明协调发展进程中发挥着引领作用，物的全面丰富和人自由而全面的发展协调推进的现代化生动展开。

四、人与自然和谐共生的现代化：摒弃和超越了竭泽而渔的现代化

党的二十大报告强调："中国式现代化是人与自然和谐共生的现代化。人与自然是生命共同体，无止境地向自然索取甚至破坏自

然必然会遭到大自然的报复。我们坚持可持续发展，坚持节约优先、保护优先、自然恢复为主的方针，像保护眼睛一样保护自然和生态环境，坚定不移走生产发展、生活富裕、生态良好的文明发展道路，实现中华民族永续发展。"① 党的二十大将人与自然和谐共生明确为中国式现代化的中国特色之一，将促进人与自然和谐共生明确为中国式现代化的本质要求之一，这是对竭泽而渔的现代化的摒弃和超越。

中国共产党鲜明地把人与自然和谐共生作为社会主义现代化的目标和方略。党的十九大将"坚持人与自然和谐共生"明确为新时代坚持和发展中国特色社会主义的基本方略之一，党的十九届五中全会明确提出"建设人与自然和谐共生的现代化"。2023年4月，习近平总书记在广东考察时强调："要坚持绿色发展，一代接着一代干，久久为功，建设美丽中国，为保护好地球村作出中国贡献。"② 中国创造的人与自然和谐共生的现代化，是对在生态环境上先污染后治理甚至竭泽而渔的现代化的摒弃和超越，是对中华优秀传统文化的丰富发展，向全世界表达了中国致力于以可持续高质量发展满足人民对美好生活向往的生态文明价值追求。

人与自然和谐共生的现代化是中国在吸取工业化先发国家人与

---

① 习近平：《高举中国特色社会主义伟大旗帜，为全面建设社会主义现代化国家而团结奋斗——在中国共产党第二十次全国代表大会上的报告》，人民出版社2022年版，第23页。
② 《坚定不移全面深化改革扩大高水平对外开放，在推进中国式现代化建设中走在前列》，《人民日报》2023年4月14日，第1版。

自然矛盾冲突的教训基础上创造的。恩格斯指出："我们不要过分陶醉于我们人类对自然界的胜利。对于每一次这样的胜利，自然界都对我们进行报复。"① 这一论断被历史反复验证。工业化先发国家发展工业文明的过程，也是资本追求高回报的过程，在创造巨大物质财富时对自然资源过度攫取，竭泽而渔，导致资源耗竭和环境污染等问题突出，造成人与自然关系紧张。20世纪发生的"世界八大公害事件"造成对生态环境和公众生活的巨大危害。其中，洛杉矶光化学烟雾事件先后导致近千人死亡和75%以上市民患上红眼病。伦敦烟雾事件，1952年12月首次暴发的几天内，导致4000人死亡，之后两个月内又有近8000人死于呼吸系统疾病，严重的烟雾事件在1956年、1957年、1962年又发生了12次。日本水俣病事件，因工厂把含有甲基汞的废水直接排放到水俣湾中，吃了受污染的鱼和贝类后，近千人患上极为痛苦的汞中毒病，受威胁人数多达2万人。美国作家蕾切尔·卡逊所著《寂静的春天》一书对化学农药危害的状况作了详细描述。② 到20世纪60—70年代，严重的环境污染危害着发展的可持续性。发生如此严重生态危机的思想根源之一，在于西方近代文明把人与自然对立起来，强调人对自然的征服。生态环境污染导致恶果后，在现代化进程中对遭受破坏的生态环境进行治理，在反思中逐步形成可持续发展理论。中国

---

① 《马克思恩格斯文集》第9卷，人民出版社2009年版，第559—560页。
② 中共中央党史和文献研究院编：《十八大以来重要文献选编（下）》，中央文献出版社2018年版，第163页。

在现代化进程中，吸取先污染后治理的教训，同步推进经济建设和生态文明建设，走节约资源、保护环境、绿色低碳的发展道路。中国还积极应对全球气候变化，致力于2030年前实现碳达峰和2060年前实现碳中和，为全球气候治理作出积极贡献。

人与自然和谐共生的现代化是中国在社会主义现代化进程中传承中华优秀传统文化"三才"观基础上创造的。 中国传统文明比较注意人和自然的和谐，形成朴素的"三才"观，既把天、地、人视为宇宙间并列的三大要素，又将其看作一个整体。天、地、人"有机统一的自然观"是中国古代人民对人与自然关系的认识，这是中国不同于西方工业化进程中处理人与自然关系的传统文明基础。基于这种传统文明基础，中国在现代化进程中始终注重处理好人与自然关系。毛泽东指出："要使我们祖国的河山全部绿化起来，要达到园林化，到处都很美丽，自然面貌要改变过来。"[①]"农业生产必须依靠有机肥料，有机肥料和无机肥料相结合。"[②]"光靠化学化来得到稳定的丰收，有危险。"[③]1973年8月5—20日，中国召开第一次全国环境保护会议，确定了"全面规划，合理布局，综合利用，化害为利，依靠群众，大家动手，保护环境，造福人民"的环境保护工作方针，讨论通过了《关于保护和改善环境的若干规定

[①] 中共中央文献研究室、国家林业局编：《毛泽东论林业（新编本）》，中央文献出版社2003年版，第51页。
[②] 中华人民共和国国史学会编：《毛泽东读社会主义政治经济学批注和谈话》，1998年清样本，第313页。
[③] 中华人民共和国国史学会编：《毛泽东读社会主义政治经济学批注和谈话》，1998年清样本，第733页。

（试行草案）》，制定了《关于加强全国环境监测工作意见》。此次会议的召开是新中国开创环境保护事业的重要里程碑。党的十一届三中全会起中国加快推进现代化进程，进一步把环境、人口、资源统筹起来。2023年4月，习近平总书记在广东考察时强调："推进中国式现代化，要把水资源问题考虑进去，以水定城、以水定地、以水定人、以水定产，发展节水产业。"①

中国创造的人与自然和谐共生的现代化，以实现人民对美好生活的向往为目标。习近平总书记指出："人民群众对清新空气、清澈水质、清洁环境等生态产品的需求越来越迫切，生态环境越来越珍贵。"②党的十八大以来，我们坚持以习近平生态文明思想为指导，将生态文明建设作为关系中华民族永续发展的根本大计，贯彻绿水青山就是金山银山的理念，以坚持和完善生态文明制度体系为保障，扎实推进美丽中国和生态文明建设，促进经济社会发展全面绿色转型，促进绿色发展方式和生活方式形成，走出生产发展、生活富裕、生态良好的文明发展道路，生态环境保护发生历史性、转折性、全局性变化，以生态文明为重要组成部分的高质量发展取得显著成效，进一步满足了人民日益增长的美好生活需要。

中国坚持绿水青山就是金山银山的理念，在社会主义现代化进程中坚持尊重自然、顺应自然、保护自然，坚持节约优先、保护优

---

① 《坚定不移全面深化改革扩大高水平对外开放，在推进中国式现代化建设中走在前列》，《人民日报》2023年4月14日，第1版。
② 《习近平谈治国理政》第2卷，外文出版社2017年版，第232页。

先、自然恢复为主，守住自然生态安全边界，深入实施可持续发展战略，创造人与自然和谐共生的现代化，为全球生态安全和绿色发展作出了重要贡献。中国作为负责任的发展中大国，与世界各国共谋全球生态文明建设，深度参与全球环境治理，为世界可持续发展提供了中国理念、中国方案。中国 2018 年碳排放量比 2005 年下降 45.8%，提前实现对国际社会的承诺目标。全国地级及以上城市，PM2.5 平均浓度由 2015 年的 46 微克/立方米，下降到 2022 年的 29 微克/立方米，中国成为全球空气质量改善速度最快的国家。中国的绿色不断增加，从"沙进人退"到"绿进沙退"，提前实现了联合国 2030 年可持续发展议程中关于制止和扭转土地退化的目标。2019 年美国航天局卫星数据表明，全球从 2000 年到 2017 年新增的绿化面积中，约 1/4 来自中国，贡献比例居全球首位。

五、走和平发展道路的现代化：摒弃和超越了基于恃强凌弱、巧取豪夺、零和博弈思维推进的现代化

党的二十大报告分析指出："当前，世界之变、时代之变、历史之变正以前所未有的方式展开。一方面，和平、发展、合作、共赢的历史潮流不可阻挡，人心所向、大势所趋决定了人类前途终归光明。另一方面，恃强凌弱、巧取豪夺、零和博弈等霸权霸道霸凌行径危害深重，和平赤字、发展赤字、安全赤字、治理赤字加重，

人类社会面临前所未有的挑战。"①面对世界百年未有之大变局下的风险挑战，人类又一次站在十字路口，是对抗还是合作，是零和博弈还是互利共赢？对这一重大时代命题应当作出什么样的回答？中国在疑虑和喧嚣声中，把握发展规律，创造了走和平发展道路的现代化。

党的二十大报告强调："中国式现代化是走和平发展道路的现代化。我国不走一些国家通过战争、殖民、掠夺等方式实现现代化的老路，那种损人利己、充满血腥罪恶的老路给广大发展中国家人民带来深重苦难。我们坚定站在历史正确的一边、站在人类文明进步的一边，高举和平、发展、合作、共赢旗帜，在坚定维护世界和平与发展中谋求自身发展，又以自身发展更好维护世界和平与发展。"②党的二十大将走和平发展道路的现代化明确为中国式现代化的中国特色之一，将推动构建人类命运共同体明确为中国式现代化的本质要求之一。中国创造的走和平发展道路的现代化，与西方国家在零和博弈思维、丛林原则下，实行霸凌主义，以非正义的恃强凌弱巧取豪夺他国资源和财富，以其他国家落后为代价实现的物的现代化不同。"欧洲和美国的先进，正是以非洲的落后为基

---

① 习近平：《高举中国特色社会主义伟大旗帜，为全面建设社会主义现代化国家而团结奋斗——在中国共产党第二十次全国代表大会上的报告》，人民出版社2022年版，第60页。
② 习近平：《高举中国特色社会主义伟大旗帜，为全面建设社会主义现代化国家而团结奋斗——在中国共产党第二十次全国代表大会上的报告》，人民出版社2022年版，第23页。

础。"① "中国发展绝不以牺牲别国利益为代价,我们绝不做损人利己、以邻为壑的事情"②,中国的经济增长奇迹是在推进和平发展中创造的,"在追求本国利益时兼顾别国利益,在寻求自身发展时兼顾别国发展"③。中国创造的走和平发展道路的现代化,致力于合作共赢,是对基于恃强凌弱、巧取豪夺、零和博弈思维推进的现代化的摒弃和超越。

中国创造的走和平发展道路的现代化,致力于合作共赢,既吸取历经战乱的阵痛教训,又以在和平中实现发展为目标。中国对战争是人类的灾难、和平是人类的福音的感受最为深切。近代以来,中国遭受列强入侵后,不仅长期遭受战争创伤,资源、财富还被洗劫,与西方国家的现代化差距进一步拉大。特别是日本发动全面侵华战争后,中国经济下滑,维持生计的粮棉油等农产品产量大幅减少,其中全国粮食、棉花的产量1949年比1936年分别减少24.5%、47.6%,人民长期处于不得温饱的状态,推进现代化缺乏和平的基础。作为工业化后发国家的新中国,在成立后,先是遭受西方阵营的集体禁运封锁,20世纪60年代起又面临苏联可能发动战争的威胁,这些不仅约束了中国现代化发展,还约束了中国以历史基础和区位优势发展现代化的生产力布局,使中国付出了应对困境的巨大代价。尽管如此,中国坚持独立自主、

---

① [法]雅克·阿尔诺:《对殖民主义的审判》,岳进译,世界知识出版社1962年版,第62页。
② 《习近平谈治国理政》第1卷,外文出版社2018年版,第249页。
③ 《习近平谈治国理政》第1卷,外文出版社2018年版,第336页。

自力更生，坚持以自己的力量为基点推进四个现代化建设，开展以战略纵深布局的三线建设，成功研制出"两弹一星"和核潜艇，提高了综合国力，进而在冷战的国际环境下赢得和平发展的机会。20世纪70年代末，中国抓住世界和平与发展机遇，实现了现代化快速发展。中国以切身的体会，创造了走和平发展道路的现代化，成为促进世界现代化的积极力量。

中国创造的走和平发展道路的现代化，致力于合作共赢，以人类命运共同体理念为引领。 2013年3月，国家主席习近平在俄罗斯莫斯科国际关系学院发表题为《顺应时代前进潮流，促进世界和平发展》的演讲指出："这个世界，各国相互联系、相互依存的程度空前加深，人类生活在同一个地球村里，生活在历史和现实交汇的同一个时空里，越来越成为你中有我、我中有你的命运共同体。"[①] 党的十九大报告提出："我们呼吁，各国人民同心协力，构建人类命运共同体，建设持久和平、普遍安全、共同繁荣、开放包容、清洁美丽的世界。"[②] 2020年9月，国家主席习近平在第七十五届联合国大会一般性辩论上的讲话指出："我们要树立你中有我、我中有你的命运共同体意识，跳出小圈子和零和博弈思维，树立大家庭和合作共赢理念，摒弃意识形态争论，跨越文明冲突陷阱，相互尊重各国自主选择的发展道路和模式，让世界多样性成为人类社会进

---

① 《习近平谈治国理政》第1卷，外文出版社2018年版，第272页。
② 《习近平谈治国理政》第3卷，外文出版社2020年版，第46页。

步的不竭动力、人类文明多姿多彩的天然形态。"① 党的二十大报告强调："中国始终坚持维护世界和平、促进共同发展的外交政策宗旨，致力于推动构建人类命运共同体。"② 命运与共，大道不孤。构建人类命运共同体理念于2017年2月10日载入联合国决议，同年3月17日载入联合国安理会决议，同年3月23日载入联合国人权理事会决议。构建人类命运共同体被写入联合国文件，是对世界人民追求和平发展愿望的呼应。中国在应对全球新冠肺炎疫情中愈发坚定地推动构建人类命运共同体，呼吁共同构建人类卫生健康共同体，国际社会从中也深化了对人类是一个休戚与共命运共同体的认识。中国倡导践行人类命运共同体理念，引领走和平发展道路的现代化。

中国以和平共处、互利共赢为基本准则处理国际关系，坚持多边主义，反对霸权主义、单边主义，在积极参与国际治理进程中推进和平发展。2015年10月，十八届中央政治局就全球治理格局和全球治理体制进行第二十七次集体学习。习近平总书记在主持学习时指出，全球治理体制变革正处在历史转折点上。数百年来列强通过战争、殖民、划分势力范围等方式争夺利益和霸权，逐步向各国以制度规则协调关系和利益的方式演进。加强全球治理，

---

① 中共中央党史和文献研究院编：《十九大以来重要文献选编（中）》，中央文献出版社2021年版，第712页。
② 习近平：《高举中国特色社会主义伟大旗帜，为全面建设社会主义现代化国家而团结奋斗——在中国共产党第二十次全国代表大会上的报告》，人民出版社2022年版，第60页。

推进全球治理体制变革已是大势所趋。这不仅事关应对各种全球性挑战,而且事关给国际秩序和国际体系定规则、定方向;不仅事关对发展制高点的争夺,而且事关各国在国际秩序和国际体系长远制度性安排中的地位和作用。①党的十九届四中全会通过的《中共中央关于坚持和完善中国特色社会主义制度、推进国家治理体系和治理能力现代化若干重大问题的决定》提出:积极参与全球治理体系改革和建设。高举构建人类命运共同体旗帜,秉持共商共建共享的全球治理观,倡导多边主义和国际关系民主化,推动全球经济治理机制变革。维护联合国在全球治理中的核心地位,支持上海合作组织、金砖国家、二十国集团等平台机制化建设,推动构建更加公正合理的国际治理体系。党的二十大报告强调:"中国积极参与全球治理体系改革和建设,践行共商共建共享的全球治理观,坚持真正的多边主义,推进国际关系民主化,推动全球治理朝着更加公正合理的方向发展。"②面对此起彼伏的国际地区热点问题和层出不穷的各种全球性挑战,中国发挥维护世界和平与稳定的建设性作用,国际话语权和影响力不断提高,负责任大国的作用日益凸显。中国积极参与国际反恐合作,派军舰在亚丁湾、索马里海域执行护航任务。中国编织全球治理体系中的发展中国家合作网,积极参与网络、

---

① 《推动全球治理体制更加公正更加合理,为我国发展和世界和平创造有利条件》,《人民日报》2015年10月14日,第1版。
② 习近平:《高举中国特色社会主义伟大旗帜,为全面建设社会主义现代化国家而团结奋斗——在中国共产党第二十次全国代表大会上的报告》,人民出版社2022年版,第62页。

极地、深海、外空、核安全、气候变化等新兴领域规则制定；发起并主办首届世界互联网大会，推动建立多边、民主、透明的全球互联网治理体系；积极开展国际反腐败合作，推动构建国际反腐败合作新秩序。

中国在推动走和平发展道路的现代化进程中，赓续中华文明。中国反对文明冲突是未来世界和平最大威胁的学术认知和政策主张，明确文明多样性是推动文明进步的重要动力。中国秉持"美人之美，美美与共"的主张，尊重文明的差异、文明的包容多样，积极倡导文明对话与文明互鉴，以文明交流超越文明隔阂，以文明互鉴超越文明冲突，在现代化演进中充分汲取人类文明一切有益成果，创造命运与共与和平发展的现代化文明新形态。

中国在推动走和平发展道路的现代化进程中，给世界提供了更多发展机会。党的十八大以来，以习近平同志为核心的党中央总揽战略全局，以开放促改革、促发展、促创新，推进对外开放理论和实践创新，中国开放的大门越开越大，新的比较优势加快形成，高水平"引进来"和大规模"走出去"齐头并进，陆海内外联动、东西双向互济的开放格局逐步形成。中国倡导发展开放型世界经济，积极参与全球经济治理，对外开放取得新的重大成就，为推动构建人类命运共同体贡献正能量。中国欢迎各国搭乘中国发展的"顺风车"。2018年11月，首届中国国际进口博览会在上海举行，吸引了172个国家、地区和国际组织参会，3600多家境外企业参展，成交额578亿美元，4500多名政商学研各界嘉宾在虹桥国际经济论坛上对话交流，发出了"虹桥声音"。这次博览会是世界上第一个以进口为主题的国家级展会，是国际贸易发展史上的一大创举。历次中国国际进口博览会的成功举办表明了中国主动向世界开放市场、让各方分享发展机遇的诚意，体现了中国推动构建人类命运共同体的担当。进博会已经成为中国构建新发展格局的窗口、推动高水平开放的平台、全球共享的国际公共产品。2022年11月，国家主席习近平在第五届中国国际进口博览会开幕式上的致辞强调："我们要以开放纾发展之困、以开放汇合作之力、以开放聚创新之势、以开放谋共享之福，推动经济全球化不断向前，增强各国发展动能，让发展成果更多更公平惠及各国人民。"[①]2023年4月，习近平总书记在广东考察时强调："中国改革开放政策将长久不变，永远不会自己关上开放的大门。一切愿意与我们合作共赢的国家，我们都愿意与他们相向而行，推动世界经济共同繁荣发展。"[②]

党的十八大以来，中国理念、中国智慧、中国方案、中国机遇等日益受到全球关注，中国成为全球治理的引领者，走和平发展道路的现代化为推动构建人类命运共同体发挥了积极作用。

综上所述，从历史演进视域分析，中国共产党团结带领人民成功推进和拓展中国式现代化，实现了人类社会现代化的重大突破和创新，突出体现在5个方面：一是创造人口规模巨大的现代化，将

---

① 习近平：《共创开放繁荣的美好未来——在第五届中国国际进口博览会开幕式上的致辞》，《人民日报》2022年11月5日，第2版。
② 《坚定不移全面深化改革扩大高水平对外开放，在推进中国式现代化建设中走在前列》，《人民日报》2023年4月14日，第1版。

从质和量两个维度改变世界现代化人口版图；二是创造全体人民共同富裕的现代化，摒弃和超越了两极分化的现代化；三是创造物质文明和精神文明相协调的现代化，摒弃和超越了物质文明和精神文明偏废的现代化；四是创造人与自然和谐共生的现代化，摒弃和超越了竭泽而渔的现代化；五是创造走和平发展道路的现代化，摒弃和超越了基于恃强凌弱、巧取豪夺、零和博弈思维推进的现代化。这些突破和创新所构成的中国式现代化的中国特色，是中国共产党坚持把马克思主义基本原理同中国具体实际相结合、同中华优秀传统文化相结合形成的，构成中国式现代化的科学内涵，标注了中国式现代化的目标取向、价值取向、历史方位。中国式现代化对人类社会现代化的重大突破和创新，创造了人类文明新形态，是中国共产党团结带领人民创造中国式现代化道路的必然结果，是中国式现代化演进到新时代的最新实践成果和理论升华，是中国既能实现经济快速发展奇迹又能实现社会长期稳定奇迹的重要原因，为人类社会实现现代化提供了新的选择。

第二章

目标提升
中国式现代化目标内涵的拓展提升

2022年7月，习近平总书记在省部级主要领导干部"学习习近平总书记重要讲话精神，迎接党的二十大"专题研讨班上强调：世界上不存在放之四海而皆准的现代化标准，我们推进的现代化是中国共产党领导的社会主义现代化。[①] 在中华民族伟大复兴的历史进程中，随着经济社会发展和理论创新发展，国家现代化的目标内涵，经历了提出、转换、拓展、提升的过程，由四个现代化拓展提升为富强民主文明和谐美丽的社会主义现代化强国，并在实践中建设独立的比较完整的工业体系、四个现代化、小康社会，在实现第一个百年奋斗目标后迈上全面建设社会主义现代化国家新征程。

[①] 《高举中国特色社会主义伟大旗帜，奋力谱写全面建设社会主义现代化国家崭新篇章》，《人民日报》2022年7月28日，第1版。

中国共产党在现代化一词前加了"社会主义",致力于促进社会主义物质文明、政治文明、精神文明、社会文明、生态文明全面发展。中国共产党坚持以中国式现代化推进中华民族伟大复兴,其目标内涵既基于生产力发展不断提升,又基于人自由而全面的发展不断丰富,由实现四个现代化拓展提升为全面建成富强民主文明和谐美丽的社会主义强国,经历了提出、转换、拓展、提升的过程。1949—1978年,以实现四个现代化为目标;1978—2002年,由实现四个现代化向建设富强民主文明的社会主义现代化国家转换;2002—2012年,由建设富强民主文明的社会主义现代化国家向建设富强民主文明和谐的社会主义现代化国家拓展;党的十八大以来,由建设富强民主文明和谐的社会主义现代化国家向全面建成富强民主文明和谐美丽的社会主义现代化强国提升。

一、提出：实现四个现代化

新中国成立初期，以毛泽东同志为主要代表的中国共产党人把实现四个现代化明确为国家现代化目标。这一目标是基于中国仍处于农业社会阶段形成的，是基于现代化以工业化为主导和重要标志的认识形成的，是基于中国作为工业化后发国家追赶世界发展进程形成的。

新中国对于实现现代化这个必答题进行了艰辛探索，自成立起到20世纪70年代末，明确了主攻社会主义物质文明建设的四个现代化目标，并作出"两步走"部署。这是一个逐步形成的过程。

第一，建立独立的比较完整的工业体系和国民经济体系是新中国成立后较长时期内的现代化建设重要目标。考察世界现代化历程不难看出，尽管对现代化有不同的界定，但都离不开工业化这一基本要素。有的论述在界定现代化时，直接将工业化与现代化进程等同起来，如将现代化界定为"一般是指欧洲工业革命以来世界经济急剧变革、工业化程度不断提升的过程"[①]。有的论述基于生产力的社会结构界定现代化，如现代化是指一个国家或地区由农业社会向工业社会转变的历史过程。从与农业社会对应的工业社会界定的现代化，其内涵不仅包括了生产力变革及以此为基础的经济转型发展，还包括了基于经济发展所引发的政治、文化、社会的转型发

---

① 全国干部培训教材编审委员会组织编写：《从文明起源到现代化——中国历史25讲》，人民出版社2002年版，第599页。

展。①简言之，从现代化是受工业化引领驱动的历史进程考察，工业化既是现代化的先导性基础，也是现代化的重要组成部分和重要标志。

新中国的现代化建设离不开工业化这个先导性基础，也是先从推进国家工业化着力的。在现代化进程中，作为落后的发展中国家的中国何以立国？这是中国从鸦片战争起遭受列强入侵后就面临的历史性课题。中国共产党自成立起就将实现国家工业化作为民族复兴大计。1945年4月，毛泽东在党的七大上所作的政治报告《论联合政府》提出："为着打败日本侵略者和建设新中国，必须发展工业。……没有工业，便没有巩固的国防，便没有人民的福利，便没有国家的富强。"②1949年3月召开的党的七届二中全会提出，中国要将农业国变为工业国。毛泽东在这次全会上指出："在革命胜利以后，迅速地恢复和发展生产，对付国外的帝国主义，使中国稳步地由农业国转变为工业国，把中国建设成一个伟大的社会主义国家。"③作为起临时宪法作用的《中国人民政治协商会议共同纲领》，没有提出整个国家现代化的概念，但从巩固国防出发提出了"中华人民共和国应加强现代化的陆军"，也强调了"国家工业化"和"稳步地变农业国为工业国"。这些都反映了当时对现代化的认识，也明示了现代化发展的主要方向。自实施"一五"计划起，

---

① 参见张跃国：《中国式现代化及其生成条件》，《开放时代》2022年第1期。
② 《毛泽东选集》第3卷，人民出版社1991年版，第1080页。
③ 《毛泽东选集》第4卷，人民出版社1991年版，第1437页。

中国着力建立一个独立的比较完整的工业体系和国民经济体系。1954年9月15日，毛泽东在一届全国人大一次会议上致开幕词时号召，在几个五年计划之内，将经济上文化上落后的国家，建设成为工业化的具有高度现代文化程度的伟大的国家。[①] 这次会议批准周恩来所作的政府工作报告，提出四个现代化，强调集中精力发展工业，把中国建设成为强大的社会主义的现代化的工业国家。这一报告指出："第一个五年计划的方针是大家已经知道的，这就是：集中主要力量发展重工业，建立国家工业化和国防现代化的基础；相应地发展交通运输业、轻工业、农业和商业；相应地培养建设人才；有步骤地促进农业、手工业的合作化；继续进行对资本主义工商业的改造；保证国民经济中社会主义成分的比重稳步增长，同时正确地发挥个体农业、手工业和资本主义工商业的作用；保证在发展生产的基础上逐步提高人民物质生活和文化生活的水平。第一个五年计划所以要集中主要力量发展重工业，即冶金工业、燃料工业、动力工业、机械制造工业和化学工业，是因为只有依靠重工业，才能保证整个工业的发展，才能保证现代化农业和现代化交通运输业的发展，才能保证现代化国防力量的发展，并且归根结底，也只有依靠重工业，才能保证人民的物质生活和文化生活的不断提高。当然，重工业需要的资金比重较多，建设时间比较长，赢利比较慢，产品大部分不能直接供给人民的消费，因此在国家集中力量发展重

---

① 《毛泽东文集》第6卷，人民出版社1999年版，第350页。

工业的期间，虽然轻工业和农业也将有相应的发展，人民还是不能不暂时忍受生活上的某些困难和不便。但是我们究竟是忍受某些暂时的困难和不便，换取长远的繁荣幸福好呢，还是贪图眼前的小利，结果永远不能摆脱落后和贫困好呢？我们相信，大家一定会认为第一个主意好，第二个主意不好。"[1]中国以实施国民经济第一个五年计划为标志，开始了以实施国家工业化战略为主导的大规模经济建设。"一五"时期，国家集中主要力量发展重工业，启动了以工业为主的156个重大工程项目，促进了国家工业体系的全面构建。1956年，党的八大政治报告提出在三个五年计划的时期内基本上建成一个完整的工业体系的目标。[2]经过"一五"时期建设，中国工业快速发展，一些工业行业从无到有。1952年至1957年，重工业产值增长2.1倍，轻工业产值增长83.3%，两者的年均增长率分别高达25.4%和12.9%。重工业在全部工业中的占比由1952年的37.3%上升到1957年的45%。"一五"时期，中国实现以工业在产业结构中的份额快速增大为特征的产业结构突变，工业在国内生产总值中的占比由1952年的17.6%，提高到1957年的25.3%。

第二，明确建设四个现代化的国家现代化目标。新中国在国家工业化战略启动之际，现代化就进入国家发展战略，其内涵逐步丰富。1953年12月，经中共中央批准、中共中央宣传部制发的《关于党在过渡时期总路线的学习和宣传提纲》提出建设现代化的工

---

[1] 《周恩来选集》下卷，人民出版社1984年版，第133—134页。
[2] 《刘少奇选集》下卷，人民出版社1985年版，第224页。

业、现代化的农业、现代化的国防和现代化的交通运输。1957年2月，毛泽东明确提出要"将我国建设成为一个具有现代工业、现代农业和现代科学文化的社会主义国家"①。1954年9月，一届全国人大一次会议批准周恩来所作的政府工作报告对现代化建设目标作出进一步阐述，指出："我国伟大的人民革命的根本目的，是从帝国主义、封建主义和官僚资本主义的压迫下面，最后也从资本主义的束缚和小生产的限制下面，解放我国的生产力，使我国国民经济能够沿着社会主义的道路得到有计划的迅速的发展，以便提高人民的物质生活和文化生活的水平，并且巩固我们国家的独立和安全。我国的经济原来是很落后的。如果我们不建设起强大的现代化的工业、现代化的农业、现代化的交通运输业和现代化的国防，我们就不能摆脱落后和贫困，我们的革命就不能达到目的。"②1959年12月至1960年2月，毛泽东在读苏联《政治经济学教科书》时指出："建设社会主义，原来要求是工业现代化，农业现代化，科学文化现代化，现在要加上国防现代化。"③1960年3月，毛泽东提出，我们的任务"就是要安下心来，使我们可以建设我们国家现代化的工业、现代化的农业、现代化的科学文化和现代化的国防"④。

第三，部署"两步走"实现四个现代化。1964年12月，周

---

① 《毛泽东文集》第7卷，人民出版社1999年版，第207页。
② 《周恩来选集》下卷，人民出版社1984年版，第132页。
③ 《毛泽东文集》第8卷，人民出版社1999年版，第116页。
④ 《毛泽东文集》第8卷，人民出版社1999年版，第162页。

恩来在三届全国人大一次会议上作的政府工作报告提出:"今后发展国民经济的主要任务,总的说来,就是要在不太长的历史时期内,把我国建设成为一个具有现代农业、现代工业、现代国防和现代科学技术的社会主义强国,赶上和超过世界先进水平。为了实现这个伟大的历史任务,从第三个五年计划开始,我国的国民经济发展,可以按两步来考虑:第一步,建立一个独立的比较完整的工业体系和国民经济体系;第二步,全面实现农业、工业、国防和科学技术的现代化,使我国经济走在世界的前列。"[①] 这次会议在强调四个现代化的同时,还作出了两个方面的安排:一是基于农业生产大幅减产导致1959—1961年国民经济和人民生活困难的状况,更加深刻认识到农业在国民经济中的基础地位,因而把农业现代化调整为四个现代化之首;二是明确了实现四个现代化的两个步骤。这次会议进一步推动了现代化建设的展开。1975年1月,周恩来在四届全国人大一次会议上作的政府工作报告进一步强调了在20世纪内分"两步走"实现四个现代化的时间表,即:"遵照毛主席的指示,三届人大的政府工作报告曾经提出,从第三个五年计划开始,我国国民经济的发展,可以按两步来设想:第一步,用十五年时间,即在一九八〇年以前,建成一个独立的比较完整的工业体系和国民经济体系;第二步,在本世纪内,全面实现农业、工业、国防和科学技术的现代化,使我国国民经

---

① 《周恩来选集》下卷,人民出版社1984年版,第439页。

济走在世界的前列。"①四个现代化成为激励全国各族人民共同奋斗的宏伟目标。1978年3月，邓小平在全国科学大会开幕式上进一步强调："在二十世纪内，全面实现农业、工业、国防和科学技术的现代化，把我们的国家建设成为社会主义的现代化强国，是我国人民肩负的伟大历史使命。"②

新中国成立起至20世纪70年代末，中国共产党从时代发展要求和中国具体实际出发，明确了四个现代化建设的远景目标及"两步走"部署，统筹全面发展与重点突破、物质文明和精神文明相协调。经过努力，中国的四个现代化建设取得巨大成就，集中体现于：在国际上受弱势窘境困扰和西方国家封锁禁运等多重约束下，艰苦奋斗、自立自强，到20世纪70年代末实现了建立独立的比较完整的工业体系和国民经济体系的战略目标。

二、转换：建设富强民主文明的社会主义现代化国家

在改革开放和社会主义现代化建设新时期，以邓小平同志为主要代表的中国共产党人点出中国式的现代化的命题。1979年3月，邓小平在党的理论工作务虚会上明确提出："中国式的现代化，必

---

① 《周恩来选集》下卷，人民出版社1984年版，第479页。
② 《邓小平文选》第2卷，人民出版社1994年版，第85—86页。

须从中国的特点出发。"①同年12月,邓小平在会见日本首相大平正芳时指出:"我们要实现的四个现代化,是中国式的四个现代化。"②1983年6月,邓小平在会见参加北京科学技术政策讨论会的外籍专家时进一步强调:"我们搞的现代化,是中国式的现代化。我们建设的社会主义,是有中国特色的社会主义。我们主要是根据自己的实际情况和自己的条件,以自力更生为主。"③中国式的现代化成为中国特色社会主义事业的重要组成部分。

20世纪70年代末起至世纪末,国家现代化的目标实现转换,由实现四个现代化转换为建设富强民主文明的社会主义现代化国家。中国共产党坚持物质文明和精神文明"两手抓、两手都要硬"。党的十二大报告专门对"努力建设高度的社会主义精神文明"作出部署,指出:"在全党把工作重点转移到现代化经济建设上来以后,党中央曾多次郑重提出:我们在建设高度物质文明的同时,一定要努力建设高度的社会主义精神文明。这是建设社会主义的一个战略方针问题。社会主义的历史经验和我国当前的现实情况都告诉我们,是否坚持这样的方针,将关系到社会主义的兴衰和成败。"④报告还进一步厘清了社会主义精神文明的内容,指出:"社会主义精神文明是社会主义的重要特征,是社会主义制度优越性的重要表

---

① 《邓小平文选》第2卷,人民出版社1994年版,第164页。
② 《邓小平文选》第2卷,人民出版社1994年版,第237页。
③ 《邓小平文选》第3卷,人民出版社1993年版,第29页。
④ 中共中央文献研究室编:《十二大以来重要文献选编(上)》,人民出版社1986年版,第25页。

现。过去在讲到社会主义特征的时候，人们往往强调剥削制度的消灭和生产资料的公有，按劳分配，国民经济有计划按比例的发展，以及工人阶级和劳动人民的政权。人们还强调，高度发达的生产力和比资本主义更高的劳动生产率，作为社会主义发展的必然要求和最终结果，也是它的特征。这些无疑都是正确的，但是还不足以完全包括社会主义的特征。社会主义还必须有一个特征，就是以共产主义思想为核心的社会主义精神文明。没有这种精神文明，就不可能建设社会主义。"①1986年9月，党的十二届六中全会审议通过的《中共中央关于社会主义精神文明建设指导方针的决议》首次提出："我国社会主义现代化建设的总体布局是：以经济建设为中心，坚定不移地进行经济体制改革，坚定不移地进行政治体制改革，坚定不移地加强精神文明建设，并且使这几个方面互相配合，互相促进。"②在此基础上，党的十三大报告进一步丰富了国家现代化的目标内涵，明确提出："在社会主义初级阶段，我们党的建设有中国特色的社会主义的基本路线是：领导和团结全国各族人民，以经济建设为中心，坚持四项基本原则，坚持改革开放，自力更生，艰苦创业，为把我国建设成为富强、民主、文明的社会主义现代化国家而奋斗。"③以江泽民同志为主要代表的中国共产党人将实现富

---

① 中共中央文献研究室编：《十二大以来重要文献选编（上）》，人民出版社1986年版，第26—27页。
② 中共中央文献研究室编：《改革开放三十年重要文献选编（上）》，中央文献出版社2008年版，第430页。
③ 中共中央文献研究室编：《十三大以来重要文献选编（上）》，人民出版社1991年版，第15页。

强民主文明这三大目标纳入党在社会主义初级阶段的基本纲领，明确指出："围绕建设富强民主文明的社会主义现代化国家的目标，进一步明确什么是社会主义初级阶段有中国特色社会主义的经济、政治和文化，怎样建设这样的经济、政治和文化，是必要的。"①随着经济发展到一个新的台阶和人民生活总体上达到小康水平，党的十六大报告指出："全面建设小康社会，开创中国特色社会主义事业新局面，就是要在中国共产党的坚强领导下，发展社会主义市场经济、社会主义民主政治和社会主义先进文化，不断促进社会主义物质文明、政治文明和精神文明的协调发展，推进中华民族的伟大复兴。"②这就形成了"三位一体"的中国特色社会主义事业总体布局。简言之，国家现代化目标由实现四个现代化向建设富强民主文明的社会主义现代化国家的转换，是在建立起独立的比较完整的工业体系和国民经济体系基础上实现的，是基于对现代化认识的发展实现的，是在点出中国式的现代化命题下形成的，是在中国特色社会主义事业"三位一体"总体布局下形成的，是在中国特色社会主义理论体系指引下形成的。

随着中国式的现代化的点题和国家现代化目标的丰富，中国共产党明确了到21世纪中叶基本实现现代化的"三步走"战略构想和到20世纪末人民生活总体达到小康水平的阶段性目标，国家现

---

① 《江泽民文选》第2卷，人民出版社2006年版，第17页。
② 中共中央文献研究室编：《十六大以来重要文献选编（上）》，中央文献出版社2005年版，第43页。

代化建设稳步推进。

第一，提出和完善到21世纪中叶基本实现现代化的"三步走"战略构想。中国尽管在20世纪70年代末实现了建成一个独立的比较完整的工业体系和国民经济体系的战略目标，但在现代化上与发达国家的差距仍然较大。针对"文化大革命"对现代化建设的干扰，党的十一届三中全会作出全党工作重点从1979年转移到社会主义现代化建设上来的决策。邓小平强调："能否实现四个现代化，决定着我们国家的命运、民族的命运。"① 党的十一届三中全会起，继1964年对现代化建设作出"两步走"战略部署后，从实际出发，对到21世纪中叶基本实现现代化的战略安排进行了完善，形成了"三步走"发展战略。

1982年8月，邓小平在会见联合国秘书长德奎利亚尔时提出分两个阶段的发展战略，即："我们摆在第一位的任务是在本世纪末实现现代化的一个初步目标，这就是达到小康的水平"，"再花三十年到五十年时间，接近发达国家的水平"。② 党的十二大在对"文化大革命"结束后6年间经济社会迅速发展进行总结的基础上，以全面开创社会主义现代化建设的新局面为主题，明确了"中国共产党在新的历史时期的总任务是：团结全国各族人民，自力更生，艰苦奋斗，逐步实现工业、农业、国防和科学技术现代化，把

---

① 《邓小平文选》第2卷，人民出版社1994年版，第162页。
② 《邓小平文选》第2卷，人民出版社1994年版，第416—417页。

我国建设成为高度文明、高度民主的社会主义国家"①。这次大会报告还明确指出："从一九八一年到本世纪末的二十年，我国经济建设总的奋斗目标是，在不断提高经济效益的前提下，力争使全国工农业的年总产值翻两番，即由一九八〇年的七千一百亿元增加到二〇〇〇年的二万八千亿元左右。实现了这个目标，我国国民收入总额和主要工农业产品的产量将居于世界前列，整个国民经济的现代化过程将取得重大进展，城乡人民的收入将成倍增长，人民的物质文化生活可以达到小康水平。到那个时候，我国按人口平均的国民收入还比较低，但同现在相比，经济实力和国防实力将大为增强。只要我们积极奋斗，扎扎实实地做好工作，进一步发挥社会主义制度的优越性，这个宏伟的战略目标是能够达到的。"②

党的十三大正式确定"分三步走"基本实现现代化的战略部署。这次大会报告指出："党的十一届三中全会以后，我国经济建设的战略部署大体分三步走。第一步，实现国民生产总值比一九八〇年翻一番，解决人民的温饱问题。这个任务已经基本实现。第二步，到本世纪末，使国民生产总值再增长一倍，人民生活达到小康水平。第三步，到下个世纪中叶，人均国民生产总值达到中等发达国家水平，人民生活比较富裕，基本实现现代化。"③

---

① 中共中央文献研究室编：《十二大以来重要文献选编（上）》，人民出版社1986年版，第13页。
② 中共中央文献研究室编：《十二大以来重要文献选编（上）》，人民出版社1986年版，第14页。
③ 中共中央文献研究室编：《改革开放三十年重要文献选编（上）》，中央文献出版社2008年版，第478页。

党的十五大对如何实现第三步战略目标作出进一步规划，提出新的"三步走"发展战略。党的十五大报告指出："展望下世纪，我们的目标是，第一个十年实现国民生产总值比二〇〇〇年翻一番，使人民的小康生活更加宽裕，形成比较完善的社会主义市场经济体制；再经过十年的努力，到建党一百年时，使国民经济更加发展，各项制度更加完善；到世纪中叶建国一百年时，基本实现现代化，建成富强民主文明的社会主义国家。"①

第二，明确到20世纪末人民生活总体达到小康水平的国家现代化阶段性目标。1979年12月，邓小平在会见来中国访问的日本首相大平正芳时指出："我们的四个现代化的概念，不是像你们那样的现代化的概念，而是'小康之家'。到本世纪末，中国的四个现代化即使达到了某种目标，我们的国民生产总值人均水平也还是很低的。……就算达到那样的水平，同西方来比，也还是落后的。所以，我只能说，中国到那时也还是一个小康的状态。"②1981年6月，党的十一届六中全会第一次把到20世纪末要使人民物质文化生活达到小康水平的发展目标写入中央全会通过的决议——《关于建国以来党的若干历史问题的决议》。1984年6月，邓小平在会见日本友人时，又提出"翻两番"的小康指标。邓小平指出："所谓小康，从国民生产总值来说，就是年人均达到八百美元"，"中

---

① 中共中央文献研究室编：《十五大以来重要文献选编（上）》，人民出版社2000年版，第4页。
② 《邓小平文选》第2卷，人民出版社1994年版，第237页。

国现在有十亿人口,到那时候十二亿人口,国民生产总值可以达到一万亿美元"。①党的十三大报告在确定"分三步走"基本实现现代化的战略部署后强调:"现在,最重要的是走好第二步。实现了第二步任务,我国现代化建设将取得新的巨大进展:社会经济效益、劳动生产率和产品质量明显提高,国民生产总值和主要工农业产品产量大幅度增长,人均国民生产总值在世界上所占位次明显上升。工业主要领域在技术方面大体接近经济发达国家七十年代或八十年代初的水平,农业和其它产业部门的技术水平也将有较大提高。城镇和绝大部分农村普及初中教育,大城市基本普及高中和相当于高中的职业技术教育。人民群众将能过上比较殷实的小康生活。在我们这样一个人口众多而又基础落后的国家,人民普遍丰衣足食,安居乐业,无疑是一项宏伟壮丽而又十分艰巨的事业。"②邓小平提出的"小康之家"及之后党的十三大明确的"三步走"战略中头两步的"小康水平",不同于传统农业社会向往的"小康",而是借用中国传统文化元素中的"小康"一词,以表达经过努力奋斗可实现的中国现代化进程中的重要发展阶段目标。在高度抽象概括的现代化概念中融入传统文化元素——"小康",这一贴近人民群众的话语使人民群众能够更易理解和感触现代化,进而激发起全国人民投身现代化建设的热情。

---

① 《邓小平文选》第3卷,人民出版社1993年版,第64页。
② 中共中央文献研究室编:《改革开放三十年重要文献选编(上)》,中央文献出版社2008年版,第478页。

改革开放初期至20世纪末，中国推进的现代化建设，以经济建设为中心，以人民生活达到小康水平为目标。之所以以经济建设为重点推进小康建设，是因为中国经济发展水平与发达国家存在较大差距，与满足人民的物质文化需要还有较大差距，只有通过经济的快速增长，才能为人民生活达到小康水平提供必须的物质基础。

到20世纪末，经过全党和全国各族人民的共同努力，中国实现现代化建设"三步走"战略的第二步目标。世纪之交，中国进入工业化中期，1978—2000年各产业在国内生产总值中的占比，第一产业由27.7%下降为14.7%，第二、三产业合计由72.3%上升为85.3%。[1] 按可比价计算，2000年国内生产总值比1978年增长6.6倍，比1980年增长5.6倍，即高于翻两番的预期目标。[2] 随着经济的快速增长，全国人民物质文化生活水平明显改善，居民人均可支配收入大幅增长，由1978年的171.2元、1980年的246.8元大幅增加到2000年的3721.3元；全国居民人均消费支出，由1978年的151.0元、1980年的210.7元大幅增加到2000年的2914.0元；能够综合反映居民生活富裕程度的全国城乡居民恩格尔系数，由1978年的63.9%、1980年的59.9%下降到2000年的42.2%，人民生活总体上达到小康水平。[3]

---

[1] 《辉煌70年》编写组编：《辉煌70年——新中国经济社会发展成就（1949—2019）》，中国统计出版社2019年版，第365—366页。
[2] 《辉煌70年》编写组编：《辉煌70年——新中国经济社会发展成就（1949—2019）》，中国统计出版社2019年版，第373—374页。
[3] 《辉煌70年》编写组编：《辉煌70年——新中国经济社会发展成就（1949—2019）》，中国统计出版社2019年版，第381—382页。

三、拓展：建设富强民主文明和谐的社会主义现代化国家

21世纪初，中国将"和谐"纳入社会主义现代化建设目标，国家现代化的目标拓展为建设富强民主文明和谐的社会主义现代化国家。

党的十六大以后，以胡锦涛同志为主要代表的中国共产党人根据经济社会发展的新特点，提出构建社会主义和谐社会。党的十六届三中全会提出"坚持以人为本，树立全面、协调、可持续的发展观，促进经济社会和人的全面发展"[①]，按照"五个统筹"的要求推进各项事业的改革和发展。党的十六届四中全会又将构建社会主义和谐社会同社会主义物质文明、政治文明、精神文明建设统一起来。党的十六届六中全会明确提出"把我国建设成为富强民主文明和谐的社会主义现代化国家"[②]。至此，国家现代化的目标拓展为富强民主文明和谐的社会主义现代化国家。为实现这一目标，2005年2月，胡锦涛在省部级主要领导干部提高构建社会主义和谐社会能力专题研讨班上提出使社会主义物质文明、政治文明、精神文明建设与和谐社会建设全面发展。这就逐步实现中国特色社会主义事业总体布局由社会主义经济建设、政治建设、文化建设"三位一体"，

[①] 中共中央文献研究室编：《十六大以来重要文献选编（上）》，中央文献出版社2005年版，第465页。
[②] 中共中央文献研究室编：《十六大以来重要文献选编（下）》，中央文献出版社2008年版，第671页。

发展为社会主义经济建设、政治建设、文化建设、社会建设"四位一体"。①党的十七大报告把社会主义经济建设、政治建设、文化建设、社会建设"四位一体"写入其中,指出:"要按照中国特色社会主义事业总体布局,全面推进经济建设、政治建设、文化建设、社会建设,促进现代化建设各个环节、各个方面相协调,促进生产关系与生产力、上层建筑与经济基础相协调。"②中国特色社会主义事业总体布局由"三位一体"拓展为"四位一体",全面反映了社会主义现代化建设的内在要求,更加清晰地明确了科学发展的思路。简言之,国家现代化目标由建设富强民主文明的社会主义现代化国家向建设富强民主文明和谐的社会主义现代化国家的拓展丰富,是在人民生活总体达到小康水平基础上形成的,是基于中国特色社会主义事业总体布局由社会主义经济建设、政治建设、文化建设"三位一体"向经济建设、政治建设、文化建设、社会建设"四位一体"拓展所形成的,是在科学发展观指引下形成的。

中国共产党推动科学发展,围绕全面建设小康社会加快推进社会主义现代化建设,明确了20世纪头20年全面建设小康社会的阶段性目标。

第一,把发展纳入社会主义现代化建设的本质范畴,推动科学发展。党的十六大报告指出:"我们党在中国这样一个经济文化落

---

① 《胡锦涛文选》第2卷,人民出版社2016年版,第274页。
② 中共中央文献研究室编:《十七大以来重要文献选编(上)》,中央文献出版社2009年版,第12页。

后的发展中大国领导人民进行现代化建设，能不能解决好发展问题，直接关系人心向背、事业兴衰。党要承担起推动中国社会进步的历史责任，必须始终紧紧抓住发展这个执政兴国的第一要务，把坚持党的先进性和发挥社会主义制度的优越性，落实到发展先进生产力、发展先进文化、实现最广大人民的根本利益上来，推动社会全面进步，促进人的全面发展。紧紧把握住这一点，就从根本上把握了人民的愿望，把握了社会主义现代化建设的本质，就能使'三个代表'重要思想不断落实，使党的执政地位不断巩固，使强国富民的要求不断得到实现。"①这一对中国社会主义现代化建设本质的深刻揭示，是对"发展是硬道理"论断的丰富发展，也明确了推动社会全面进步、促进人的全面发展的社会主义现代化方向，中国共产党对社会主义现代化建设的认识达到一个新的境界。

第二，在人民生活总体达到小康水平的基础上，中国共产党团结带领人民围绕全面建设小康社会推进社会主义现代化。在以追赶世界工业化进程为主的经济建设进程中，由于工业的资金密集型特性，工业化后发国家不得不加快工业化资本积累，这就在民生方面欠了账。中国在世纪之交进入到工业化中期阶段，也进入到人均国民生产总值从 1000 美元向 3000 美元过渡的矛盾凸显期。②在树立起全国人民生活总体达到小康水平这样一个中华民族发展史上新

---

① 中共中央文献研究室编：《十六大以来重要文献选编（上）》，中央文献出版社 2005 年版，第 10—11 页。
② 中共中央文献研究室编：《十六大以来重要文献选编（中）》，中央文献出版社 2006 年版，第 1088 页。

的里程碑后,党的十五届五中全会提出新世纪开始全面建设小康社会。基于人民日益增长的物质文化需要同落后的社会生产之间的矛盾仍然是中国社会的主要矛盾,以及已经达到的小康还只是低水平的、不全面的、发展很不平衡的小康这一实际,党的十六大以"全面建设小康社会,开创中国特色社会主义事业新局面"为主题,明确提出要在21世纪头20年集中力量全面建设惠及十几亿人口的更高水平的小康社会的奋斗目标。党的十六大报告指出:"必须看到,我国正处于并将长期处于社会主义初级阶段,现在达到的小康还是低水平的、不全面的、发展很不平衡的小康,人民日益增长的物质文化需要同落后的社会生产之间的矛盾仍然是我国社会的主要矛盾。我国生产力和科技、教育还比较落后,实现工业化和现代化还有很长的路要走;城乡二元经济结构还没有改变,地区差距扩大的趋势尚未扭转,贫困人口还为数不少;人口总量继续增加,老龄人口比重上升,就业和社会保障压力增大;生态环境、自然资源和经济社会发展的矛盾日益突出;我们仍然面临发达国家在经济科技等方面占优势的压力;经济体制和其他方面的管理体制还不完善;民主法制建设和思想道德建设等方面还存在一些不容忽视的问题。巩固和提高目前达到的小康水平,还需要进行长时期的艰苦奋斗。"① 这次大会作出21世纪头20年是中国必须紧紧抓住并且可以大有作为的重要战略机遇期的重大判断,提出根据党的十五大提

---

① 中共中央文献研究室编:《十六大以来重要文献选编(上)》,中央文献出版社2005年版,第14页。

出的2010年、建党一百年和新中国成立一百年的发展目标，中国要在21世纪头20年，集中力量，全面建设惠及十几亿人口的更高水平的小康社会，使经济更加发展、民主更加健全、科教更加进步、文化更加繁荣、社会更加和谐、人民生活更加殷实。在20世纪末全国人民生活总体达到小康水平的基础上，党的十六大明确在21世纪头20年集中力量全面建设小康社会的奋斗目标并作出系统部署，这就开启了中国经济社会发展的结构性演进。[1] 党的十六大将此前的"小康水平"改为"小康社会"，并提出全面建设小康社会，实现从主攻经济建设向致力于全面建设小康社会的演进，这是中国迈入工业化中期新的经济社会发展阶段使然。

随着经济社会的发展，人民群众在党的十六大确立的全面建设小康社会的目标基础上又有新的期待。党的十七大主动适应新形势新情况，把握经济社会发展趋势和规律，坚持中国特色社会主义经济建设、政治建设、文化建设、社会建设基本目标和基本政策构成的基本纲领，主动顺应各族人民过上更好生活的新期待，进一步明确了到2020年要增强发展协调性、扩大社会主义民主、加强文化建设、加快发展社会事业、建设生态文明五个方面的新要求。在党的十五大、十六大提出21世纪第一个十年要实现国内生产总值比2000年翻一番、到2020年力争比2000年翻两番的目标基础上，党的十七大又提出人均国内生产总值到2020年比2000年翻两番

---

[1] 参见郑有贵：《中共十六大至中共十八大：全面建设小康社会的部署和成就》，《当代中国史研究》2020年第6期。

的目标。党的十七大报告进一步提出："到二〇二〇年全面建设小康社会目标实现之时，我们这个历史悠久的文明古国和发展中社会主义大国，将成为工业化基本实现、综合国力显著增强、国内市场总体规模位居世界前列的国家，成为人民富裕程度普遍提高、生活质量明显改善、生态环境良好的国家，成为人民享有更加充分民主权利、具有更高文明素质和精神追求的国家，成为各方面制度更加完善、社会更加充满活力而又安定团结的国家，成为对外更加开放、更加具有亲和力、为人类文明作出更大贡献的国家。"①

随着科学发展观的确立和贯彻，2002年至2012年全面建设小康社会取得明显成效。②按可比价计算，2012年中国国内生产总值比2000年增长2.2倍。③随着经济的高速增长，2012年全国居民人均可支配收入和人均消费支出分别提高到16509.5元和12053.7元，2012年全国城乡居民恩格尔系数改善为33.0%，比2000年低9.2个百分点。④

---

① 中共中央文献研究室编：《十七大以来重要文献选编（上）》，中央文献出版社2009年版，第16页。
② 参见郑有贵：《中共十六大至中共十八大：全面建设小康社会的部署和成就》，《当代中国史研究》2020年第6期。
③ 《辉煌70年》编写组编：《辉煌70年——新中国经济社会发展成就（1949—2019）》，中国统计出版社2019年版，第374页。
④ 《辉煌70年》编写组编：《辉煌70年——新中国经济社会发展成就（1949—2019）》，中国统计出版社2019年版，第382页。

四、提升：全面建成富强民主文明和谐美丽的社会主义现代化强国

进入中国特色社会主义新时代，以习近平同志为核心的党中央，将"美丽"纳入社会主义现代化建设目标，将国家现代化的目标提升为全面建成富强民主文明和谐美丽的社会主义现代化强国。党的十八大提出努力建设美丽中国，党的十八届五中全会将"美丽中国"写入国家经济社会发展规划。党的十九大首次把"美丽中国"作为建设社会主义现代化强国的重要目标。党的十九大报告提出："新时代中国特色社会主义思想，明确坚持和发展中国特色社会主义，总任务是实现社会主义现代化和中华民族伟大复兴，在全面建成小康社会的基础上，分两步走在本世纪中叶建成富强民主文明和谐美丽的社会主义现代化强国。"[1] 报告还提出，从 2020 年到 2035 年，生态环境根本好转，美丽中国目标基本实现。党的二十大对到 21 世纪中叶把我国建设成为综合国力和国际影响力领先的社会主义现代化强国作出战略部署。

把"美丽"纳入国家现代化目标，丰富了国家现代化目标的内涵，也就形成了五个文明全面协调发展的现代化目标，更能满足人民对美好生态环境的要求，更能体现现代化的本质是人的现代化的要求。简言之，这一目标的提升，是基于中国特色社会主义事业的

---

[1] 中共中央党史和文献研究院编：《十九大以来重要文献选编（上）》，中央文献出版社 2019 年版，第 13—14 页。

总体布局由社会主义经济建设、政治建设、文化建设、社会建设"四位一体"向经济建设、政治建设、文化建设、社会建设、生态文明建设"五位一体"拓展所形成的,是基于进入新时代中国社会主要矛盾已经转化为人民日益增长的美好生活需要和不平衡不充分的发展之间的矛盾形成的,是从实现中华民族伟大复兴的中国梦出发形成的,是在习近平新时代中国特色社会主义思想指引下形成的。

以习近平同志为核心的党中央,明确新时代决胜全面建成小康社会进而全面建设社会主义现代化强国,统筹推进"五位一体"总体布局、协调推进"四个全面"战略布局,推进以"全面"为显著特征的现代化建设。

第一,明确新时代决胜全面建成小康社会进而全面建设社会主义现代化强国。党的十八届三中全会提出"国家治理体系和治理能力现代化"。党的十九大提出"全面建设社会主义现代化国家",不仅明确新时代决胜全面建成小康社会进而全面建设社会主义现代化强国,还站在新的更高的历史起点上,综合分析国际国内形势和中国发展条件,根据现代化发展规律和趋势,对从全面建成小康社会到基本实现现代化,再到全面建成社会主义现代化强国,作出新的顶层设计和战略部署。党的十九大提出从2020年到21世纪中叶,分两个阶段全面建成社会主义现代化强国的战略安排。第一个阶段,从2020年到2035年,在全面建成小康社会的基础上,再奋斗15年,基本实现社会主义现代化。第二个阶段,从2035年到21世纪中叶,在基本实现现代化的基础上,再奋斗15年,把我国建成富强民主文明和谐美丽的社会主义现代化强国。"两步走"的战略安排，擘画了中国社会主义现代化建设的时间表、路线图，把基本实现现代化的时间提前了15年。党的二十大明确了新时代新征程中国共产党以中国式现代化全面推进中华民族伟大复兴的使命任务，对全面建成富强民主文明和谐美丽的社会主义现代化强国作出战略部署。提出全面建成社会主义现代化强国这一更高目标，丰富提升了中国式现代化的目标内涵，发出了实现中华民族伟大复兴中国梦的最强音。

第二，强调现代化的本质是人的现代化，着力解决人民日益增长的美好生活需要和不平衡不充分的发展之间的矛盾，更好推动人自由而全面的发展、社会全面进步。中国式现代化以人为本，不以物为本，物质文明是为人的现代化服务的。党的十九大报告提出："中国特色社会主义进入新时代，我国社会主要矛盾已经转化为人民日益增长的美好生活需要和不平衡不充分的发展之间的矛盾。我国稳定解决了十几亿人的温饱问题，总体上实现小康，不久将全面建成小康社会，人民美好生活需要日益广泛，不仅对物质文化生活提出了更高要求，而且在民主、法治、公平、正义、安全、环境等方面的要求日益增长。同时，我国社会生产力水平总体上显著提高，社会生产能力在很多方面进入世界前列，更加突出的问题是发展不平衡不充分，这已经成为满足人民日益增长的美好生活需要的主要制约因素。"① 党的十九大报告基于社会主要矛盾变化进一步指出："必须认识到，我国社会主要矛盾的变化是关系全局的历史性变化，对党和国家工作提出了许多新要求。我们要在继续推动发展的基础上，着力解决好发展不平衡不充分问题，大力提升发展质量和效益，更好满足人民在经济、政治、文化、社会、生态等方面日益增长的需要，更好推动人的全面发展、社会全面进步。"② 习近平新时代中国特色社会主义思想，明确新时代我国社会主要矛盾是人民日益增长的美好生活需要和不平衡不充分的发展之间的矛盾，强调必须坚持以人民为中心的发展思想，不断促进人的全面发展、全体人民共同富裕。党的二十大强调，中国式现代化是物质文明和精神文明相协调的现代化，促进物的全面丰富和人的全面发展。

第三，坚持创新在现代化建设全局中的核心地位，实施科教兴国战略，加快建设创新型国家。党的十八大以来，中国坚持实施创新驱动发展战略，把科技自立自强作为国家发展的战略支撑，健全新型举国体制，强化国家战略科技力量，加强基础研究，推进关键核心技术攻关和自主创新，强化知识产权创造、保护、运用，加快建设创新型国家和世界科技强国。2015年3月，中共中央、国务院印发《关于深化体制机制改革加快实施创新驱动发展战略的若干意见》。该意见指出，加快实施创新驱动发展战略，就是要使市

---

① 中共中央党史和文献研究院编：《十九大以来重要文献选编（上）》，中央文献出版社2019年版，第8页。
② 中共中央党史和文献研究院编：《十九大以来重要文献选编（上）》，中央文献出版社2019年版，第8—9页。

场在资源配置中起决定性作用和更好发挥政府作用，破除一切制约创新的思想障碍和制度藩篱，激发全社会创新活力和创造潜能，提升劳动、信息、知识、技术、管理、资本的效率和效益，强化科技同经济对接、创新成果同产业对接、创新项目同现实生产力对接、研发人员创新劳动同其利益收入对接，增强科技进步对经济发展的贡献度。2016年5月，中共中央、国务院印发《国家创新驱动发展战略纲要》。党的十九大报告提出，加快建设创新型国家，到2035年中国跻身创新型国家前列。党的十九届四中全会提出，弘扬科学精神和工匠精神。党的十九届五中全会指出，坚持创新在我国现代化建设全局中的核心地位，把科技自立自强作为国家发展的战略支撑，面向世界科技前沿、面向经济主战场、面向国家重大需求、面向人民生命健康，深入实施科教兴国战略、人才强国战略、创新驱动发展战略，完善国家创新体系，加快建设科技强国。要强化国家战略科技力量，提升企业技术创新能力，激发人才创新活力，完善科技创新体制机制。2021年12月召开的中央经济工作会议提出，要实施科技体制改革三年行动方案，制定实施基础研究十年规划。党的二十大指出，教育、科技、人才是全面建设社会主义现代化国家的基础性、战略性支撑。这次大会报告提出，实施科教兴国战略，强化现代化建设人才支撑。"必须坚持科技是第一生产力、人才是第一资源、创新是第一动力，深入实施科教兴国战略、人才强国战略、创新驱动发展战略，开辟发展新领域新赛道，不断塑造发展新动能新优势。我们要坚持教育优先发展、科技自立自强、人才引领驱动，加快建设教育强国、科技强国、人才强国，坚持为党育人、为国育才，全面提高人才自主培养质量，着力造就拔尖创新人才，聚天下英才而用之。"[1]中国全社会研发经费支出从2012年的1万亿元增加到2021年的2.8万亿元，居世界第二位，研发人员总量居世界首位。中国研发经费支出与GDP之比达到2.44%。其中，高技术产业研发投入强度从2012年的1.68%，提升到2021年的2.67%。随着创新驱动发展战略的深入实施和新型举国体制的逐步健全，创新型国家建设成果丰硕。中国基础研究和原始创新不断加强，一些关键核心技术实现突破，战略性新兴产业发展壮大，数字技术与实体经济加速融合，载人航天、探月探火、深海深地探测、超级计算机、卫星导航、量子信息、核电技术、新能源技术、大飞机制造、生物医药等取得重大成果，进入创新型国家行列。中国科技进步贡献率从2012年的52.2%迅速增至2021年的超过60%，实现了到2020年进入创新型国家行列、科技进步贡献率达到60%的目标。世界知识产权组织发布的全球创新指数报告显示，中国的全球创新指数排名由2012年的第34位上升到2022年的第11位。

第四，决胜全面建成小康社会，为开启全面建设社会主义现代化国家新征程奠定坚实基础。全面建成小康社会是"两个一百

---

[1] 习近平：《高举中国特色社会主义伟大旗帜，为全面建设社会主义现代化国家而团结奋斗——在中国共产党第二十次全国代表大会上的报告》，人民出版社2022年版，第33—34页。

年"奋斗目标的第一个百年奋斗目标。党的十八大提出到2020年全面建成小康社会，即将之前的"建设"改为"建成"。在党的十六大、十七大确立的全面建设小康社会的目标基础上，党的十八大根据中国发展仍处于可以大有作为的重要战略机遇期和中国经济社会发展实际，提出了全面建成小康社会要努力实现经济持续健康发展、人民民主不断扩大、文化软实力显著增强、人民生活水平全面提高和资源节约型、环境友好型社会建设取得重大进展五个方面的新要求。党的十九大报告提出，从现在到2020年，是全面建成小康社会决胜期。以习近平同志为核心的党中央顺应中国经济社会新发展和广大人民群众新期待，提出了全面建成小康社会新的目标要求，赋予了"小康"更高的标准、更丰富的内涵。全面建成小康社会，意味着经济高质量发展、人民生活水平和质量普遍提高、国民素质和社会文明程度显著提高、生态环境质量总体改善、各方面制度更加成熟更加定型。决胜全面建成小康社会，要紧扣中国社会主要矛盾变化，统筹推进经济建设、政治建设、文化建设、社会建设、生态文明建设，坚定实施科教兴国战略、人才强国战略、创新驱动发展战略、乡村振兴战略、区域协调发展战略、可持续发展战略，突出抓重点、补短板、强弱项，特别是要坚决打好防范化解重大风险、精准脱贫、污染防治的攻坚战，使全面建成小康社会得到人民认可，经得起历史检验。

党的十八大以来，以习近平同志为核心的党中央把全面建成小康社会纳入"四个全面"战略布局加以协调推进，着力破解"全面"

的难题。习近平总书记在党的十八届五中全会第二次全体会议上指出:"全面建成小康社会,强调的不仅是'小康',而且更重要的也是更难做到的是'全面'。'小康'讲的是发展水平,'全面'讲的是发展的平衡性、协调性、可持续性。如果到二〇二〇年我们在总量和速度上完成了目标,但发展不平衡、不协调、不可持续问题更加严重,短板更加突出,就算不上真正实现了目标,即使最后宣布实现了,也无法得到人民群众和国际社会认可。"① 习近平总书记进一步指出:"全面小康,覆盖的领域要全面,是五位一体全面进步。全面小康社会要求经济更加发展、民主更加健全、科教更加进步、文化更加繁荣、社会更加和谐、人民生活更加殷实。要在坚持以经济建设为中心的同时,全面推进经济建设、政治建设、文化建设、社会建设、生态文明建设,促进现代化建设各个环节、各个方面协调发展,不能长的很长、短的很短。"② "全面小康,覆盖的人口要全面,是惠及全体人民的小康。全面建成小康社会突出的短板主要在民生领域,发展不全面的问题很大程度上也表现在不同社会群体民生保障方面。'天地之大,黎元为本。'要按照人人参与、人人尽力、人人享有的要求,坚守底线、突出重点、完善制度、引导预期,注重机会公平,着力保障基本民生。"③ "全面小康,

---

① 中共中央文献研究室编:《十八大以来重要文献选编(中)》,中央文献出版社2016年版,第830—831页。
② 中共中央文献研究室编:《十八大以来重要文献选编(中)》,中央文献出版社2016年版,第831页。
③ 中共中央文献研究室编:《十八大以来重要文献选编(中)》,中央文献出版社2016年版,第831页。

覆盖的区域要全面，是城乡区域共同的小康。努力缩小城乡区域发展差距，是全面建成小康社会的一项重要任务。对这个问题，要辩证地看。城市和乡村、不同区域承担的主体功能不同。青海和西藏的主要区域是重点生态功能区，是世界第三极，生态产品和服务的价值极大。如果盲目开发造成破坏，今后花多少钱也补不回来。但是，在现行国内生产总值核算体系下，只用国内生产总值衡量发展水平，这些地方必然同发达地区的发展差距越来越大。我们说的缩小城乡区域发展差距，不能仅仅看作是缩小国内生产总值总量和增长速度的差距，而应该是缩小居民收入水平、基础设施通达水平、基本公共服务均等化水平、人民生活水平等方面的差距。此外，对城乡地区收入差距，也要全面认识。城乡区域之间生活成本特别是居住成本很不一样，光看收入也不能准确反映问题。"[①]

党的十八大以来，以习近平新时代中国特色社会主义思想为指引，在新中国成立特别是改革开放以来的长期探索和实践基础上，经过理论和实践的创新突破，中国统筹推进"五位一体"总体布局、协调推进"四个全面"战略布局，成功推进和拓展了中国式现代化，取得了改革开放和社会主义现代化建设的历史性成就，推动党和国家事业发生历史性变革，将中华文明发展提升到了新的历史高度。中国经济实力实现历史性跃升，经济总量连上新台阶，国内生产总值在2012年的53.9万亿元基础上，2014年突破60万亿元，2016

[①] 中共中央文献研究室编：《十八大以来重要文献选编（中）》，中央文献出版社2016年版，第833页。

年突破70万亿元，2017年突破80万亿元，2018年突破90万亿元，2020年突破100万亿元，2022年达到121万亿元。中国人均国内生产总值从2012年的39800元增加到2022年的85698元[①]，以美元计由2012年的6300美元[②]上升到约1.27万美元（根据2022年人民币兑美元的平均汇率计算），国家经济实力、科技实力、综合国力、国际影响力持续增强。中国经济发展质量和效率提升，实现了多年想实现而没有实现的重大结构性变革，经济实力、经济结构、经济活力和韧性都迈上了新的台阶。2021年，中国经济总量在世界经济中的占比由2012年的11.3%上升到18.5%[③]，世界经济"稳定器""动力源"的作用愈加凸显。中国深入贯彻以人民为中心的发展思想，在幼有所育、学有所教、劳有所得、病有所医、老有所养、住有所居、弱有所扶上持续用力，人民生活全方位改善。2021年，全国居民人均可支配收入和人均消费支出分别提高到35128元和24100元，中等收入群体的比重由2012年的1/4左右上升到2021年的1/3左右；2021年，全国城乡居民恩格尔系数为29.8%，比2012年下降3.2个百分点。[④]中国建成世界上规模最大的教育体系、

---

① 国家统计局：《中华人民共和国2022年国民经济和社会发展统计公报》，《人民日报》2023年3月1日，第9版。
② 《我国经济实力跃上新台阶》，《经济日报》2022年6月29日，第3版。
③ 习近平：《高举中国特色社会主义伟大旗帜，为全面建设社会主义现代化国家而团结奋斗——在中国共产党第二十次全国代表大会上的报告》，人民出版社2022年版，第8页。
④ 国家统计局：《中华人民共和国2021年国民经济和社会发展统计公报》，《人民日报》2022年3月1日，第5版。

社会保障体系、医疗卫生体系，教育普及水平实现历史性跨越，基本养老保险覆盖14.4亿人，基本医疗保险参保率稳定在95%。全国人均预期寿命由2012年的75.4岁提高到2021年的78.2岁[①]，居于中高收入国家前列。中国谱写了全面建成小康社会的历史性篇章，历史性地解决了困扰中华民族几千年的绝对贫困问题，基本公共服务水平显著提高，生态环境保护发生历史性、转折性、全局性变化，国民素质和社会文明程度显著提高，人民群众获得感、幸福感、安全感更加充实、更有保障、更可持续，共同富裕取得新成效。

综上所述，在中华民族伟大复兴的历史进程中，中国共产党坚持以中国式现代化推进中华民族伟大复兴。国家现代化的目标内涵，随着实践和理论的创新发展，既基于生产力的发展提升，又基于人自由而全面的发展不断丰富拓展，经历了提出、转换、拓展、提升的过程，由四个现代化拓展提升为富强民主文明和谐美丽的社会主义现代化强国。中国共产党在现代化一词前加了"社会主义"，致力于促进社会主义物质文明、政治文明、精神文明、社会文明、生态文明全面发展，并在实践中建设独立的比较完整的工业体系、四个现代化、小康社会，在实现第一个百年奋斗目标后迈上全面建设社会主义现代化国家新征程。

[①] 习近平：《高举中国特色社会主义伟大旗帜，为全面建设社会主义现代化国家而团结奋斗——在中国共产党第二十次全国代表大会上的报告》，人民出版社2022年版，第10页。

◆ 中国在现代化进程中成功打造大国重器，把国家和民族发展放在自己力量的基点上。始建于1954年的第一重型机器厂，现为中国一重集团有限公司（简称中国一重）。中国一重自主研制的世界最大、最先进的15000吨目重型自由锻造水压机，获2008年度国家科学技术进步奖一等奖，一项重大成果获2018年度国家科学技术进步奖特等奖。图为中国一重一角。2018年8月作者摄

◆ 几代塞罕坝人献身绿色事业，让高海拔荒原变成浩瀚林海，维护了京津生态安全，铸就了牢记使命、艰苦创业、绿色发展的塞罕坝精神。2017年12月，联合国环境规划署在内罗毕举行的第三届联合国环境大会期间举办新闻发布会，颁发当年的"地球卫士奖"，中国塞罕坝林场建设者获其中的"激励与行动奖"。时任联合国环境规划署执行主任埃里克·索尔海姆表示："他们筑起的'绿色长城'，帮助数以百万计的人远离空气污染，并保障了清洁水供应。"上图为塞罕坝林海。2017年10月作者摄。2015年4月1日起，内蒙古大兴安岭国有林区全面停止天然林商业性采伐。左下图为全面停止天然林商业性采伐纪念牌，右下图为2015年3月31日采伐的最后一棵树。2023年7月作者摄于内蒙古自治区呼伦贝尔市根河市

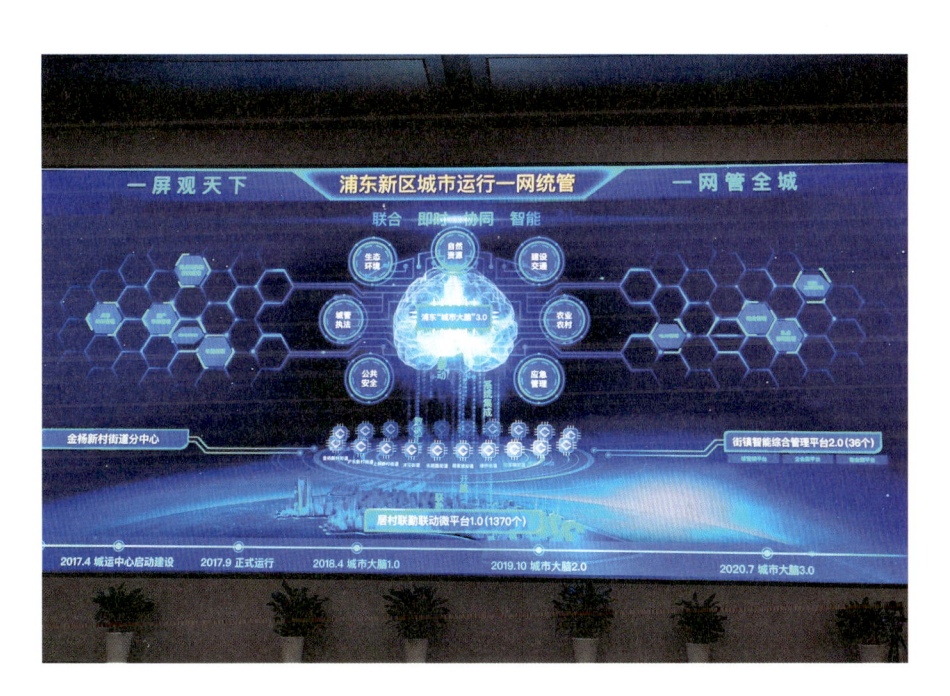

◆ 一流城市要有一流治理。2018年，浦东新区综合运用云计算、大数据、人工智能等科技信息技术，与物联网、视联网、数联网等感知平台对接，建设完善"神经元系统"，率先探索打造全覆盖、全天候的"城市智慧大脑"。图为浦东新区城市运行一网统管。2020年9月作者摄于浦东新区城运中心

◆ 中国历史性地解决了绝对贫困问题，创造了一个彪炳史册的人间奇迹。党的十八大以来，实施精准扶贫，其中的精准措施之一是搬迁安置一批地处恶劣生产生活条件的农民。图为广东省佛山市和四川省宜宾市翠屏区共同援建的移民安置小区——四川省雷波县阳光新村。2020年12月作者摄

◆ 弘扬三线精神，为乡村振兴赋能。四川省射洪市中皇村开发利用三线建设3536项目遗产资源，建设包括红色文化、菊花产业等元素在内的特色田园综合体，探索走出"文创＋农业＋旅游"融合发展之路。上图为保护和开发利用3536厂区打造的3536三线城景区，下图为3536三线城内播种后的菊园和村庄一角。2023年5月作者摄

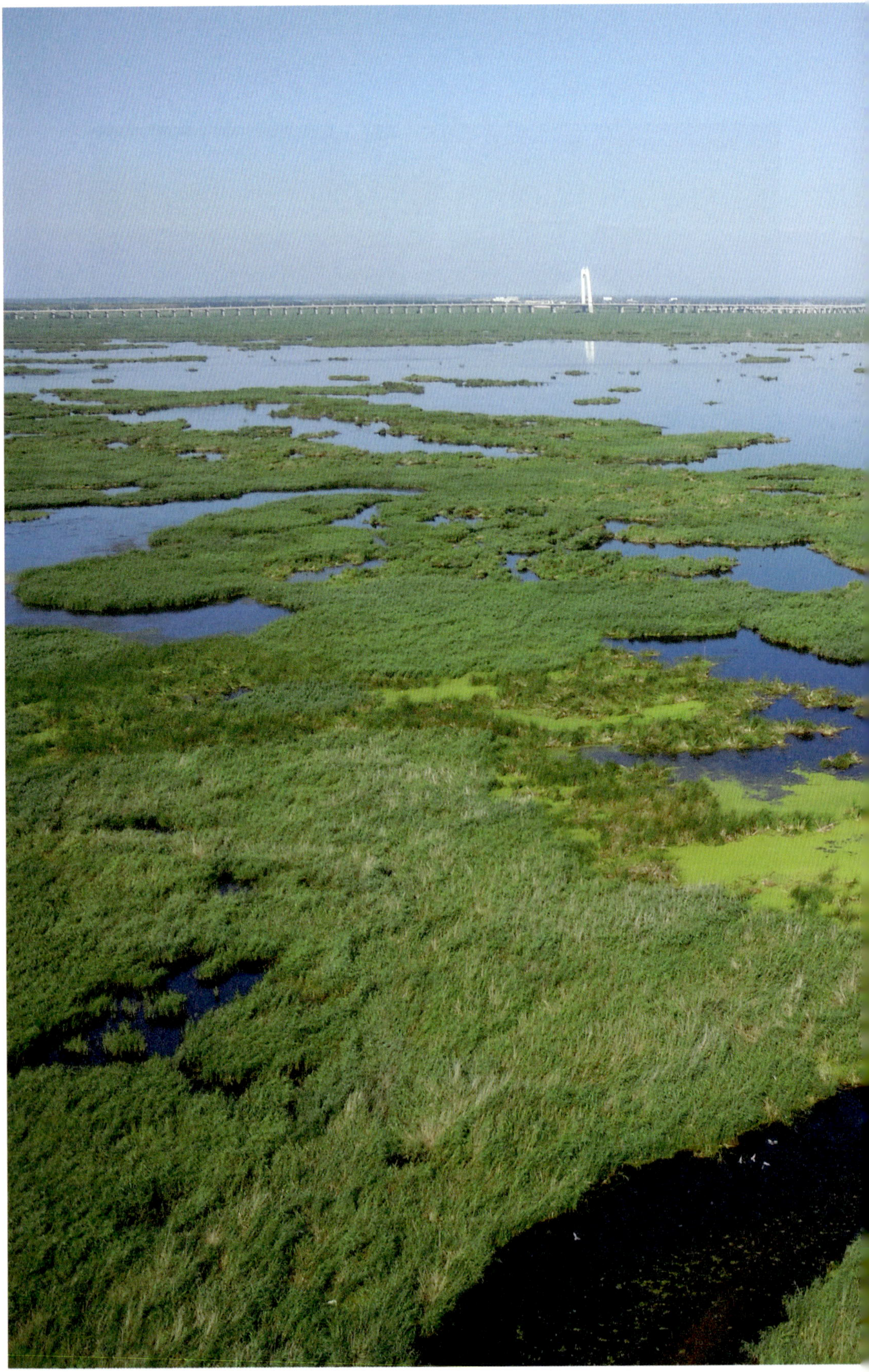

◆ 龙凤湿地是黑龙江省大庆市内较大的自然保护区,是野生动物的栖息地、石油城的"调温器"、居民的花园。图为龙凤湿地公园一角。2018年7月作者摄

◆ 构建人类命运共同体，共建和平、发展、合作、共赢的世界。中国在实施共建"一带一路"倡议中，致力于促进政策沟通、设施联通、贸易畅通、资金融通和民心相通，为构建人类命运共同体作出中国贡献。上图为义乌铁路口岸。"义新欧"中欧班列由2014年度的1列增加到2022年度的2260列。2023年3月作者调研时请陈旭峰摄。下图为浙江省宁波市北仑港。2022年，以北仑港为主体的宁波舟山港货物吞吐量超过12.5亿吨，连续14年保持全球首位，集装箱吞吐量达3335万标准箱，连续5年居世界第三。2023年10月作者摄

◆ 淘汰落后产能，实行绿色生产。华信集团根据国家促进绿色发展政策，2013年3月、2013年6月、2017年12月、2018年10月先后4次共拆除13台落后产能机组（总装机容量189.5万千瓦），实行"出灰不见灰、出渣不见渣、固废变资源"的循环利用。图为华信集团无污染卸转火车运来的煤炭。2019年11月作者摄

◆ 全面建设社会主义现代化国家,最艰巨最繁重的任务仍然在农村。党的十八大以来,中国探索形成县域内城乡融合发展的乡村振兴路径。图为浙江省诸暨市枫桥镇。2023年3月作者摄

◆ 图为浙江省宁波市鄞州区东吴镇西村村。2023年10月作者摄于鄞州区电梯关键配套件产业集群基地

◆ 1987年1月16日，上海市首家乡镇企业（川沙县孙桥乡乡办企业上海申华电工联合公司）向社会发行股票10000股。1990年12月18日，该公司股票在上海证券交易所正式上市。2020年9月作者摄于浦东开发开放陈列馆

第三章 主题拓展

中国式现代化推进和拓展的两大主题和战略支点

2023年2月，习近平总书记在学习贯彻党的二十大精神研讨班开班式上指出："中国式现代化蕴含的独特世界观、价值观、历史观、文明观、民主观、生态观等及其伟大实践，是对世界现代化理论和实践的重大创新。"① 从长时段和国际视域分析，新中国突破旧中国长久陷入徘徊的历史发展趋势、发展起点低的现实困境、作为工业化后发国家在国际上受弱势窘境困扰发展空间被锁定等约束，实现现代化的历史性突破和跨越，创造人类文明新形态，关键缘于中国共产党团结带领人民围绕两大主题和基于战略支点推进和拓展了中国式现代化。中国式现代化不仅有基于工业革命促进农业文明向工业文明演进的世界现代化共性的结构转换这一主题，还拓展形成坚持以人民为中心创造人类文明新形态的新主题，这是中国式现代化推进和拓展的两大主题。发展战略性先导产业、攻克重大关键科技、建设重大基础设施等是中国式现代化推进和拓展的战略支点。创造人类文明新形态引领农业文明向工业文明演进，促进农

---

① 《正确理解和大力推进中国式现代化》，《人民日报》2023年2月8日，第1版。

业文明向工业文明演进、创造人类文明新形态、做好战略支点有机统一和相互促进,这是中国式现代化推进和拓展的显著特征。

中国式现代化推进和拓展呈现阶段性特征，各阶段有发展快慢的不同，有发展方式的改进，有发展贡献因素的变化，这构成了新中国70余年现代化历史性突破和跨越的整个历史。中国式现代化推进和拓展实现的历史性突破和跨越，是一个国际范畴的问题。20世纪70年代末至90年代末，中国经济实现高速增长引起国际社会的高度关注，当时用"奇迹"一词赞誉中国经济高速增长这一现象。这一国际视域下的判断聚焦在经济总量的高增速。现今，中国又经过20余年的发展，仅仅基于经济高速增长认识中国的发展，不能全面认识中国式现代化推进和拓展的历史性突破和跨越的成就。从长时段和国际视域分析，中国式现代化的历史性突破和跨越集中体现在，中国作为工业化后发国家，用几十年时间走完发达国家几百年走过的工业化历程，创造出经济快速发展和社会长期稳定两大奇迹，创造了人类文明新形态。中国式现代化的历史性突破和跨越极为艰难，因为在这一过程中首先面对的是旧中国长久陷入徘徊的历史发展趋势、新中国发展起点低的现实困境、作为工业化后发国家在国际上受弱势窘境困扰发展空间被锁定等约束。中国式现代化推进和拓展的历史性突破和跨越，是作为工业化后发国家突破工业化先发国家打压而受弱势窘境困扰实现的，这决定了仅从物质财富增长结果进行探讨是不充分的。这里既从农业文明向工业文明演进这一世界现代化共性的结构转换，又从中国式现代化对现代化内涵的拓展提升及基于国情和世情对现代化实现路径的新探索，对中国式现代化实现的历史性突破和跨越及其历程进行阐述，以呈现中国式现代化推进和拓展的艰难创新历程，以及所实现的历史性突破和跨越的历史地位，以此深化对中国式现代化的中国特色、本质要求、重大原则的认识，进而从中把握中国式现代化进一步推进和拓展的方向与实现路径。

一、以发展实业为基础促进农业文明向工业文明演进

在以工业革命为基础和先导的产业结构演进基础上，由农业文明转向工业文明是现代化演进的重要内涵，是世界现代化共性的经济社会结构转换，也是中国式现代化推进和拓展的主题之一。如果说现代化的原生语境是工业化，那么现代化的次生语境即是后发国

家赶上工业化的过程。①马克思指出："工业较发达的国家向工业较不发达的国家所显示的，只是后者未来的景象。"②列宁认为："共产主义就是苏维埃政权加全国电气化。"③在新中国成立后的较长时期内，中国共产党把"现代化"理解为赶上发达国家的过程："我们要实现农业现代化、工业现代化、国防现代化和科学技术现代化……我们落后于世界先进水平……我们应该迎头赶上，也可以赶上。"④

中国共产党坚定地打牢现代化进程中的物质技术基础。新中国在70余年间，抓住实业发展不放松，夯实农业基础，为快速推进国家工业化提供支撑，工农业都实现了快速发展。其中工业增长速度更快，工业增加值由1952年的119.8亿元，增加到2022年的401644亿元⑤，按不变价格计算，从1952年到2018年增长970.6倍，年均增长11.0%⑥。这缘于探索形成了中国式现代化进程中推进和拓展中国式工业化的路径。

一是新中国70余年间由工业化后发国家向建成门类齐全的现代工业体系跨越，成为全球制造业第一大国和拥有联合国产业分类

---

① 赵义良：《中国式现代化与中国道路的现代性特征》，《中国社会科学》2023年第3期。
② 《马克思恩格斯文集》第5卷，人民出版社2009年版，第8页。
③ 《列宁专题文集·论社会主义》，人民出版社2009年版，第181页。
④ 《周恩来选集》下卷，人民出版社1984年版，第412—413页。
⑤ 国家统计局：《中华人民共和国2022年国民经济和社会发展统计公报》，《人民日报》2023年3月1日，第9版。
⑥ 《辉煌70年》编写组编：《辉煌70年——新中国经济社会发展成就（1949—2019）》，中国统计出版社2019年版，第99页。

中所列全部工业门类的国家。这是中国工业化成功推进和拓展的标志，也构成中国式工业化的特色。

新中国建立工业体系是作为工业化后发国家在工业体系残缺的基础上展开的。近代中国逐步认识到世界进入到了工业世界，也逐步认识到在工业化上落后于世界，因而推进工业发展。这先是从学习工业化先发国家发展工商业的洋务运动起，到以孙中山为代表的资产阶级革命派提出以"实业计划"为核心的"建国方略"，其中包括主张大规模发展工商业。尽管如此，受半封建半殖民地社会约束，近代中国工业化发展进展缓慢，而且已有工业受列强控制。研究表明，在1913年，人均工业化水平，中国仅为3，远低于美国的126和英国的115。[1] 到1949年，中国工农业总产值构成中，农业为70%，工业仅30%，仍处于农业社会。经过三年快速恢复发展，1952年国内生产总值中，第一产业增加值占50.5%，工业增加值仅占17.6%，包括工业在内的整个第二产业增加值也只占20.8%；第一产业劳动力在整个劳动力中占83.5%，包括工业的第二产业劳动力仅占7.4%。

中国建成门类齐全的现代工业体系，经历了两个大的发展阶段。

从1953年实施"一五"计划起到20世纪70年代末，是建立独立的比较完整的工业体系和国民经济体系阶段。新中国成立前夕召开的党的七届二中全会明确要把农业国建设成为工业国的国家发

---

[1] N. Crafts, K. O'Rourke, "Twentieth Century Growth", in P. Aghion & S. N. Durlauf（eds.）, Handbook of Economic Growth, Elsevier B V, 2014, p.271。

展战略目标。在新中国成立初期,中国共产党把国家工业化视为全国人民的最高利益,号召全国人民同心同德为实现国家工业化积极奋斗。《人民日报》在"一五"计划开启之年1953年元旦发表题为《迎接一九五三年的伟大任务》的社论提出:"经济建设的总任务就是要使中国由落后的农业国逐步变为强大的工业国,而要达到这个目的,就必须首先着重发展冶金、燃料、电力、机械制造、化学等项重工业……工业化——这是我国人民百年来梦寐以求的理想,这是我国人民不再受帝国主义欺侮不再过穷困生活的基本保证,因此这是全国人民的最高利益。全国人民必须同心同德,为这个最高利益而积极奋斗。"[①]1953年中国共产党明确的过渡时期的总路线和总任务,对实现以国家工业化为标志的生产力发展和以社会主义改造为内容的生产关系变革的蓝图及其实现的时间表予以明确。1956年,建立完整的工业体系这一国家战略目标及其实现的时间表又被写进党的八大政治报告,即:"我们应当在三个五年计划的时期内,基本上建成一个完整的工业体系。"[②]新中国建立工业体系是在冷战时期面对西方国家对中国进行集团式封锁禁运打压的极为不利的国际环境下展开的。

经过全国人民艰苦创业,新中国成功实施了国家工业化战略,到20世纪70年代末,工业这一当时的先导产业取得重大进展。钢铁产业在当时被视为最重要的基础工业之一,中国钢铁产量由

---

① 《迎接一九五三年的伟大任务》,《人民日报》1953年1月1日,第1版。
② 《刘少奇选集》下卷,人民出版社1985年版,第224页。

1952年的135万吨增加到1957年的498.7万吨，即由100万吨提高到500万吨用时仅5年，这远短于美国用时12年（由1880年的127万吨增加到1892年的500万吨）、英国用时23年（由1880年的129万吨增加到1903年的503万吨）。[①] 到1963年，被视为"贫油国"的中国实现石油基本自给。到1975年，中国钢铁产量超过英国。到1978年，中国钢铁、原煤、原油等主要工业产品产量分别为3178万吨、6.18亿吨、1.04亿吨。工业增加值由1952年的119.8亿元，增加到1978年的1622亿元，按可比价格计算，年均增长率高达11.5%[②]，这比1953—2018年的年均增长率高0.5个百分点。

随着工业化的快速推进，中国的产业结构实现历史性演进。中国经过"一五"时期以实施156项重大工程为主的大规模经济建设，在国内生产总值中工业增加值的占比由1952年的17.6%，快速提升为1957年的25.3%，平均每年提高1.54个百分点。又经过两年，到新中国成立十周年的1959年，工业增加值在国内生产总值中的占比为37.4%，首次超过第一产业，比第一产业的占比26.7%高9.4个百分点。这一结构急剧变化的发生，有两个方面的因素：一是在"一五"计划时期国家快速推进工业化，1958年"大跃进"运动中又发动群众性大办钢铁运动；二是人民公社化运动中

---

① 中国社会科学院、中央档案馆编：《1953—1957中华人民共和国经济档案资料选编（工业卷）》，中国物价出版社1998年版，第1057页。
② 《辉煌70年》编写组编：《辉煌70年——新中国经济社会发展成就（1949—2019）》，中国统计出版社2019年版，第100页。

"共产风"等"五风"挫伤农民积极性,加之大量农村劳动力被动员到大办钢铁上,导致农业生产大幅下滑。仅两年之后,1961年起,工业增加值在国内生产总值中的占比又回到比第一产业低的状况。这一变化的原因是,在国民经济调整中大办农业,以解决当时粮食严重短缺的问题。在农业生产快速恢复后,又回到快速推进工业化的轨道,1970年起,工业增加值在国内生产总值中的占比重新回到高于第一产业的格局(自此第一产业再也没有追上工业,而且差额逐步拉大),1978年达到至今的最高峰值44.1%。与之对应的是,一二三产业在国内生产总值中的占比,1978年分别为27.7%、47.7%、24.6%[1],这与新中国成立初期以农业为主的产业结构相比,发生了质的变化,发展成为以工业为主导的产业结构。

到20世纪70年代末,即在较短时间内,中国就建立起独立的比较完整的工业体系和国民经济体系,中国经济也就在世界上稳稳地立了起来,这为改革开放以来工业的快速发展,进而发展成为全球制造业第一大国和建成门类齐全的现代工业体系奠定了坚实基础。

改革开放起,中国进入建立门类齐全的现代工业体系新阶段。20世纪70年代末以来,中国在工业化上接续努力,到新中国成立

---

[1] 《辉煌70年》编写组编:《辉煌70年——新中国经济社会发展成就(1949—2019)》,中国统计出版社2019年版,第365页。

70周年之际，拥有工业的41个大类、207个中类、666个小类[1]，钢铁、有色金属、电力、煤炭、石油加工、化工、机械、建材、轻纺、食品、医药等工业行业由小到大，航空航天、汽车、电子通信等新兴工业行业从无到有并迅速发展，进而建成门类齐全的现代工业体系，成为拥有联合国产业分类中所列全部工业门类的国家。这不仅促进了进口替代，更是做强了国家和民族发展自己力量的基点，增强了发展韧性，增强了应对外来风险挑战的能力，进而把中国发展进步的命运牢牢地掌握在了自己的手中。

中国工业体系的建立，不仅为农业现代化提供了现代生产要素，还促进了经济社会结构的演进。改革开放初期，基于工业的发展，第三产业快速发展，工业增加值在国内生产总值中所占份额下降，到1990年降至阶段性低点，仅为36.6%。1992年邓小平南方谈话后，中国工业增速再度提升，工业增加值在国内生产总值中的占比又逐步提升，2006年回升到历史上的次高值42.0%，仅比1978年的最高值低2.1个百分点。随后，工业增加值在国内生产总值中的占比逐步回落，2022年下降至33.2%，比1978年的历史最高值低了10.9个百分点。2022年，在国内生产总值中的占比，第一产业下降至7.3%，第二产业为39.9%，第三产业提升为52.8%。[2]2007

---

[1] 国家统计局：《工业经济跨越发展，制造大国屹立东方——新中国成立70周年经济社会发展成就系列报告之三》，中国政府网，https://www.gov.cn/xinwen/2019-07/10/content_5407835.htm。
[2] 国家统计局：《中华人民共和国2022年国民经济和社会发展统计公报》，《人民日报》2023年3月1日，第9版。

年开始，工业增加值在国内生产总值中的占比下降，是因为第三产业增加值的占比增加。到2012年，第三产业在国内生产总值中的占比第一次超过第二产业，达45.5%，成为国民经济的第一大产业。基于产业结构的演进，新中国城镇化快速推进，常住人口城镇化率从1949年的10.6%，提高到2022年的65.22%，在由农业社会向工业社会演进上实现了跨越。

二是在改革开放进程中，中国成功走出城乡"两条腿"工业化之路。① 城乡"两条腿"工业化之路，是在中国城乡发展战略和特定体制机制下形成的。所谓中国城乡发展战略，是指以毛泽东同志为主要代表的中国共产党人，主张在城市发展工业，同时也主张在农村发展工业，将农民就地变成工人和农村工农商学兵结合作为战略发展目标。② 不过，自实施"一五"计划起至党的十一届三中全会前，从保障工业发展特别是重工业优先发展战略能够低成本实施出发，将工业布局在城镇和工矿区，仅允许农村在国家计划体系外拾遗补缺发展小煤矿、小钢铁厂、小化肥厂、小水泥厂、小机械厂（习惯统称"五小工业"）等。所谓特定体制机制，是指基于大力发展农村社区集体经济所形成的农村社区集体统筹和积累的体制机制，为社队企业发展工业提供了"第一桶金"的支持，孕育了社队

---

① 参见郑有贵：《城乡"两条腿"工业化中的农村工业和乡镇企业发展——中国共产党基于国家现代化在农村发展工业的构想及实践》，《中南财经政法大学学报》2021年第4期。
② 参见郑有贵：《百年"三农"：中国共产党解决"三农"问题的战略维度和实现路径》，东方出版社2022年版，第149—152页。

企业及相应的农村工业的发展，为改革开放初期乡镇企业（1984年中共中央、国务院将社队企业更名为乡镇企业）异军突起奠定了基础。党的十一届三中全会后，随着市场取向改革的深化推进，乡镇企业以其灵活的机制异军突起，成功走出农村工业化之路。农村工业的快速发展，从两个方面促进了国家工业化的发展。一方面，促进了整个国家工业化的快速发展。农村工业以快于城市工业的速度增长，在整个国家工业中所占份额快速提升，其增加值在全国工业增加值中的占比，由1978年的9.9%增加到1991年的27.5%，2000年达47.5%[1]，2014年超过50%，占据全国工业的"半壁江山"[2]。另一方面，农村工业的快速发展，促进了偏重重工业而轻工业发展相对滞后的结构性问题的破解。改革开放前，中国在实施国家工业化战略时，偏重发展重工业，轻工业发展相对滞后。这样一个偏斜的结构问题，成为社队企业及之后的乡镇企业发展轻工业的机会。1979年3月，陈云在中共中央政治局会议上分析这一现象时指出："现在社办工业很多，小城镇工业也很多，办这些工业是有道理、有原因的。原因就是要就业，要提高生活。"[3]受没有纳入国家计划体系、技术人才缺乏、技术装备落后、资金不足等限制，乡镇企业在起步之际，主要利用当地资源，在服务农业生产、

---

[1] 何康主编：《中国的乡镇企业》，中国农业出版社2004年版，第66页。
[2] 参见布赫：《全国人大常委会执法检查组关于检查〈中华人民共和国乡镇企业法〉实施情况的报告——2000年7月6日在第九届全国人民代表大会常务委员会第十六次会议上》，《中华人民共和国全国人民代表大会常务委员会公报》2000年第4期。
[3] 《陈云文选》第3卷，人民出版社1995年版，第250页。

服务大工业、服务城乡人民生活、服务外贸出口中逐步发展起来。尤其突出的是，在改革开放初期，珠江三角洲利用毗邻港澳的区位优势，以承接来料加工、来样加工、来件装配和补偿贸易（简称"三来一补"）的方式，实现了满足民生需求的轻工业的快速发展。简言之，农村工业化的快速发展对破解偏重重工业的工业结构问题的贡献不可磨灭。

三是以新发展理念引领走"四化同步"发展之路。中国作为工业化后发国家，在推进现代化上，先后提出了两个"四化"。第一个"四化"是在20世纪50年代初期提出，经1964年三届全国人大一次会议对四个现代化排列次序调整，形成将农业现代化建设列为首位的四个现代化。进入新时代，中国积极推进新的"四化"——工业化、信息化、城镇化、农业现代化，并要求"四化"同步发展。党的十八大提出："坚持走中国特色新型工业化、信息化、城镇化、农业现代化道路，推动信息化和工业化深度融合、工业化和城镇化良性互动、城镇化和农业现代化相互协调，促进工业化、信息化、城镇化、农业现代化同步发展。"[1]这是适应新一轮科技革命和产业变革深入发展提出的战略要求，也是新时代必须破解的课题。2013年9月，习近平总书记在主持十八届中央政治局第九次集体学习时指出："我国现代化同西方发达国家有很大不同。西方发达国家是一个'串联式'的发展过程，工业化、城镇化、农业现代化、

---

[1] 中共中央文献研究室编：《十八大以来重要文献选编（上）》，中央文献出版社2014年版，第16页。

信息化顺序发展，发展到目前水平用了二百多年时间。我们要后来居上，把'失去的二百年'找回来，决定了我国发展必然是一个'并联式'的过程，工业化、信息化、城镇化、农业现代化是叠加发展的。"①在这样一个"并联式"过程中，中国针对农业农村与工业城市一条腿短、一条腿长的发展不平衡问题，以亿万农民同步迈向现代化为目标，强化以工补农、以城带乡政策的实施，推进农村一二三产业融合发展和城乡融合发展，加快工农互促、城乡互补、协调发展、共同繁荣的新型工农城乡关系的形成，以此从拓展农业农村发展空间上促进全面推进乡村振兴和农业强国的加快建设。

二、坚持以人民为中心促进全面发展与创造人类文明新形态

有西方学者认为，现代化是工业主义的胜利，是以资本主义工业化为代表的"经济的现代化"，这种现代化最初在欧洲国家形成，是西欧与中欧的现代化进程。②现代化表现为"人类进入一个取得技艺的现代理性阶段，达到主宰自然的新水平，从而将自己的社会

---

① 中共中央文献研究室编：《习近平关于社会主义经济建设论述摘编》，中央文献出版社2017年版，第159页。
② 参见［以］艾森斯塔德：《现代化：抗拒与变迁》，张旅平等译，中国人民大学出版社1988年版，第77—78页。

环境建立在富足和合理的基础之上"①。鉴于西方现代化的最初表达是"工业化",最初的代表是经过工业革命率先进入"现代社会"的英美等国家,因而现代化通常被冠以"欧化""西化""美化"等称谓。②

如果说中国促进农业文明向工业文明演进这一世界现代化共性的结构转换,只是基于国情以特色路径实现的,那么坚持以人民为中心,坚持现代化的本质是人的现代化,把重点突破和全面发展统筹起来,推进经济建设,处理好工业化推进与民生改善的关系,统筹推进经济、政治、文化、社会、生态文明建设,在致力于促进全面发展中补短板和强弱项,促进人自由而全面的发展,创造人类文明新形态,则是中国式现代化推进和拓展的新主题。

中国式现代化推进和拓展过程中,坚持以经济建设为中心,突破了低起点的约束,发达程度实现由低收入国家到接近高收入国家门槛的跨越。研究数据显示,中国1913年的人均国内生产总值仅为美国的10.4%和英国的11.2%。③到1949年,中国国内生产总值,以美元计,总量是179.56亿美元,人均仅23美元,甚至低于英国

---

① [印] A. R. 德赛:《重新评价"现代化"概念》,王红生译,[美] 塞缪尔·亨廷顿等著、罗荣渠主编《现代化:理论与历史经验的再探讨》,上海译文出版社1993年版,第26页。
② 赵义良:《中国式现代化与中国道路的现代性特征》,《中国社会科学》2023年第3期。
③ N. Crafts, K. O'Rourke, "Twentieth Century Growth", in P. Aghion & S. N. Durlauf (eds.), Handbook of Economic Growth, Elsevier B.V., 2014, p.271。

1749年的水平。[①]中国不懈推进经济建设，即便在改革开放前没有明确提出以经济建设为中心，"文化大革命"期间还由于以阶级斗争为纲严重冲击着经济建设，但都没有放松以工业化为战略目标的经济建设。新中国尽管经过成立后第一年的快速恢复，但1950年人均国内生产总值仅为美国的4.69%。[②]国家统计局数据显示，1952年中国国内生产总值仅679亿元，人均国内生产总值119元。据世界银行统计，到1962年中国的人均国民总收入（GNI）增加到70美元，到1978年提升到200美元，但仍属于低收入国家。从党的十一届三中全会起，中国吸取经济建设遭受冲击的教训，明确提出并坚持以经济建设为中心，以第一要务的定位推动发展。中国人均国民收入总值水平大幅提升，2018年增加到9470美元，比1962年增长了134.3倍；与世界平均水平差距缩小，由1962年相当于世界平均水平的14.6%，提升到2018年的85.3%，提高了70.7个百分点。[③]中国在世界银行公布的人均国民总收入排名中，由1978年共计188个经济体中的第175位，提升至2022年共计196个经济体中的第68位，提高了107位。中国于1993年跨入中等偏下收入国家行列，到2009年又跨入中等偏上收入国家行列，到2022年与高收入国家门槛只有咫尺之差。

[①] 王均伟：《论中国式现代化的基本立足点》，《国家现代化建设研究》2022年第5期。
[②] 王珏：《试论70年来中国国际经济地位的变化——基于1千年主要国家赶超历程的考察》，《教学与研究》2019年第9期。
[③] 《辉煌70年》编写组编：《辉煌70年——新中国经济社会发展成就（1949—2019）》，中国统计出版社2019年版，第46—47页。

中国式现代化推进和拓展过程中，统筹推进经济、政治、文化、社会、生态文明建设，促进人自由而全面的发展，创造人类文明新形态。中国以中国式现代化推进中华民族伟大复兴，国家现代化的目标内涵随着建立独立的比较完整的工业体系和国民经济体系的推进、经济社会水平的提升，在20世纪50年代提出建设四个现代化，从改革开放初起逐步转换、拓展为富强民主文明和谐的社会主义现代化国家，进入新时代提升为全面建成富强民主文明和谐美丽的社会主义现代化强国。这一国家现代化目标的提出、转换、拓展、提升，把生产力发展提升和人的现代化有机融合起来。中国共产党在治国理政中，从实现国家现代化目标出发，逐步形成"五位一体"总体布局和"四个全面"战略布局，进而形成以全面发展为显著特征的现代化目标及其实现路径。新中国经过70多年的奋斗，经济、政治、文化、社会、生态文明建设全面发展，在现代化上实现重大突破和创新，形成了中国式现代化的中国特色：一是中国致力于人口规模巨大的现代化，与中国式现代化其他四个特色、中国式现代化的本质要求和重大原则共同作用，将从质和量两个维度改变世界现代化人口版图，即在质的维度改变人自由而全面的发展的世界现代化版图，在量的维度改变世界现代化人口数量版图。二是中国致力于全体人民共同富裕的现代化，在逐步形成和完善的共享发展成果政策体系下，促进全体人民共同富裕取得明显进展，2013—2021年全国居民人均可支配收入年均实际增长6.6%，比同期人均国内生产总值年均增长率高0.5个百分点，全国居民收入基尼系数由2012年的0.474降低到2021年的0.466①，近1亿农村贫困人口全部脱贫，全国中等收入家庭人口在总人口的占比为30%多②。三是中国致力于物质文明和精神文明相协调的现代化，物的全面丰富和人自由而全面的发展协调推进的现代化生动展开，促进了物质力量和精神力量相互赋能和全面增强。四是中国致力于人与自然和谐共生的现代化，致力于可持续高质量发展进而满足人民对美好生活的向往，为全球生态安全和促进绿色发展作出了重要贡献。在绿色发展上，绿水青山就是金山银山的理念深入人心，并日益转化为向绿色生产生活方式转变的实际行动，生态环境状况实现历史性转折，绿色低碳发展迈出坚实步伐。2012年至2021年，中国以年均3%的能源消费增长支撑着6.6%的国民经济增长，能耗强度累计下降26.4%，相当于少用了约14亿吨标准煤，二氧化碳排放减少近30亿吨，是全球能耗强度降低最快的国家之一。③构建起清洁低碳、安全高效的能源体系，风电、光伏发电等绿色电力装机容量和新能源汽车产销量都居世界第一，煤炭消费占比由2014年的65.8%降至2021年的56%，清洁能源消费占比由16.9%上升到25.5%。④空气日益清新，2022年在监测的339个地级及以上城市中细颗粒物（PM2.5）平均浓度比2015年下降38.1%，全年空气质量达标

---

① 《经济发展大提高，生态环境大改善（中国这十年·系列主题新闻发布）》，《人民日报》2022年5月13日，第4版。
② 本书编写组编著：《党的二十大报告辅导读本》，人民出版社2022年版，第429页。
③ 本书编写组编著：《党的二十大报告辅导读本》，人民出版社2022年版，第459页。
④ 《坚定不移走高质量发展之路——新时代中国经济建设述评》，新华网，http://www.news.cn/politics/2022-08/22/c_1128937030.htm。

占比为62.8%。水体日益清澈，2022年全国地表水Ⅰ—Ⅲ类断面占比为87.9%①，"十三五"规划时期以来实现连年提升。土壤等日益安全，土壤污染加重趋势得到初步遏制，2021年全国受污染耕地的安全利用率稳定在90%以上，重点建设用地的安全利用得到有效保障。中国生态日益优美，2012—2021年，全国森林覆盖率由21.63%提高到24.02%，成为世界上森林资源增加最多的国家，植树造林占全球人工造林的1/4左右。②2021年全国生态质量指数（EQI）为59.77，生态质量综合评价为"二类"。③五是中国致力于走和平发展道路的现代化。党的十八大以来的十余年间，中国提出和践行人类命运共同体理念，推动形成全方位、高水平对外开放新格局，大力推进共建"一带一路"倡议（截至2023年6月底，已与152个国家、32个国际组织签署了200多份共建"一带一路"合作文件），在世界上首创以进口为主题的国家级展会的经贸制度，全面实行外商投资准入前国民待遇加负面清单管理制度，中国商品出口在国际市场中的份额由11%上升到15%，对外签署自由贸易协定由10个增加到19个，部署建设了21个自贸试验区和海南自由贸易港，打造了一系列对外开放新高地、试验田。对外投资流量

---

① 国家统计局：《中华人民共和国2022年国民经济和社会发展统计公报》，《人民日报》2023年3月1日，第9版。
② 本书编写组编著：《党的二十大报告辅导读本》，人民出版社2022年版，第471、480页。
③ 中华人民共和国生态环境部：《2021中国生态环境状况公报》，中国政府网，https://www.gov.cn/xinwen/2022-05/28/content_5692799.htm。

稳居全球前三位，2022年实际使用外资达1.23万亿元人民币[①]，自2017年以来中国吸引外资连年居世界第二位，引资规模稳居发展中国家之首。

中国式现代化推进和拓展过程中，以工业化的推进为民生改善打基础，人民生活实现由受温饱不足困扰到全面小康的跨越。近代中国不仅工业落后，即便是创造过辉煌的中华农耕文明，农产品也长期短缺。到新中国成立时的1949年，全国人均粮食产量只有208.95公斤，约为公认的人均400公斤的粮食安全线的一半，其他主要农产品棉花、油料、糖料的人均产量也分别只有0.82公斤、4.73公斤和5.23公斤。在这样低下的农业产出水平下，人民不得温饱。不言而喻，解决好全国人民温饱问题是中国共产党面临的历史性难题。中国作为工业化后发国家，在改革开放前实施国家工业化战略而奋起直追世界工业化进程中，统筹长远与短期、全局与局部发展，国家通过实行高积累、低工资、低消费政策解决快速推进工业化的资本积累问题，号召艰苦奋斗及与之对应的"先生产，后生活"则得到全国建设者由衷的响应，同时中国共产党注重改善民生。在独立的比较完整的工业体系建立起来后，中国共产党明确更高的国家战略发展目标，并采取一系列措施调整经济发展与民生改善的关系，促进两者协调并进。新中国在70余年间，国家发展战略目标基于经济社会发展水平不断拓展提升。1979年邓小平提出

[①] 国家统计局：《中华人民共和国2022年国民经济和社会发展统计公报》，《人民日报》2023年3月1日，第9版。

到20世纪末中国要达到小康目标。世纪之交，中国在进入工业化中期和人民生活总体上达到小康水平之际，针对长期注重经济发展而民生建设相对滞后的问题，把民生改善提升为更加突出的目标，党的十五届五中全会提出从新世纪起全面建设小康社会。进入新时代，基于中国社会主要矛盾已经转化为人民日益增长的美好生活需要和不平衡不充分的发展之间的矛盾，践行以人民为中心的发展思想，推动高质量发展。党的十八届五中全会以新发展理念为指引，将"以提高发展质量和效益为中心，加快形成引领经济发展新常态的体制机制和发展方式"纳入"十三五"时期发展的指导思想。党的十九大报告提出中国经济已由高速增长阶段转向高质量发展阶段，2018年9月中央全面深化改革委员会第四次会议审议通过《关于推动高质量发展的意见》，对推动高质量发展作出部署。党的二十大报告强调，要坚持以推动高质量发展为主题，推动经济实现质的有效提升和量的合理增长。[①] 党的二十届三中全会审议通过的《中共中央关于进一步全面深化改革、推进中国式现代化的决定》强调"高质量发展是全面建设社会主义现代化国家的首要任务"，在"健全推动经济高质量发展体制机制"部分对"健全因地制宜发展新质生产力体制机制"作出部署，提出要"健全相关规则和政策，加快形成同新质生产力更相适应的生产关系，促进各类先

---

① 习近平：《高举中国特色社会主义伟大旗帜，为全面建设社会主义现代化国家而团结奋斗——在中国共产党第二十次全国代表大会上的报告》，人民出版社2022年版，第28—29页。

进生产要素向发展新质生产力集聚,大幅提升全要素生产率"。①在习近平新时代中国特色社会主义思想指引下,完整准确全面贯彻新发展理念,坚持把实现人民对美好生活的向往作为现代化建设的出发点和落脚点,成功推进和拓展中国式现代化,中国开启向高质量发展和经济强国发展的新跨越。新中国成立70余年间,随着经济社会的发展,人民生活水平大幅跃升。全国居民人均可支配收入,由1949年的49.7元②,提高到2022年的36883元③,1950—2018年,扣除物价因素,实际增长59.2倍,年均实际增幅达6.1%。全国居民人均消费支出,由1956年的88.2元,增加到2022年的24538元,1957—2018年,扣除物价因素,实际增长28.5倍,年均实际增幅达5.6%。④按照2010年标准,1978年全国农村贫困人口为7.7亿人、贫困发生率为97.5%⑤,到2020年全国农村人口全部脱贫。从综合反映居民生活水平的重要指标看,城镇居民和农村居民的恩格尔系数,1978年较高,分别为57.5%和67.7%,之后逐步下降,到2022年分别降为29.5%和33.0%(全国居民

---

① 《中共中央关于进一步全面深化改革、推进中国式现代化的决定》,《人民日报》2024年7月22日,第1版。
② 《辉煌70年》编写组编:《辉煌70年——新中国经济社会发展成就(1949—2019)》,中国统计出版社2019年版,第381页。
③ 国家统计局:《中华人民共和国2022年国民经济和社会发展统计公报》,《人民日报》2023年3月1日,第9版。
④ 《辉煌70年》编写组编:《辉煌70年——新中国经济社会发展成就(1949—2019)》,中国统计出版社2019年版,第51页。
⑤ 《辉煌70年》编写组编:《辉煌70年——新中国经济社会发展成就(1949—2019)》,中国统计出版社2019年版,第383页。

恩格尔系数为30.5%）；全国居民预期寿命，由新中国成立初的35岁，提高到2021年的78.2岁；婴儿死亡率，由新中国成立初的200‰，下降到2021年的5‰[①]；居民健康水平，总体上优于中高收入国家平均水平。2021年7月1日，在庆祝中国共产党成立100周年大会上，习近平总书记代表党和人民庄严宣告："经过全党全国各族人民持续奋斗，我们实现了第一个百年奋斗目标，在中华大地上全面建成了小康社会，历史性地解决了绝对贫困问题，正在意气风发向着全面建成社会主义现代化强国的第二个百年奋斗目标迈进。"[②] 基于第一个百年奋斗目标的实现，党的二十大报告明确了中国共产党团结带领全国各族人民全面建成社会主义现代化强国、实现第二个百年奋斗目标的中心任务。

三、做好发展战略性先导产业、攻克重大关键科技、建设重大基础设施等战略支点

发展战略性先导产业、攻克重大关键科技、建设重大基础设施等，是中国式现代化推进和拓展的战略支点，是中国式现代化成功推进和拓展的重要因素。中国现代化的推进除受旧中国长久陷入徘徊的历史发展趋势、发展起点低的现实困境等自身因素约束外，更

[①] 赵星月、谢文博：《让妇女儿童获得感持续增强》，《健康报》2022年5月31日，第1版。
[②] 《习近平谈治国理政》第4卷，外文出版社2022年版，第3页。

为严峻的是在国际上受弱势窘境困扰。中国作为工业化后发国家，面对工业化先发国家恃强凌弱、巧取豪夺、零和博弈等种种霸权霸道霸凌行径，自信自立，以自身力量为国家和民族发展的基点，以国家现代化战略为引导，发挥社会主义国家制度和国家治理体系具有的显著优势，全国一盘棋，调动各方面积极性，集中力量办好发展战略性先导产业、攻克重大关键科技、建设重大基础设施等关系国计民生的大事，把国家发展进步的命运牢牢地掌握在自己手中，实现了在国际上受弱势窘境困扰向优势跨越的转变，实现综合国力快速提升，进而支撑和助推由追赶跟跑向并跑并在一些领域领跑和成为世界经济增长重要引擎的跨越。

做好发展战略性先导产业、攻克重大关键科技、建设重大基础设施等战略支点，支撑和促进中国综合国力快速提升。新中国鉴于旧中国因综合国力极弱而推进现代化内外交困，认识到要在综合国力快速提升上优先进行突破。改革开放后，邓小平将是否有利于增强社会主义国家综合国力作为三个根本判断标准之一。邓小平指出："判断的标准，应该主要看是否有利于发展社会主义社会的生产力，是否有利于增强社会主义国家的综合国力，是否有利于提高人民的生活水平。"[①] 中国在提高综合国力上采取重大战略安排，特别是从战略性先导产业发展、重大关键科技攻关、重大基础设施建设等方面进行突破，以此为战略支点，支撑和促进综合国力实现

---

① 《邓小平文选》第3卷，人民出版社1993年版，第372页。

快速提升。这体现在诸多方面，每个发展阶段也都有标志性的成就，"两弹一星"的成功研制就是新中国成立起至改革开放前各种因素集成下综合国力提升最显著的标志。中国在 1964 年成功爆炸第一颗原子弹，1967 年氢弹爆炸成功，离原子弹爆炸仅两年零八个月，即从原子弹爆炸到氢弹爆炸所用时间远短于美国的用时七年零四个月。1970 年中国成功发射第一颗卫星，1974 年中国首艘核潜艇交付海军使用。基于中国综合国力的快速提升，1971 年召开的第 26 届联合国大会恢复中华人民共和国在联合国的合法席位，1972 年 2 月美国总统尼克松应邀访问中国，也标志着中国与西方国家的关系趋向缓和。换言之，中国自力更生艰苦奋斗，综合国力在 1949—1978 年实现快速提升，是中国成功改善国际关系的重要条件，也为中国改革开放的推进和现代化建设奠定了坚实基础。1988 年，邓小平对成功研制"两弹一星"的高度评价，表述了快速提升综合国力在中国式现代化推进中的战略意义。邓小平指出："如果六十年代以来中国没有原子弹、氢弹，没有发射卫星，中国就不能叫有重要影响的大国，就没有现在这样的国际地位。这些东西反映一个民族的能力，也是一个民族、一个国家兴旺发达的标志。"[①]

做好发展战略性先导产业、攻克重大关键科技、建设重大基础设施等战略支点，支撑和促进中国由历史上的发展长期停滞向创造经济快速发展奇迹的跨越。中国在古代成为世界上最富裕的

---

① 《邓小平文选》第 3 卷，人民出版社 1993 年版，第 279 页。

国家和最大经济体后，长期陷入徘徊，与发展更快的西方国家不同步，被西方国家超越。中国经济在世界上的位次，从国内生产总值总量和人均值两个指标进行评判是不同的。已有关于人均国内生产总值的研究表明，距今1000年前，中国在世界上属于最富裕的国家，宋代时人民生活水平高于世界大多数国家，之后在长达900多年间，中国人均收入出现停滞甚至下降，而欧洲的意大利、西班牙、荷兰、英国等国家经历3—7个世纪的发展后超过中国。① 对国内生产总值的研究表明，西方超过中国的时间则晚一些。例如，安格斯·麦迪森提出，在15世纪和18世纪之间，中国的经济领先地位让给了欧洲。② 彭慕兰从人口、资本积累、技术等方面对欧洲领先亚洲进行了探讨，认为东西方发展水平在18世纪以前基本相同，中国被西方超越的"大分流"发生于1750年，甚至是更晚的1800年之后，到19世纪中叶欧洲达到绝无仅有的富裕。③ 古代中国经济在哪个年代处于世界顶峰，在什么时候被欧洲的一些国家超越，由于没有相应准确的统计数据支撑，存在分歧是难以避免的。不过，有一点是肯定的，就是工业革命所引发生产率的快速提高，必然会导致仍徘徊在农业社会阶段的旧中国与工业化先发国家在发达程度上的分化。麦迪森的数据显示，1820—1952年

---

① 王珏：《试论70年来中国国际经济地位的变化——基于1千年主要国家赶超历程的考察》，《教学与研究》2019年第9期。
② ［英］安格斯·麦迪森：《中国经济的长期表现——公元960—2030年（修订版）》，伍晓鹰、马德斌译，王小鲁校，上海人民出版社2016年版，第4页。
③ ［美］彭慕兰：《大分流：欧洲、中国与现代世界经济的形成》，黄中宪译，北京日报出版社2021年版，第35页。

的国内生产总值年均增长率，全世界为 1.64%，美国为 3.76%，欧洲为 1.71%，日本为 1.74%，都大幅高于中国的 0.22%。同期，人均国内生产总值的反差更明显，全世界为 0.93%，美国为 1.61%，欧洲为 1.05%，日本为 0.95%，而中国为 -0.10%。① 从更近一些的 20 世纪上半叶看，中国陷入徘徊的发展趋势不仅没有得到扭转，反而进一步恶化。数据显示，1913—1950 年国内生产总值年均增长率，世界为 1.82%，而中国是负值，为 -0.02%，人均国内生产总值下降幅度高达 20.5%。② 在 20 世纪前半个世纪，中国在经济增长上与世界的正负反差，表明中国陷入了极其严重的积贫积弱境地。新中国发展起点低，文学语言喻之为"一穷二白"，这属于夸张描述，但确实很贴切地表达了新中国在成立之际与工业化先发国家的巨大差距。仅以当时现代化的重要标志工业为例，旧中国工业部门残缺，仅有采矿业、纺织业和简单的加工业，只能生产纱、布、火柴、肥皂、面粉等极少的日用生活消费品。1949 年，中国主要工业品原煤、原油、钢的产量分别只有 0.32 亿吨、12 万吨、15.8 吨，分别是美国的 7.34%、0.05% 和 0.22%。③ 1954 年 6 月，在中央人民政府委员会第三十次会议上，毛泽东感慨地说："现在我们能造什么？能造桌子椅子，能造茶碗茶壶，能种粮食，

---

① ［英］安格斯·麦迪森：《中国经济的长期表现——公元 960—2030 年（修订版）》，伍晓鹰、马德斌译，王小鲁校，上海人民出版社 2016 年版，第 40 页。
② 蔡昉：《新中国 70 年奋斗历程和启示》，中国人大网，http://www.npc.gov.cn/npc/c2/c30834/201908/t20190827_300574.html。
③ 中华人民共和国国家经济贸易委员会编：《中国工业五十年——新中国工业通鉴：第一部（1949.10—1952）》上卷，中国经济出版社 2000 年版，第 9 页。

还能磨成面粉，还能造纸，但是，一辆汽车、一架飞机、一辆坦克、一辆拖拉机都不能造。"[1]新中国经济建设起步时，不仅工业发展水平低，还缺乏农业对整个经济社会发展的支撑。新中国成立时，农业仍然处于依靠传统经验技术的发展阶段，生产力水平低下，靠天吃饭。这不能满足全国人民温饱的需要，困扰着农民的发展，也困扰着整个国家经济社会的发展。中国在现代化进程中促进战略性先导产业发展、重大关键科技攻关、重大基础设施建设，以此为战略支点，创造出世所罕见的经济快速发展奇迹。1952—2022年，中国国内生产总值由679亿元[2]增加到121.02万亿元[3]。其中，1953—1978年中国经济实现了长足发展。国家统计局数据显示，按可比价格计算，中国1978年的国内生产总值是1952年的4.75倍，年均增长率为6.4%，与旧中国长久陷入徘徊趋势相比，显然实现了重大突破。麦迪森的数据显示，1952—1978年中国国内生产总值年均实际增长率为4.39%，比同期世界平均水平4.59%低0.2个百分点（这期间经济增长较快的是发展中国家和地区，拉美国家和亚洲新兴经济体的快速增长更为显著），

---

[1]《毛泽东文集》第6卷，人民出版社1999年版，第329页。
[2]《辉煌70年》编写组编：《辉煌70年——新中国经济社会发展成就（1949—2019）》，中国统计出版社2019年版，第361页。
[3] 国家统计局：《中华人民共和国2022年国民经济和社会发展统计公报》，《人民日报》2023年3月1日，第9版。

高于美国的 3.61% 和欧洲的 4.37%①，高于高收入国家的 4.3%②。1979—2018 年国内生产总值年均增长率为 9.4%，比同期世界经济年均增长 2.9% 高出 6.5 个百分点。

做好发展战略性先导产业、攻克重大关键科技、建设重大基础设施等战略支点，支撑和促进中国由跟跑追赶向并跑并在一些领域领跑的跨越。古代中国由于制度上的原因，没有在世界上率先兴起科技革命和工业革命，近代中国逐步认识到要学习西方国家工业之"长"以制夷。现代工业的发展，与传统手工业发展靠经验技术不同，是建立在现代科学技术基础上的。然而，1949 年中国人口文盲率高达 80%，小学学龄儿童入学率、初中阶段毛入学率分别仅为 20% 和 3%，高等院校在校生只有 11.7 万人。③ 在如此低的教育水平和人力资本下，现代化建设缺乏人力资本支撑。在受西方国家集团式封锁禁运等打压的情况下，中国除了自立自强，别无选择。鉴此，中国发挥社会主义制度能够集中力量办大事的优势，解决"一盘散沙"做不到至少做得不快的问题，组织重大关键科技攻关，为战略性先导产业发展和综合国力快速提升提供了支撑。中国在和平发展的世界主题下推进改革开放，与西方国家为解决滞胀问题寻求与中国合作相遇，抓住经济全球化进

---

① ［英］安格斯·麦迪森：《中国经济的长期表现——公元 960—2030 年（修订版）》，伍晓鹰、马德斌译，王小鲁校，上海人民出版社 2008 年版，第 40 页。
② 蔡昉：《新中国 70 年奋斗历程和启示》，中国人大网，http://www.npc.gov.cn/npc/c2/c30834/201908/t20190827_300574.html。
③ 《辉煌 70 年》编写组编：《辉煌 70 年——新中国经济社会发展成就（1949—2019）》，中国统计出版社 2019 年版，第 225 页。

程中工业化先发国家制造业向工业化后发国家转移的机遇，先是通过"三来一补"，再到全方位引进外资，在引进外资时融合引进技术，在学习中创新发展。工业化先发国家之所以积极把制造业转向中国，是因为属于工业化后发国家的中国，可以提供充裕的低价劳动力，进而降低劳动力成本，获得新的竞争优势。中国不断推进改革开放，使这种产业转移变成现实。这样一个产业承接经历了逐步提升的过程，由20世纪80年代初的"三来一补"起步，并在这一过程中提升了技术水平和发展能力，在此基础上升级为20世纪90年代开始承接相对完整产业的转移。① 这一过程也是中国的大市场吸引国外资本进入的过程，但中国的大市场并没有换得涉及竞争力的核心技术。仅以汽车工业为例，中国在引入外资及与之有机耦合的技术后，成为世界汽车生产第一大国，不少收益被国外资本拿走。美国于2018年挑起中美贸易战，把双方自愿和都受益的技术引进定性为强制引进，这是对历史的歪曲。进入新时代，中国加快创新发展，坚持把创新作为发展的第一动力，高技术发展取得巨大成就。一是高技术产业体量增大。全国高技术产业营业收入翻了一番，由2012年的9.95万亿元，增加到2021年的19.91万亿元。全国高技术制造业在规模以上工业增加值的占比由2012年的9.4%提高到2022年的15.5%，规模以上高技术制造业工业企业由2012年的2.46万家增加到2021年的

---

① 参见郑有贵：《由承接国际产业转移向自主创新发展的突围——着眼于深圳、浦东对雄安新区建设启示的历史考察》，《中国经济史研究》2017年第5期。

4.14万家，一大批具有国际竞争力的创新型企业成长起来。二是高技术产品质量增优。中国全社会研发经费，2021年是2012年的2.7倍。2012—2021年高技术产业研发投入强度由1.68%提升到2.67%。中国高速铁路、5G网络等建设在世界领先，第三代核电、载人航天、北斗导航等重器成为国家新名片。三是高技术产业基础增牢。中国把基础研究和前沿技术开发放在突出位置，布局建设了上海光源等40多个重大科技基础设施，打造北京、上海、粤港澳大湾区国际科技创新中心和怀柔、张江、合肥、大湾区综合性国家科学中心。党的十八大以来的十年间，基础研究经费提高3倍，国内发明专利、PCT国际申请量跃居全球第一。四是创新创业创造活力增强。中国深化体制机制改革，营造良好的创新环境，激发创新创业创造活力。市场主体数量快速增加，2013年以来新增涉税主体纳税额达4.76万亿元。中国数字经济规模位居全球第二，人工智能、区块链、量子通信、智能驾驶等新技术开发应用走在世界前列，快递、外卖、互联网医疗等新业态创造出数以亿计的灵活就业岗位。[①]世界知识产权组织全球创新指数报告显示，中国创新能力综合排名由2012年的第34位上升到2022年的第11位。随着高质量发展的推进，中国高技术、高附加值产品成为出口主力，出口产品结构优化。中国实现由追赶跟跑向并跑并在一些领域领跑，在这一进程中推动由数量增长转向高质量发

---

① 《中国式现代化建设取得新的历史性成就（中国这十年·系列主题新闻发布）》，《人民日报》2022年6月29日，第6版。

展跨越，不仅更好地满足了人民日益增长的美好生活需要，也给世界经济注入新的发展动能。

做好发展战略性先导产业、攻克重大关键科技、建设重大基础设施等战略支点，支撑和促进中国现代化建设由遭受西方国家集团式封锁禁运向构建国际合作发展平台转变的跨越，支撑和促进中国由经济发展受工业化先发国家辐射带动向世界经济增长重要引擎转变的跨越。新中国成立起，西方国家对中国以诸多无理借口实施多种方式的打压。新中国自成立起的很长时期内，因为属于社会主义阵营，也作为工业化后发国家，在推进现代化建设中，不仅在国际上受弱势窘境困扰，还遭受西方国家集团式封锁禁运，而同期拉美国家、亚洲新兴经济体则没有遭此扼制。20世纪60年代初中苏关系恶化后，中国现代化的推进又面临来自苏联的干扰。即便在由冷战向和平发展转变后，西方国家在20世纪80年代末对中国实施所谓的制裁，之后不时唱空中国并试图通过跨国大资本做空中国，制造与实际不符的舆论阻扰共建"一带一路"倡议的实施，以增加关税方式阻碍中国与其正常贸易的发展，以多种方式阻挠5G技术应用。新中国在推进和拓展中国式现代化进程中，没有效仿零和博弈思维下恃强凌弱、巧取豪夺的行径，以做好发展战略性先导产业、攻克重大关键科技、建设重大基础设施等战略支点致力于自立自强为基础，推动世界走和平发展道路，并通过实施共建"一带一路"倡议等构建起国际合作发展新平台，以共商共建共享原则促进共同发展。在这一历史进程中，中国由经济发展远远落后于世界平均水平和对世界经济增长贡献较小，向世界经济增长新的引擎转变。随着经济的快速增长，中国经济总量居世界的位次，由1978年的第11位跃升至2010年起稳居世界第二位；经济总量在世界经济总量中的占比持续提升，由1978年的1.8%提高到2012年的11.4%[1]，到2021年进一步提高到18.5%，2021年比1978年提高了16.7个百分点。自2006年起，中国跃升为世界经济增长的第一引擎，对世界经济增长的贡献率稳居第一位。分阶段而言，中国对全球经济增长的年均贡献率，由1961—1978年的仅为1.1%，提升为1979—2012年的15.9%，居第二位，2013—2018年更是快速提升为28.1%，超越美国居第一位。[2] 中国对世界经济增长的贡献，还表现在由于形成了快、活、稳统一的经济发展机制，在发挥"动力源"作用的同时，还助推经济困难的解决。改革开放以来，中国的发展给世界发展提供了机会，是美国、英国等西方国家走出20世纪70年代经济滞胀困境的重要因素之一。中国面对1997年亚洲金融危机和2008年国际金融危机的强烈冲击，坚持社会主义市场经济改革方向，运用多种政策工具保增长、促就业，在外需增长放缓的情况下，把着力点放在促进经济发展方式转变和国内消费增长上。不仅如此，还以大国的责任担当，保持人民币汇率基本稳定，并采取有效措施帮助香港、澳门走出遭受金融危机严重冲击的

---

[1] 《辉煌70年》编写组编：《辉煌70年——新中国经济社会发展成就（1949—2019）》，中国统计出版社2019年版，第40页。
[2] 《辉煌70年》编写组编：《辉煌70年——新中国经济社会发展成就（1949—2019）》，中国统计出版社2019年版，第37—38页。

困境。中国有效应对国际金融危机冲击，率先在全世界实现经济企稳回升，为世界经济增长的恢复作出了重大贡献。在新冠肺炎疫情冲击下，世界经济遭受重创，中国成功统筹经济发展和疫情防控，2020年成为全球唯一实现经济正增长的主要经济体，2021年国内生产总值增长8.1%，超出预期目标，2022年应对超预期因素冲击保持了经济社会大局稳定，世界经济"稳定器"的作用凸显。

综上所述，新中国实现经济快速发展和社会长期稳定两个奇迹的相互促进，创造人类文明新形态，关键缘于在中国共产党领导下，从国情和世情出发，围绕两大主题和基于战略支点推进和拓展了中国式现代化。中国式现代化推进和拓展的两大主题包括：一是新中国在工业发展落后于世界的情况下，以发展实业为基础，促进三次产业全面发展，在中国式现代化进程中答好了推进工业化这一顺应世界发展潮流的命题，探索走出了中国式工业化之路和拓展了工业发展空间，用几十年时间走完发达国家几百年工业化历程，建成门类齐全的现代工业体系，成为全球制造业第一大国和拥有联合国产业分类中所列全部工业门类的国家，实现由农业文明向工业文明演进的结构转换。在这一进程中，形成了中国如何推进和拓展中国式工业化的方案，成功实施了国家工业化战略，在改革开放进程中成功走出城乡"两条腿"工业化之路，进入新时代以新发展理念引领走新型工业化和"四化同步"发展之路。二是坚持以人民为中心，坚持现代化的本质是人的现代化，把阶段性重点突破和长远的全面发展统筹起来，推进经济建设，处理好工业化推进与民生改善的关系，统筹推进经济、政治、文化、社会、生态文明建设，在促进全面发展中补短板和强弱项，促进人自由而全面的发展，创造人类文明新形态。创造人类文明新形态这一新主题是对世界现代化作出的重大贡献。换言之，中国式现代化的推进和拓展不仅有在工业革命下促进农业文明向工业文明演进这一世界现代化共性的结构转换主题，更是拓展形成了坚持以人民为中心创造人类文明新形态的新主题。新中国把做好发展战略性先导产业、攻克重大关键科技、建设重大基础设施等作为中国式现代化推进和拓展的战略支点，支撑和促进综合国力快速提升，支撑和促进由历史上的发展长期停滞向创造经济快速发展奇迹的跨越，支撑和促进由追赶跟跑向并跑并在一些领域领跑的跨越，支撑和促进现代化建设由遭受西方国家集团式封锁禁运向构建国际合作发展平台的跨越，支撑和促进由经济发展受工业化先发国家辐射带动向世界经济增长重要引擎转变的跨越。创造人类文明新形态引领农业文明向工业文明演进，促进农业文明向工业文明演进、创造人类文明新形态、做好战略支点有机统一和相互促进，是中国式现代化推进和拓展的显著特征。中国共产党团结带领人民基于两大主题和战略支点推进和拓展中国式现代化，是实现中华民族伟大复兴进入不可逆转的历史进程的重要因素，是对世界现代化作出的重大贡献，彰显了其光荣的历史地位。中国对现代化主题的拓展及形成独特的实现路径，蕴含了需要研究的重大理论课题。

第四章 道路创造

坚持自信自立
成功走出中国式现代化道路

2023年3月，习近平总书记在中国共产党与世界政党高层对话会上指出："中国共产党100多年团结带领中国人民追求民族复兴的历史，也是一部不断探索现代化道路的历史。经过数代人不懈努力，我们走出了中国式现代化道路。"①人类社会发展进程曲折起伏，各国探索现代化道路的历程充满艰辛。中国对现代化道路的探索，经历了落后的近代中国向工业化先发国家学习、走社会主义现代化道路、走中国特色社会主义现代化道路、成功走出中国式现代化道路四个阶段。中国式现代化道路是中国共产党团结带领人民，坚持将马克思主义基本原理同中国具体实际相结合、同中华优秀传统文化相结合，在解答作为工业化后发国家如何以中国式现代化推进中华民族伟大复兴的历史之问进程中，遵行现代化规律，基于国情世情，坚持自信自立成功走出的。中国共产党坚持人民至上的根本立场构建起推进现代化的强劲动力、坚持以自立自强方式推

---

① 习近平：《携手同行现代化之路——在中国共产党与世界政党高层对话会上的主旨讲话》，《人民日报》2023年3月16日，第2版。

进现代化、坚持共商共建共享原则促进现代化建设的国际合作，形成具有强劲内生发展能力的中国式现代化道路。新中国实现在国际上由受弱势窘境困扰向优势跨越发展和由跟跑到并跑并在一些领域领跑的两个成功转换，创造经济快速发展和社会长期稳定两大奇迹，验证了中国式现代化道路是富有活力、激励充分、可持续、优势显著的道路。

2022年7月,习近平总书记在省部级主要领导干部"学习习近平总书记重要讲话精神,迎接党的二十大"专题研讨班上强调:"我们推进的现代化,是中国共产党领导的社会主义现代化,必须坚持以中国式现代化推进中华民族伟大复兴,既不走封闭僵化的老路,也不走改旗易帜的邪路,坚持把国家和民族发展放在自己力量的基点上、把中国发展进步的命运牢牢掌握在自己手中。"[①] 党的二十大强调,在开辟马克思主义中国化时代化新境界中要坚定道路自信,将坚持中国特色社会主义道路明确为必须牢牢把握的重大原则之一。在成功探索中国特色社会主义道路进程中,中国共产党团结带领人民成功走出中国式现代化道路。新时代新征程完成中国共产党的使命任务,以中国式现代化全面推进中华民族伟大复兴,需要从成功走出中国式现代化道路的历史进程中汲取坚定道路自信的强大能量。基于现代化是自工业革命起的全球发展潮流,以及具体

---

① 《高举中国特色社会主义伟大旗帜,奋力谱写全面建设社会主义现代化国家崭新篇章》,《人民日报》2022年7月28日,第1版。

到一国的现代化是一个相对的动态进程，对中国式现代化道路内涵的认识应当有长时段视域和全球视域。从长时段视域和全球视域看，中国现代化的演进，历史基础在于近代中国选择向工业化先发国家学习，理论基础在于马克思主义在中国的传播发展，实践基础在于中国是工业化后发国家及其在国际上处于弱势地位及受弱势窘境困扰。中国共产党团结带领人民成功走出中国式现代化道路，是在马克思主义中国化时代化进程中，从国情世情出发，为突破中国在国际上受弱势窘境困扰逐步展开，经历艰辛探索实现的。

一、落后的近代中国选择向工业化先发国家学习

工业革命起于西方，但这并不是近代中国选择向工业化先发国家学习的历史逻辑。近代中国在落后于世界发展而挨打的情况下，寻求"师夷长技以自强"，才是学习工业化先发国家经验的历史逻辑。

在工业革命时期，国人对西方引领世界发展和中国逐渐落后的大分流没有认知，而是沉溺于农业社会的康乾盛世。国人认知中国落后于世界，不是自觉认知，而是被列强入侵后惊醒的，这是中国与工业化先发国家差距拉大的历史悲剧。

西学东渐是对近代西方学术思想向中国传播历史过程的一种简要概括，被广泛接受。容闳（1828—1912）所著《My Life in China and America》，中文译名为《西学东渐记》，"西学东渐"

一词出自于此。明末清初，以利玛窦为代表的西方传教士到中国传教，带来西方科技文化。中国接受他们带来的科技文化，但国人并不认为自己落后，因而只将其视为文化交流，还称不上主动向西方学习。清朝允许西方传教的时间很短，到雍正王朝实行禁教，但仍有较小规模的西学传入，禁而不止。

中国主动向工业化先发国家学习，是在1840年鸦片战争起西方列强以武力入侵中国的情况下，渐进认识到自己落后于世界，所作出的应对列强的一种选择。国人在逐步认识到西强我弱后，开始大量介绍国外情况。资料显示，1840—1861年，中国文人学者写了20余部介绍国外情况的著作。在当时，中文里还没有"现代化"一词，能够提出"师夷长技以制夷"的自强自富思路，实际上是对长久唯我独尊和处于所谓的"盛世"认知的突破。近代中国主动向西方学习，具有阶段性特征，集中体现在具有标识性意义的洋务运动、戊戌变法、辛亥革命等。西学与中国传统观念冲突，也打破了中国的传统利益格局，因而遭到强烈抵制，经历了极为艰难曲折的过程。

一是为实现自强自富向西方国家学习发展工业。1842年，魏源在所著的《海国图志》中提出"师夷长技以制夷"。西方国家"长"在工业，因而学习西方国家工业之"长"以制夷的主张得到认同。在这种认知下，清朝政府的洋务派官员在维护封建皇权前提下，主张学习西方国家工业技术和商业模式，以"师夷长技以自强"为口号，以"自强""求富"为目标，以在当时可接受的"中学为体、西学为用"为思路,开展了以由上而下的官办、官督商办、官商合办等方式发展工业的运动。这被称为洋务运动,又称自强运动,是近代中国中央政府第一次组织的较大规模发展工业的实践,起于1861年(清咸丰十一年)。洋务运动尽管在甲午战争北洋水师全军覆没后停了下来,但中国学习西方国家科学技术,创办的江南制造总局、马尾船政局等军事工业,轮船招商局、开平矿务局、上海机器织布局、汉阳铁厂等民用工业,在很长时期内延续发展,在一定程度上起到了抵御外敌和"稍分洋人之利"的作用,这一过程中也培养出一批科技人才和技术工人,在客观上刺激了中国资本主义的发展。尽管如此,中国半殖民地半封建社会的性质却没有改变。

二是在既定的君主专制制度下,学习西方国家治理方法,实行戊戌变法,试图通过改良性质的变法实现自强。洋务运动没有触及的旧制仍约束着中国自强进程。中国在甲午战争中的惨败加速了半殖民地化进程,这一危机迫使国人开始寻找新的救国路径。改良派提出学习西方资本主义国家的治理方法,这有内外两个方面的原因。

从外因看,变革旧制度,发展资本主义,促进工业发展,是当时世界的一种潮流。19世纪下半叶,资本主义迅速发展与第二次工业革命相互促进,不仅使已建立起资本主义制度的美、德、英、法等国家位居世界前列,也使相对落后的俄国、日本在发展资本主义之后迅速强大起来。这启发改良派主张学习西方资本主义国家治理方法。

从内因看，受列强输入资本在通商口岸开设工厂和洋务运动中兴办工业企业影响，一些觉醒的国人以有限的力量推进实业救国，发展民族工业，以抵制洋商洋厂。这成为挽救民族危亡的措施之一。到19世纪末，中国民族资本主义初步发展，为开展维新变法运动提供了经济基础和阶级基础。

在内外因素共同作用下，以康有为、梁启超为代表的维新派人士倡议向西方学习发展科学文化，改革政治、教育制度，发展农、工、商业等。光绪帝受维新派人士影响，于1898年6月11日颁布变法纲领《明定国是诏》。其中的主要内容有：改革政府机构，裁撤冗官，任用维新人士；鼓励私人兴办工矿企业；开办新式学堂吸引人才，翻译西方书籍，传播新思想；创办报刊，开放言论；训练新式陆军海军；科举考试废除八股文，取消多余衙门和无用官职。《明定国是诏》是在慈禧太后面告光绪帝"今宜专讲西学"后颁布的，但变法实践在实际上损害了以慈禧太后为首的守旧派利益，这就遭到强烈抵制。历时103天后，慈禧太后于同年9月21日发动政变，光绪帝遭囚禁，康有为、梁启超分别逃往法国、日本，谭嗣同等戊戌六君子遭杀害。这次在既定君主专制下的改良运动尽管失败，但它成为一次思想启蒙运动，为13年后的辛亥革命奠定了思想基础，是从国家治理上对如何走向现代化的一次尝试。

三是学习西方国家发展资本主义。沐浴过欧风美雨的孙中山、黄兴、宋教仁、陈天华、邹容等传播资产阶级革命思想，批判康有为、梁启超等的改良主义，推动了思想的进一步解放。辛亥革命建立起共和政体，使统治了中国几千年的君主专制制度退出历史舞台。孙中山在就任临时大总统期间，以孙中山名义发布的公文中有"武汉首义""民国缔造""民国光复""革命"等说法，《申报》《大公报》以及政府公报中称呼辛亥年武昌起义至清帝退位这段历史的词汇有"武昌首义""共和成立""民国肇生""辛亥之役"等。署名为渤海寿臣者的《辛亥革命始末记》是较早使用"辛亥革命"一词的。20世纪20年代前后"辛亥革命"一词的使用才开始升温，其影响也日益深广。简言之，辛亥革命是一种事后概括。辛亥革命在一定程度上促进了中国民族资本主义经济发展，加速了中国工人阶级成长。辛亥革命推翻"洋人的朝廷"，沉重打击了帝国主义侵略势力，对近代亚洲各国民族解放运动产生广泛影响，列宁视之为"亚洲的觉醒"。

辛亥革命后的新文化运动和五四运动，促进了马克思主义在中国的传播，为中国朝着现代化方向前行奠定了思想基础。

二、社会主义现代化道路的探索形成

新中国走社会主义现代化道路是人民的选择和历史的选择。以蒸汽机的发明和应用为标志的第一次工业革命，以电力的发明和应用为标志的第二次工业革命，都是与资本主义的发展相互促进。既然如此，为什么新中国没有遵循这一逻辑选择资本主义现代化道路？近代中国在洋务运动告终后，由戊戌变法到辛亥革命促进了资本主义在中国的发展。国民党政府选择资本主义，在帝国主义、封建主义没有改变的情况下，中国又增添了官僚资本主义，这三者成为压在人民头上的大山，列强侵略的殖民掠夺、封建制度的约束、官僚资本主义的压榨，不仅使中国经济社会发展滞缓，发展成果也没有惠及全体人民，因而这一选择没有得到人民的支持，这是新中国没有选择资本主义现代化道路的原因。

中国共产党自成立起，就以为中国人民谋幸福、为中华民族谋复兴为初心使命，与人民同呼吸共命运，一以贯之地夺取新民主主义革命胜利和选择发展成果惠及全体人民的社会主义现代化道路，这得到了人民的认同和拥护。新中国选择社会主义现代化道路，是中国共产党对马克思主义生产力与生产关系、经济基础与上层建筑相互作用原理的遵循，是对贫穷的根源在于资本主义制度认识的选择。这一遵循经济社会发展规律和得到人民拥护的道路选择，是正确的选择。

社会主义现代化道路是在中国共产党团结带领人民完成新民主主义革命和建立起新中国的根本社会条件下形成的。中国共产党团结带领人民浴血奋战、百折不挠，经过北伐战争、土地革命战争、抗日战争、解放战争，以武装的革命反对武装的反革命，推翻帝国主义、封建主义、官僚资本主义三座大山，建立起人民当家作主的中华人民共和国，实现了民族独立和人民解放。新民主主义革命的胜利彻底结束了中国半殖民地半封建社会的历史，彻底结束了一盘散沙的局面，彻底废除了列强强加给中国的不平等条约及帝国主义在中国的特权，为新中国选择社会主义现代化道路和以中国式现代化推进中华民族伟大复兴创造了根本社会条件。

在社会主义革命和建设进程中，中国社会主义现代化道路的探索形成逻辑和主要特征如下：

第一，把工业化与社会主义改造统一于党在过渡时期的总路线，统筹推进国家工业化与社会主义公有制建立，构建起全国人民齐心协力推进现代化建设的动力机制。根据《中国人民政治协商会议共同纲领》确定的"稳步地变农业国为工业国"的国家战略目标，随着新中国成立后政治经济秩序向稳和经济迅速恢复发展，中国共产党形成了过渡时期的总路线和总任务："从中华人民共和国成立，到社会主义改造基本完成，这是一个过渡时期。党在这个过渡时期的总路线和总任务，是要在一个相当长的时期内，逐步实现国家的社会主义工业化，并逐步实现国家对农业、对手工业和对资本主义工商业的社会主义改造。"[1]中国共产党在历史关键时刻采取的这一重大战略决策，也就向全国人民明确地提出了建设社会主义的伟大任务。这一总路线和总任务明确把发展作为先进生产力标志的工业化与适应工业化发展的生产关系作为社会主义现代化建设的伟大任务，加以一同推进。为此，1953年起实施了国家"一五"经济计划，推动以工业为重点的大规模经济建设。围绕国家工业化战略的实施，一方面，到1956年国家基本完成对农业、手工业和资本

---

[1] 《毛泽东文集》第6卷，人民出版社1999年版，第316页。

主义工商业的社会主义改造，建立起社会主义生产资料公有制；另一方面，建立起社会主义计划经济体制。实践表明，公有制经济的发展成为国家工业化乃至整个国家现代化发展的基石，加之实行计划经济，可以在较低的发展水平下集中力量解决快速积累工业资本和重大关键技术攻关问题，为落后的中国突破在国际上受弱势窘境困扰创造了条件。1965年5月，毛泽东在重上井冈山期间的一次谈话中说："我们这样的条件搞资本主义，只能是别人的附庸。帝国主义在能源、资金等许多方面都有优势。美国对西欧资本主义国家既合作又排挤，怎么可能让落后的中国独立发展，后来居上？过去中国走资本主义道路走不通，今天走资本主义道路，我看还是走不通。要走，我们就要牺牲劳动人民的根本利益，这就违背了共产党的宗旨。国内的阶级矛盾、民族矛盾都会激化，搞不好，还会被敌人利用。"[①] 无论是改革开放前，还是改革开放后的实践，都验证了以毛泽东同志为主要代表的中国共产党人关于实行社会主义改造建立起社会主义公有制的战略远见。

第二，把中国共产党领导与人民当家作主有机统一起来，构建起发挥人民在现代化中主体地位的制度保障。中华人民共和国成立，标志着中国人民站起来了，全国各族人民进入到人民当家作主的新社会。中国共产党在团结带领人民取得新民主主义革命胜利后，推进社会主义革命，确立了社会主义基本制度。在全国人民代

---

① 参见马社香：《"井冈山的革命精神不要丢了"——王卓超回忆1965年毛泽东在重上井冈山期间的一次谈话》，《党的文献》2006年第3期。

表大会召开和制定宪法之前具有临时宪法作用的《中国人民政治协商会议共同纲领》就明确规定："国家最高政权机关为全国人民代表大会。全国人民代表大会闭会期间，中央人民政府为行使国家政权的最高机关。""各级政权机关一律实行民主集中制。"① 新中国成立后，国家加紧推进人民当家作主的政治、法治建设。1954年9月，一届全国人大一次会议通过的《中华人民共和国宪法》规定："中华人民共和国是工人阶级领导的、以工农联盟为基础的人民民主国家。""中华人民共和国的一切权力属于人民。人民行使权力的机关是全国人民代表大会和地方各级人民代表大会。全国人民代表大会、地方各级人民代表大会和其他国家机关，一律实行民主集中制。"② 这就从宪法层面明确了新中国的国体是人民民主专政，政体是人民代表大会制度。中国建立起人民当家作主的新型政治制度是划时代的，确保了人民在现代化进程中的主体地位。

第三，探索构建基于国情的社会主义现代化结构体系。随着社会主义改造的完成和大规模经济建设的展开，以毛泽东同志为主要代表的中国共产党人开始探索适合中国国情的社会主义现代化道路。毛泽东于1956年发表的《论十大关系》，提出了处理好十大关系的结构性命题：重工业和轻工业、农业的关系，沿海工业和内地工业的关系，经济建设和国防建设的关系，国家、生产单位和生

---

① 中共中央文献研究室、中央档案馆编：《建党以来重要文献选编（1921—1949）》第26册，中央文献出版社2011年版，第760—761页。
② 中共中央文献研究室编：《建国以来重要文献选编》第5册，中央文献出版社1993年版，第522页。

产者个人的关系，中央和地方的关系，汉族和少数民族的关系，党和非党的关系，革命和反革命的关系，是非关系，中国和外国的关系。毛泽东对这十大关系的论述，主题是以苏联为鉴，根据国情走自己的路，调动一切积极性。这一论述为中国现代化道路的探索点了题，也明确了如何构建基于国情的社会主义现代化结构体系的思路。《论十大关系》是中国现代化道路探索进程中具有里程碑意义的文献，对当时及之后的社会主义现代化建设都起着指导作用。

第四，探索构建以发展社会生产力为主的四个现代化目标体系。党的八大基于社会主义改造基本完成，提出国内主要矛盾已经不再是工人阶级和资产阶级的矛盾，而是人民对于经济文化迅速发展的需要同当前经济文化不能满足人民需要的状况之间的矛盾，全国人民的主要任务是集中力量发展社会生产力，实现国家工业化，逐步满足人民日益增长的物质和文化需要。基于社会主要矛盾的这一转变，中国形成了集中力量发展社会生产力，以满足人民日益增长的物质和文化需要的社会主义现代化建设任务指向。新中国成立后逐步明确提出包括建设现代农业、现代工业、现代国防和现代科学技术四个方面的结构性任务，使现代化建设任务的阶段性特征更为明确。

三、中国特色社会主义现代化道路的开创

改革开放初期，以邓小平同志为主要代表的中国共产党人点出

了走中国特色社会主义现代化道路的题。在1978年全国围绕《实践是检验真理的唯一标准》展开大讨论后,党的十一届三中全会确立了解放思想、实事求是的思想路线,这是中国特色社会主义现代化道路探索形成的思想基础。1979年3月,邓小平在党的理论工作务虚会上指出:"过去搞民主革命,要适合中国情况,走毛泽东同志开辟的农村包围城市的道路。现在搞建设,也要适合中国情况,走出一条中国式的现代化道路。"[①]随着改革开放的推进,党的十二大首次点出了走中国特色社会主义现代化道路的题。邓小平在这次大会的开幕词中指出:"我们的现代化建设,必须从中国的实际出发。无论是革命还是建设,都要注意学习和借鉴外国经验。但是,照抄照搬别国经验、别国模式,从来不能得到成功。这方面我们有过不少教训。把马克思主义的普遍真理同我国的具体实际结合起来,走自己的道路,建设有中国特色的社会主义,这就是我们总结长期历史经验得出的基本结论。"[②]基于这一认知逻辑及实践的展开,党的十三大作出"我国的社会主义社会还处在初级阶段"的重大判断,并基于这一最大国情的判断提出了党在社会主义初级阶段的基本路线,制定了"分三步走"到21世纪中叶基本实现现代化的发展战略。明确提出走自己的路、建设中国特色社会主义,也就明确了中国特色社会主义现代化道路的方向。

在改革开放进程中,中国特色社会主义现代化道路的探索形成

[①] 《邓小平文选》第2卷,人民出版社1994年版,第163页。
[②] 《邓小平文选》第3卷,人民出版社1993年版,第2—3页。

逻辑和主要特征如下：

第一，以中国特色社会主义理论为指导。1979年3月，邓小平在党的理论工作务虚会上鲜明指出："我们要在中国实现四个现代化，必须在思想政治上坚持四项基本原则。这是实现四个现代化的根本前提。"这四项基本原则是必须坚持社会主义道路，必须坚持无产阶级专政，必须坚持共产党的领导，必须坚持马列主义、毛泽东思想。[①]1984年6月，邓小平在会见日本友人时强调，建设小康社会必须以坚持社会主义为前提。他指出："如果按资本主义的分配方法，绝大多数人还摆脱不了贫穷落后状态，按社会主义的分配原则，就可以使全国人民普遍过上小康生活。这就是我们为什么要坚持社会主义的道理。不坚持社会主义，中国的小康社会形成不了。"[②]在开创改革开放和社会主义现代化建设新局面进程中，中国共产党基于新中国成立后正反两方面经验的深刻总结，并借鉴世界社会主义历史经验，从新的实践和时代特征出发坚持和发展马克思主义，形成中国特色社会主义理论体系，实现马克思主义中国化新飞跃。中国共产党在坚持和发展中国特色社会主义进程中，从理论和实践层面回答了中国特色社会主义现代化道路的任务、阶段、战略、动力、政治保证、领导力量、依靠力量等问题。

第二，以经济建设为中心，物质文明和精神文明一起抓。新中国成立起至改革开放前，尽管没有明确提出以经济建设为中心的方

---

① 《邓小平文选》第2卷，人民出版社1994年版，第164—165页。
② 《邓小平文选》第3卷，人民出版社1993年版，第64页。

针，但经济建设在实质上是现代化建设的主体。在"文化大革命"期间，经济建设受到以阶级斗争为纲，以及类似"宁要社会主义的草，不要资本主义的苗"口号的冲击，但全国人民以"抓革命，促生产"等方式抵制其对现代化建设的干扰，全国经济建设在实践上没有中断，而且国家一直围绕工业化配置资源。党的十一届三中全会起，中国共产党把工作重心转移到社会主义现代化建设上，坚持物质文明和精神文明"两手抓、两手都要硬"。一方面，坚持以经济建设为中心，强调"发展才是硬道理"，这既防范了"文化大革命"运动冲击经济建设现象的再次发生，更是把全国人民凝聚到现代化建设上。另一方面，加强精神文明建设，旗帜鲜明地反对资本主义，打击各种扰乱现代化建设秩序的行为。坚持"两手抓、两手都要硬"，致力于实现现代化建设进程中物质文明建设和精神文明建设的相互促进，国家综合实力大幅度跃升，进而创造了经济快速发展奇迹，社会呈现和谐进步态势。

第三，以改革开放促进现代化发展。党的十一届三中全会作出改革开放的伟大抉择。实践表明，改革开放是决定当代中国前途命运的关键一招，是党的一次伟大觉醒，是中国人民和中华民族发展史上一次伟大革命，促进了社会主义现代化快速发展。随着改革开放和社会主义现代化建设的推进，中国各项事业发展，实现从生产力相对落后的状况到经济总量跃居世界第二的历史性突破，实现人民生活从温饱不足到总体小康、奔向全面小康的历史性跨越，推进了中华民族从站起来到富起来的伟大飞跃。

◆ 经济特区承担着改革开放"探路者"的使命，以创办深圳、珠海、汕头、厦门等经济特区为标志，中国对外开放迈出重大步伐。40余年来，经济特区披荆斩棘，蓬勃发展，成为充满魅力、动力、活力、创新力的国际化创新型城市。图为1980年5月17日交通部招商局蛇口工业区建设指挥部关于在蛇口工业特区实行定额超额付酬办法的请示报告。2018年4月作者摄于深圳改革开放展览馆第四，把社会主义制度和市场经济有机结合起来，构建起社会主义市场经济下促进现代化的体制机制。以什么样的体制机制推进社会主义现代化建设，是必须作出的选择。马克思在社会主义革命还没有在一个国家取得胜利前，从避免资本主义市场经济发展中的问题出发，设想社会主义经济是有计划按比例发展。苏联通过社会主义计划经济体制实现了工业的快速推进。基于马克思、恩格斯对经济体制的设想和苏联的成功实践经验，新中国在成立初期选择了资源在计划体制下向工业尤其是重工业倾斜配置，进而在较短时期内破解了如何建立起独立的比较完整的工业体系和国民经济体系的历史性命题，但这一过程中也存在经济发展缺乏活力的问题。从增强发展活力和解决当时面临的大量返城知识青年就业难等现实问题出发，也基于城乡集市贸易、农村自留地、个体手工业发展的实践，在改革开放进程中逐步放活市场。在市场取向改革激活经济实现快速发展的实践基础上，1992年邓小平南方谈话作出计划和市场都是经济手段的论断[①]，突破了长期认为市场经济属于资本主义社会基本制度范畴、计划经济属于社会主义社会基本制度范畴的思想束缚。基于这一理论认识的重大突破，党的十四大将中国经济体制改革的目标明确为建立社会主义市场经济体制。[②] 中国选择的不是资本主义市场经济，而是在市场经济前加了"社会主义"四个字，即选择的是社会主义市场经济。在实践中，随着社会主义市场经济体

---

① 《邓小平文选》第3卷，人民出版社1993年版，第373页。
② 《江泽民文选》第1卷，人民出版社2006年版，第226页。

制的建立完善，成功地把社会主义制度与市场经济有机结合起来，这不同于马克思、恩格斯对社会主义经济体制的设想，不同于苏联社会主义经济体制的实践，不同于改革开放前中国社会主义经济体制的探索，不同于苏联、东欧国家放弃社会主义实行的以私有制为基础的资本主义市场经济体制。中国创新性地提出"社会主义市场经济"这一概念及其实践，使中国特色社会主义现代化道路坚实又充满活力。

第五，以人为本科学推进现代化建设。以胡锦涛同志为主要代表的中国共产党人，在全面建设小康社会进程中，形成了科学发展观，深刻认识和回答了新形势下实现什么样的发展、怎样发展等重大问题，进而深刻回答了社会主义现代化建设的重大问题。在中国特色社会主义现代化进程中，中国坚持以人为本、全面协调可持续的发展观。在以人为本方面，强调以实现人的全面发展为目标，从人民群众的根本利益出发谋发展、促发展，不断满足人民群众日益增长的物质文化需要，切实保障人民群众的经济、政治和文化权益，让发展成果惠及全体人民。在全面发展方面，强调以经济建设为中心，全面推进经济、政治、文化建设，促进经济发展和社会全面进步。在协调发展方面，强调统筹城乡发展、统筹区域发展、统筹经济社会发展、统筹人与自然和谐发展、统筹国内发展和对外开放，推进生产力和生产关系、经济基础和上层建筑相协调，推进经济、政治、文化建设的各个环节各个方面相协调。在可持续发展方面，强调实现人与自然的和谐，实现经济发展和人口、资源、环境相协调,坚持走生产发展、生活富裕、生态良好的文明发展道路,保证一代接一代地永续发展。[①] 以人为本科学推进现代化建设,是中国共产党对社会主义现代化建设规律认识的深化,也进一步拓展了社会主义现代化的目标内涵。

四、中国式现代化道路的成功走出

进入新时代,在全面建成小康社会、全面建设社会主义现代化国家进程中,以习近平同志为核心的党中央统筹中华民族伟大复兴战略全局和世界百年未有之大变局,就建设什么样的社会主义现代化强国、怎样建设社会主义现代化强国等重大时代命题,提出了一系列新理念新思想新战略。在习近平新时代中国特色社会主义思想指引下,以新发展理念引领现代化建设,以统筹推进"五位一体"总体布局促进现代化全面协调发展,以协调推进"四个全面"战略布局把现代化战略目标的实现与战略措施作为整体推进,以推进国家治理体系和治理能力现代化厚植起中国式现代化的显著优势。这些都使中国式现代化道路更加清晰,对马克思主义现代化理论作出了原创性贡献。

第一,以新发展理念引领现代化建设。理念是行动的先导,发展理念是否对头,从根本上决定着发展成效乃至成败。习近平总书

---

① 《胡锦涛文选》第 2 卷,人民出版社 2016 年版,第 166—167 页。

记在党的十八届五中全会上的讲话中提出要以新的发展理念引领发展，并阐明了创新、协调、绿色、开放、共享发展理念的内涵和相互关系。党的十九大将坚持新发展理念明确为新时代坚持和发展中国特色社会主义的基本方略之一。党的十九届五中全会提出，要把新发展理念贯穿发展全过程和各领域，构建新发展格局，切实转变发展方式，推动质量变革、效率变革、动力变革。2021年1月，习近平总书记在省部级主要领导干部学习贯彻党的十九届五中全会精神专题研讨班开班式上强调，全党必须完整、准确、全面贯彻新发展理念，并要求把握好以下几点：一是从根本宗旨把握新发展理念。人民是我们党执政的最深厚基础和最大底气。为人民谋幸福、为民族谋复兴，这既是我们党领导现代化建设的出发点和落脚点，也是新发展理念的"根"和"魂"。只有坚持以人民为中心的发展思想，坚持发展为了人民、发展依靠人民、发展成果由人民共享，才会有正确的发展观、现代化观。实现共同富裕不仅是经济问题，而且是关系党的执政基础的重大政治问题。要统筹考虑需要和可能，按照经济社会发展规律循序渐进，自觉主动解决地区差距、城乡差距、收入差距等问题，不断增强人民群众获得感、幸福感、安全感。二是从问题导向把握新发展理念。我国发展已经站在新的历史起点上，要根据新发展阶段的新要求，坚持问题导向，更加精准地贯彻新发展理念，举措要更加精准务实，切实解决好发展不平衡不充分的问题，真正实现高质量发展。三是从忧患意识把握新发展理念。随着我国社会主要矛盾变化和国际力量对比深刻调整，必须增强忧患意识、坚持底线思维,随时准备应对更加复杂困难的局面。要坚持政治安全、人民安全、国家利益至上有机统一,既要敢于斗争,也要善于斗争,全面做强自己。① 新发展理念不是凭空得来的,是在深刻总结国内外发展经验教训、深刻分析国内外发展大势的基础上形成的,是在传承党的发展理论基础上为解决中国发展中的突出矛盾和问题提出来的,深化了中国共产党对社会主义现代化建设规律的认识,阐明了中国共产党关于发展的政治立场、价值导向、发展模式、发展道路等重大政治问题,深刻回答了发展的目的、动力、方式、路径等一系列理论和实践问题,深刻揭示了实现更高质量、更有效率、更加公平、更可持续、更加安全发展的必由之路,明确了中国现代化建设的指导原则,开拓了中国特色社会主义政治经济学新境界。新发展理念引领着中国式现代化这一人类历史上前所未有的深刻变革。

第二,以统筹推进"五位一体"总体布局促进现代化全面协调发展。中国共产党作出部署并统筹推进经济建设、政治建设、文化建设、社会建设、生态文明建设"五位一体"总体布局。党的二十大报告对统筹推进"五位一体"总体布局作出全面部署,明确了中国式现代化全面发展的方向:一是在经济建设上,加快构建新发展格局,着力推动高质量发展。党的二十大报告指出,高质量发展是全面建设社会主义现代化国家的首要任务。要坚持以推动高质量

---

① 《习近平谈治国理政》第4卷,外文出版社2022年版,第171—172页。

发展为主题,把实施扩大内需战略同深化供给侧结构性改革有机结合起来,增强国内大循环内生动力和可靠性,提升国际循环质量和水平,加快建设现代化经济体系,着力提高全要素生产率,着力提升产业链供应链韧性和安全水平,着力推进城乡融合和区域协调发展,推动经济实现质的有效提升和量的合理增长。[①] 二是在政治建设上,发展全过程人民民主,保障人民当家作主。党的二十大报告指出,人民民主是社会主义的生命,是全面建设社会主义现代化国家的应有之义。全过程人民民主是社会主义民主政治的本质属性,是最广泛、最真实、最管用的民主。要健全人民当家作主制度体系,扩大人民有序政治参与,保证人民依法实行民主选举、民主协商、民主决策、民主管理、民主监督,发挥人民群众积极性、主动性、创造性,巩固和发展生动活泼、安定团结的政治局面。[②] 三是在文化建设上,推进文化自信自强,铸就社会主义文化新辉煌。党的二十大报告指出,全面建设社会主义现代化国家,必须坚持中国特色社会主义文化发展道路,增强文化自信,围绕举旗帜、聚民心、育新人、兴文化、展形象建设社会主义文化强国,发展面向现代化、面向世界、面向未来的,民族的科学的大众的社会主义文化,激发全民族文化创新创造活力,增强实现中华民族伟大复兴的精神力

[①] 习近平:《高举中国特色社会主义伟大旗帜,为全面建设社会主义现代化国家而团结奋斗——在中国共产党第二十次全国代表大会上的报告》,人民出版社2022年版,第28—29页。

[②] 习近平:《高举中国特色社会主义伟大旗帜,为全面建设社会主义现代化国家而团结奋斗——在中国共产党第二十次全国代表大会上的报告》,人民出版社2022年版,第37页。

量。要坚持马克思主义在意识形态领域指导地位的根本制度，坚持为人民服务、为社会主义服务，坚持百花齐放、百家争鸣，坚持创造性转化、创新性发展，以社会主义核心价值观为引领，发展社会主义先进文化，弘扬革命文化，传承中华优秀传统文化，满足人民日益增长的精神文化需求，巩固全党全国各族人民团结奋斗的共同思想基础，不断提升国家文化软实力和中华文化影响力。[①]四是在社会建设上，增进民生福祉，提高人民生活品质。党的二十大报告指出，为民造福是立党为公、执政为民的本质要求。要实现好、维护好、发展好最广大人民根本利益，紧紧抓住人民最关心最直接最现实的利益问题，坚持尽力而为、量力而行，深入群众、深入基层，采取更多惠民生、暖民心举措，着力解决好人民群众急难愁盼问题，健全基本公共服务体系，提高公共服务水平，增强均衡性和可及性，扎实推进共同富裕。[②]五是在生态文明建设上，推动绿色发展，促进人与自然和谐共生。党的二十大报告指出，尊重自然、顺应自然、保护自然，是全面建设社会主义现代化国家的内在要求。必须牢固树立和践行绿水青山就是金山银山的理念，站在人与自然和谐共生的高度谋划发展。要推进美丽中国建设，坚持山水林田湖草沙一体化保护和系统治理，统筹产业结构调整、污染治理、生态保护、应

---

① 习近平：《高举中国特色社会主义伟大旗帜，为全面建设社会主义现代化国家而团结奋斗——在中国共产党第二十次全国代表大会上的报告》，人民出版社2022年版，第42—43页。

② 习近平：《高举中国特色社会主义伟大旗帜，为全面建设社会主义现代化国家而团结奋斗——在中国共产党第二十次全国代表大会上的报告》，人民出版社2022年版，第46页。

对气候变化，协同推进降碳、减污、扩绿、增长，推进生态优先、节约集约、绿色低碳发展。①"五位一体"总体布局是中国共产党对社会主义现代化建设规律认识不断深化的重要成果，是重大理论和实践创新。在实践中，按照"五位一体"总体布局的整体性目标要求，坚持以经济建设为中心，促进经济、政治、文化、社会、生态文明建设各方面相协调，推动生产关系与生产力、上层建筑与经济基础相适应，推进中国式现代化全面协调发展。

第三，以协调推进"四个全面"战略布局把现代化战略目标的实现与战略措施作为整体推进。党的十八大以来，习近平总书记从坚持和发展中国特色社会主义全局出发，提出"四个全面"战略布局。2014年12月，习近平总书记在江苏调研时，首次提出协调推进全面建成小康社会、全面深化改革、全面依法治国、全面从严治党。2015年1月，习近平总书记在主持十八届中央政治局第二十次集体学习时指出："我们提出要协调推进全面建成小康社会、全面深化改革、全面依法治国、全面从严治党，这'四个全面'是当前党和国家事业发展中必须解决好的主要矛盾。"②2015年2月，习近平总书记在省部级主要领导干部学习贯彻党的十八届四中全会精神全面推进依法治国专题研讨班开班式上，明确将"四个全面"

---

① 习近平：《高举中国特色社会主义伟大旗帜，为全面建设社会主义现代化国家而团结奋斗——在中国共产党第二十次全国代表大会上的报告》，人民出版社2022年版，第49—50页。
② 中共中央文献研究室编：《习近平关于协调推进"四个全面"战略布局论述摘编》，中央文献出版社2015年版，第15页。

定位为"战略布局"。在全面建成小康社会胜利在望、全面建设社会主义现代化国家新征程即将开启的重要历史时刻，党的十九届五中全会将"四个全面"战略布局的内涵演进为"全面建设社会主义现代化国家、全面深化改革、全面依法治国、全面从严治党"。党的二十大报告明确了新时代新征程中国共产党的中心任务，并对协调推进"四个全面"战略布局作出全面部署。"四个全面"战略布局，每一个"全面"都具有重大战略意义，都是事关全局的战略重点，相辅相成、相互促进、相得益彰，具有紧密逻辑和内在联系，是战略目标与战略举措内在统一的有机整体。

第四，以推进国家治理体系和治理能力现代化厚植起中国式现代化的显著优势。党的十八届三中全会明确提出推进国家治理体系和治理能力现代化。党的十九大将国家制度建设和治理能力建设纳入到21世纪中叶建成社会主义现代化强国的战略安排。党的十九届二中、三中全会分别就修改宪法、深化党和国家机构改革作出部署，在制度建设和治理能力建设上迈出了新的重大步伐。党的十九届三中全会指出，党要更好领导人民进行伟大斗争、建设伟大工程、推进伟大事业、实现伟大梦想，必须加快推进国家治理体系和治理能力现代化，努力形成更加成熟更加定型的中国特色社会主义制度。党的十九届四中全会审议通过的《中共中央关于坚持和完善中国特色社会主义制度推进国家治理体系和治理能力现代化若干重大问题的决定》指出，突出坚持和完善支撑中国特色社会主义制度的根本制度、基本制度、重要制度，着力固根基、扬优势、补短板、强弱项，构建系统完备、科学规范、运行有效的制度体系，加强系统治理、依法治理、综合治理、源头治理，把我国制度优势更好转化为国家治理效能，为实现"两个一百年"奋斗目标、实现中华民族伟大复兴的中国梦提供有力保证。党的二十大提出，到2035年，基本实现国家治理体系和治理能力现代化。[①] 党的十八大以来，随着全面深化改革向广度和深度推进，中国特色社会主义制度更加成熟更加定型，国家治理体系和治理能力现代化水平明显提高，中国式现代化优势持续厚植。

中国共产党团结带领人民成功走出中国式现代化道路，不仅成功突破了旧中国长久徘徊和极低发展起点的现实困境的既有发展趋势，更是成功突破了作为工业化后发国家在国际体系中受弱势窘境困扰及其对发展空间的锁定，实现在国际上由受弱势窘境困扰向优势跨越发展和由跟跑到并跑并在一些领域领跑的两个成功转换，在几十年的时间里走完发达国家几百年的工业化历程，创造了经济快速发展和社会长期稳定两大奇迹，为发展中国家实现现代化提供了重要经验和全新选择，在人类社会现代化进程中发挥着越来越明显的示范和引领作用。

---

① 习近平：《高举中国特色社会主义伟大旗帜，为全面建设社会主义现代化国家而团结奋斗——在中国共产党第二十次全国代表大会上的报告》，人民出版社2022年版，第24页。

五、中国式现代化道路成功走出的原因

中国式现代化道路坚持社会主义，是具有特色的道路。2021年7月，习近平总书记在中国共产党与世界政党领导人峰会上发表的主旨讲话中指出："现代化道路并没有固定模式，适合自己的才是最好的，不能削足适履。每个国家自主探索符合本国国情的现代化道路的努力都应该受到尊重。中国共产党愿同各国政党交流互鉴现代化建设经验，共同丰富走向现代化的路径，更好为本国人民和世界各国人民谋幸福。"① 党的二十大明确了中国式现代化的中国特色、本质要求、重大原则等。这些都明示了中国式现代化道路的深刻要义，也深刻论述了中国共产党团结带领人民成功走出中国式现代化道路的原因。下面，基于内生发展能力视域，从发展动力、自立自强、国际合作三个方面探讨中国共产党团结带领人民成功走出中国式现代化道路的原因。

（一）坚持人民至上的根本立场构建起现代化的强劲动力

党的二十大强调，人民性是马克思主义的本质属性，必须坚持人民至上，站稳人民立场，坚持以人民为中心的发展思想。2023年3月，习近平总书记在中国共产党与世界政党高层对话会上指出："人民是历史的创造者，是推进现代化最坚实的根基、最深厚的力

---

① 《习近平谈治国理政》第4卷，外文出版社2022年版，第427页。

量。现代化的最终目标是实现人自由而全面的发展。现代化道路最终能否走得通、行得稳,关键要看是否坚持以人民为中心。"[1]中国共产党团结带领人民成功走出的中国式现代化道路,是以人民至上为根本立场的道路,与资本主义资本至上的现代化道路有本质区别。

资本主义现代化道路遵循资本至上。现代化的发展除与科技革命、工业革命联系在一起外,还与资本至上联系在一起。工业集资本密集和技术密集于一体,资本是工业革命中具有决定性作用的生产要素。正因为如此,资本至上不仅渗透到生产方式,还渗透到政治生活、社会生活。在资本至上逻辑下,工人由资本雇用,工业化先发国家以"羊吃人"的方式剥夺农民,以资本享有剩余索取权剥削工人。在资本主义社会,资本支配政治经济运行,决定社会生产、生活、交往规则,影响人的思想观念和行为方式,这尽管成就了物质财富增长,但造成人的异化和人的价值被贬低,劳资关系始终严重对立。面对资本至上导致的社会矛盾,资本主义国家采取一些行动,如构建社会福利体系,但都没有改变资本至上逻辑,这是资本主义社会财富集中和两极分化现象得不到扼制的原因所在。

中国式现代化道路遵循人民至上的根本立场。2015年11月,习近平总书记在主持十八届中央政治局第二十八次集体学习时指

---

[1] 习近平:《携手同行现代化之路——在中国共产党与世界政党高层对话会上的主旨讲话》,《人民日报》2023年3月16日,第2版。

出："发展为了人民，这是马克思主义政治经济学的根本立场。"①党的二十大报告提出："坚持以人民为中心的发展思想。维护人民根本利益，增进民生福祉，不断实现发展为了人民、发展依靠人民、发展成果由人民共享，让现代化建设成果更多更公平惠及全体人民。"②基于人民至上的根本立场成功走出的中国式现代化道路，旨在促进社会全面进步和人自由而全面的发展，所激发出的人民的积极性，是社会主义现代化建设的强劲动力。

（二）坚持以自立自强方式推进现代化

党的二十大强调，坚持独立自主、自力更生，坚持把国家和民族发展放在自己力量的基点上，坚持把中国发展进步的命运牢牢掌握在自己手中。③中国坚持自我积累和创新发展，以自立自强方式推进现代化，这是统筹国情世情的必然选择。

自立自强推进现代化是中国国情的内在要求。第二次世界大战后的现代化进程中，有的国家通过"搭便车"实现现代化。但是，对于人口规模巨大而且有大量农村人口的中国，现代化的发展必须

---

① 习近平：《不断开拓当代中国马克思主义政治经济学新境界》，《求是》2020年第16期。
② 习近平：《高举中国特色社会主义伟大旗帜，为全面建设社会主义现代化国家而团结奋斗——在中国共产党第二十次全国代表大会上的报告》，人民出版社2022年版，第27页。
③ 习近平：《高举中国特色社会主义伟大旗帜，为全面建设社会主义现代化国家而团结奋斗——在中国共产党第二十次全国代表大会上的报告》，人民出版社2022年版，第27页。

以内生发展能力提升为基础，试图通过依赖外部力量实现现代化没有可行性。

自立自强推进现代化是外部发展环境所致。在国际上，新中国现代化发展受两个方面因素的约束：一方面，在资本主义掠夺他国财富和扼制他国发展的情况下，作为工业化后发国家的中国，依赖外部力量不仅发展受限，还会陷入依附地位。另一方面，也是最重要的，那就是新中国自成立起，作为社会主义国家阵营之一，受到美国为首的西方资本主义国家的敌视，他们基于霸权主义和零和博弈思维，通过封锁禁运等方式遏制中国的发展。在这种情况下，中国没有"便车"可以搭乘，除了自立自强，别无选择。

中国共产党自成立起，就开始寻求民族独立促进现代化的发展道路。中华人民共和国的建立，奠定了自立自强的社会基础。面对西方资本主义国家的封锁禁运，新中国经过自力更生、艰苦奋斗，没有被扼杀，而是成功走出了自立自强之路。到20世纪70年代末，中国建立起独立的比较完整的工业体系和国民经济体系，是自立自强在发展成果上的重要体现。改革开放以来，随着国际上冷战局势的缓和，迎来了和平发展的时代主题，中国抓住这一时机，利用好国内和国际两个方面的资源促进现代化发展。中国立足自立自强，以中国式现代化推进中华民族伟大复兴，经过努力，国家综合国力增强，中华民族迎来了从站起来、富起来到强起来的伟大飞跃，实现中华民族伟大复兴进入不可逆转的历史进程。

（三）坚持共商共建共享原则促进现代化建设的国际合作

在全球化进程中，一国的现代化发展不可能孤立进行。中国选择和倡议与世界各国共商共建共享合作推进现代化，这是不同以往其他国家的选择。工业化先发国家的发展，除内在因素外，还与掠夺他国财富、扼制他国发展有关。然而，一些人不仅置这样一种恃强凌弱、巧取豪夺、零和博弈等霸权霸道霸凌行径的事实于不顾，还加以包装美化，将资本主义道路唯一化。时至今时，资本主义在国际关系上仍延续弱肉强食之道，却用所谓公正、平等加以粉饰和掩盖。

中国跳出零和博弈思维，坚定奉行互利共赢的开放战略，不断以新发展为世界提供新机遇，推动建设开放型世界经济，更好惠及各国人民。中国倡议和推动共建"一带一路"，成为践行共商共建共享原则推进现代化的典范。2013年9月7日，国家主席习近平在哈萨克斯坦纳扎尔巴耶夫大学发表演讲，提出共同建设"丝绸之路经济带"的合作倡议；10月3日，习近平主席在印度尼西亚国会发表演讲，提出共同建设21世纪"海上丝绸之路"的合作倡议。同年11月，党的十八届三中全会提出推进丝绸之路经济带、海上丝绸之路建设，形成全方位开放新格局。2013年12月，习近平总书记在中央经济工作会议上强调：建设丝绸之路经济带、21世纪"海上丝绸之路"，"是党中央统揽政治、外交、经济社会发展全局作出的重大战略决策，是实施新一轮扩大开放的重要举措，也是营造有利周边环境的重要举措"①。2015年3月，根据国务院授权，国家发展和改革委员会、外交部、商务部联合发布的《推动共建丝绸之路经济带和21世纪海上丝绸之路的愿景与行动》提出："一带一路"建设是一项系统工程，要坚持共商、共建、共享原则，积极推进沿线国家发展战略的相互对接，明确以政策沟通、设施联通、贸易畅通、资金融通、民心相通为主要内容，以及加强合作的重点。共建"一带一路"倡议及其核心理念写入联合国、二十国集团、亚太经合组织以及其他区域组织等有关文件中。2015年7月，上海合作组织发表《上海合作组织成员国元首乌法宣言》，支持建设"丝绸之路经济带"的倡议。2016年9月，《二十国集团领导人杭州峰会公报》提出自当年起启动"全球基础设施互联互通联盟倡议"。2016年11月，联合国193个会员国协商一致通过决议，欢迎共建"一带一路"等经济合作倡议，呼吁国际社会为"一带一路"建设提供安全保障环境。2017年3月，联合国安理会一致通过了第2344号决议，呼吁国际社会通过"一带一路"建设加强区域经济合作。2018年，中拉论坛第二届部长级会议、中国—阿拉伯国家合作论坛第八届部长级会议、中非合作论坛峰会先后召开，分别形成了中拉《关于"一带一路"倡议的特别声明》、《中国和阿拉伯国家合作共建"一带一路"行动宣言》和《关于构建更加紧密的中非命运

---

① 中共中央文献研究室编：《习近平关于社会主义经济建设论述摘编》，中央文献出版社2017年版，第247页。

共同体的北京宣言》等重要成果文件。① 共建"一带一路"倡议的实施,显著促进了政策沟通、设施联通、贸易畅通、资金融通、民心相通。先后成立"丝路基金"、发起设立"亚投行",为"一带一路"项目推进和亚洲基础设施建设提供资金支持。秉持和平合作、开放包容、互学互鉴、互利共赢的丝路精神,坚持共商共享共建原则,全方位推进与沿线国家间务实合作。在各方共同努力下,基本形成"六廊六路多国多港"的互联互通架构,一大批合作项目落地生根,高峰论坛的各项成果顺利落实。共建"一带一路"倡议实现与联合国、东盟、非盟、欧盟、欧亚经济联盟等国际和地区组织的发展和合作规划对接,与各国发展战略对接,开辟了世界经济增长新空间,搭建了国际贸易和投资新平台,拓展了完善全球经济治理新实践,作出了增进各国民生福祉新贡献,成为共同的机遇之路、繁荣之路。事实证明,共建"一带一路"倡议既为世界各国发展提供了新机遇,也为中国开放发展开辟了新天地。② 共建"一带一路"倡议是中国参与全球开放合作、促进全球共同发展繁荣、推动构建人类命运共同体的中国方案的重要组成部分。共建"一带一路"成绩斐然、硕果累累,成为深受欢迎的国际公共产品和国际合作平台。中国以共商共建共享原则推进国际现代化建设合作,验证了不掠夺式发展、排他式发展,是可以更好促进各国现代化的。

① 《共建"一带一路"倡议:进展、贡献与展望》,《人民日报》2019年4月23日,第7版。
② 习近平:《齐心开创共建"一带一路"美好未来——在第二届"一带一路"国际合作高峰论坛开幕式上的主旨演讲》,《人民日报》2019年4月27日,第3版。

习近平总书记强调："世界上既不存在定于一尊的现代化模式，也不存在放之四海而皆准的现代化标准。"[①]基于文明自觉成功走出的中国式现代化道路，破除了"现代化就是西方化"的迷思，验证了西方现代化道路并不具有唯一性。西方资本主义国家，以其先行实现物的现代化的强势，推行其发展模式，提出所谓的"华盛顿共识"。这是对非资本主义现代化道路的否定，目的在于维护美国等西方资本主义国家利益，即以其较强实力的资本纵横全球，使弱势国家陷入对先行发达资本主义强国的依附和自殖民化，实际上也是为了实现对发展中国家发展空间的锁定。不仅如此，还输出所谓的普世价值进行颜色革命，加之以强大的军事力量，对他国道路的选择进行干预。

综上所述，中国作为工业化后发国家，在全球现代化不断演进中，现代化道路的探索经历了落后的近代中国向工业化先发国家学习、走社会主义现代化道路、走中国特色社会主义现代化道路、成功走出中国式现代化道路四个阶段。中国共产党团结带领人民在解答作为工业化后发国家如何以中国式现代化推进中华民族伟大复兴的历史之问进程中，坚持将马克思主义基本原理同中国具体实际相结合、同中华优秀传统文化相结合，遵行现代化规律，基于国情世情，坚持人民至上的根本立场构建起现代化的强劲动力、坚持以自立自强方式推进现代化、坚持共商共建共享原则促进现代化建设的

[①] 《高举中国特色社会主义伟大旗帜，奋力谱写全面建设社会主义现代化国家崭新篇章》，《人民日报》2022年7月28日，第1版。

国际合作，形成具有强劲内生发展能力的中国式现代化道路。新中国实现在国际上由受弱势窘境困扰向优势跨越发展和由跟跑到并跑并在一些领域领跑的两个成功转换，创造经济快速发展和社会长期稳定两大奇迹，验证了中国式现代化道路是富有活力、激励充分、可持续、优势显著的道路，这是我们坚定中国式现代化道路自信的历史逻辑和实践逻辑。

第五章 优势厚植

中国式现代化跨越发展机制的构建

2023年2月，习近平总书记在学习贯彻党的二十大精神研讨班开班式上指出："新中国成立特别是改革开放以来，我们用几十年时间走完西方发达国家几百年走过的工业化历程，创造了经济快速发展和社会长期稳定的奇迹，为中华民族伟大复兴开辟了广阔前景。"① 这是对中国式现代化成功推进和拓展实现历史性跨越的高度概括。中国作为工业化后发国家，之所以能够成功推进和拓展中国式现代化，突破在国际上受弱势窘境困扰，在现代化进程中实现历史性跨越发展，是因为发挥了国家制度和国家治理体系的优势，构建起跨越发展机制。其中最为重要的经验有：构建以人民为中心的政策体系，保障了中国式现代化行稳致远；基于20世纪50年代社会主义改造所建立起来的公有制，以及改革开放以来对公有制主体地位的坚持，构建起中国式现代化跨越发展的根基；依托农村集体经济的发展，构建起社区集体统筹和积累这一内生性发展机制，在促进农村五个文明全面协调发展上发挥着不可替代的作用，

---

① 《正确理解和大力推进中国式现代化》，《人民日报》2023年2月8日，第1版。

这是中国式农业农村现代化实现路径的特色和优势；发挥国家制度和国家治理体系所具有的能够"全国一盘棋，调动各方面积极性，集中力量办大事"的显著优势，办成办好了关系国计民生的诸多大事，为成功走出自立自强之路，进而突破在国际上受弱势窘境困扰，并向优势跨越发展转变提供了坚实支撑。

中国式现代化破解的课题，以时间为序，先是作为工业化后发国家如何赶上世界工业化步伐，之后是在此基础上如何建设社会主义现代化国家、如何建成社会主义现代化强国。无论是破解其中的哪个时代命题，都必须构建起现代化发展优势。然而，新中国在成立初期，作为工业化后发国家，没有优势可言，不仅如此，还面临多重困境。仅就外部而言，有两大困扰因素：一是作为工业化后发国家面临与工业化先发国家在发展上的势能差，由此难以突破在国际上受弱势窘境困扰；二是作为新生的社会主义国家面临西方国家的敌视和遏制及与之对应的封锁禁运。中国式现代化道路的探索形成，厚植起发展优势，突破了在国际上受弱势窘境困扰，实现了现代化的历史性跨越发展。

一、构建以人民为中心的政策体系保障中国式现代化行稳致远

新中国 70 余年现代化的跨越发展，是在以人民为中心的政策体系下实现的。中国从所处的社会阶段出发，不断完善以人民为中心的政策体系。新中国 70 余年现代化实现跨越发展，具有深刻的世界意义。一方面，在社会主义中国，以人民为中心不是空泛的，是能够切实构建起以人民为中心的政策体系的，在实践中能落到实处；另一方面，切实构建并不断完善以人民为中心的政策体系，避免不顾及生产力发展水平的空想，避免大资本所有者与人民对立导致社会撕裂而困扰发展的现象发生，聚集起发展的合力和动力，进而能够使现代化发展行稳致远。

（一）中国式现代化的推进和拓展是在以人民为中心的政策体系下实现的

中国共产党自成立起，就确立了人民立场。党的十九大把以人民为中心纳入新时代坚持和发展中国特色社会主义的基本方略，党的二十大把坚持发展为了人民的思想明确为中国式现代化的本质要求，不仅充分体现了中国共产党为人民谋幸福的初心使命，还更加清晰地明确了为人民谋幸福的实现路径，是对实践经验的深刻总结和理论升华。以人民为中心，既是价值取向，也是政策取向。新中国在现代化建设的实践中，形成以人民为中心的发展思想，从经

济社会发展所处阶段的实际出发，把以人民为中心的价值取向政策化，探索形成并不断完善与生产力水平相适应的以人民为中心的政策体系。这样一个不断完善的政策体系是一个有机的系统，其中以下三个方面的要素不可或缺。

把满足人民的需要作为社会主要矛盾的一个方面，鲜明地明确了中国共产党为了人自由而全面的发展的使命担当。 新中国随着经济社会的发展，社会主要矛盾发生了变化。尽管中国共产党基于经济社会的发展，对社会主要矛盾的判断发生了变化，但其中满足人民需要的主题没有变。中国共产党对社会主要矛盾作出如此判断，充分体现了为人民谋幸福的使命担当精神。新中国现代化建设的实践表明，中国共产党牢牢把握住和担当起为人民谋幸福的使命，防止了偏离以人民为中心现象的发生。

坚持制定并持续实施发展战略规划，引领资源向为了人民的发展方向聚集。 发展是硬道理，而实现什么样的发展和为谁发展，不同社会是有差异的。中国共产党在准确把握社会主要矛盾的基础上，围绕促进为了人民的发展，制定并持续实施发展战略规划，其中的关键是处理好全局与局部发展的关系、长远与近期发展的关系，切实推进能够充分惠及全体人民的发展。新中国成立至今，不同时期有阶段性的发展战略目标，如在新中国成立初期明确了实现工业化、现代化战略，20世纪80年代明确了"三步走"战略，党的十九大作出分两个阶段全面建成社会主义现代化强国的新的战略安排，党的二十大作出"分两步走"全面建成社会主义现代化强国的战略安排。发展战略安排虽有阶段性变化，但都是根据经济社会发展阶段进行拓展丰富，是连续而不是割裂的，更不是对立的，它都服务于人自由而全面的发展和中华民族伟大复兴。新中国实施这样一个在承续中发展创新的战略，是中国行稳致远的重要因素。而新中国能够实现发展战略的持续实施，是中国共产党能够把为了人民的发展这张蓝图绘到底，避免了资本主义社会中代表不同利益的党派轮流执政而造成发展战略混乱的现象发生。

坚定全体人民共同富裕的前进方向，把发展为了人民、发展依靠人民、发展成果由人民共享统一起来。不同社会，在做大"蛋糕"与分好"蛋糕"关系的处理上是有差异的。工业革命以来，资本密集型增长特征明显，拥有资本成为经济增长的重要条件。这样的经济增长，使得资本主义国家，尤其是先发的资本主义国家凭借雄厚的资本优势，控制产业链和价值链，能做大"蛋糕"，却不能分好"蛋糕"，导致在社会财富增长的同时，发生两极分化，甚至发生社会撕裂。尽管资本主义国家针对贫富两极分化实施福利政策，以改善民生，但并没有扼制财富占有两极分化现象，2008年发生国际金融危机后两极分化还呈现扩大态势。处于欠发达阶段的资本主义国家，在受国内财富占有两极分化而困扰发展的同时，还在国际上受弱势窘境困扰，即使进入中等收入国家行列，也难以走出中等收入陷阱。中国坚定全体人民共同富裕的前进方向，统筹做大"蛋糕"和分好"蛋糕"，并将其统一起来，形成创新发展激励，也促进了广大人民旺盛消费需求的增长，这两方面的动力推动经济持续发展。中国式现代化的成功推进和拓展还表明，做大"蛋糕"和分好"蛋糕"相互促进，能够避免财富占有两极分化及其所导致的社会撕裂，能够促进供需均衡，避免经济危机的发生，进而能够形成发展的强劲动力。

（二）能够形成并不断完善以人民为中心的政策体系的原因

中国能够构建并不断完善以人民为中心的政策体系，主要有以下几个方面的原因。

有一个能够坚持以人民为中心的政党——中国共产党的领导。资本主义社会以资本至上为逻辑，不仅表现为企业按股决策和分配，还表现为国家机构领导人选举能否胜出取决于从利益集团获得的政治献金是否足够雄厚、国家治理受利益集团左右等。在利益集团的博弈、操纵下，国家治理乱象丛生，难以切实构建起以人民为中心的政策体系，政治家在选举中为获胜而承诺为了人民，但落到实处很难。中国共产党除了人民群众的利益，没有自己特殊的利益。不仅如此，中国共产党全面从严治党，保障党的先进性和纯洁性，避免了苏联共产党形成官僚利益集团现象，能够始终不忘初心、牢记使命，坚持权为民所用、情为民所系、利为民所谋。在能够坚持以人民为中心的政党——中国共产党的领导下，才使得以人民为中心的政策体系能够构建并切实实施，而不是停留在口号上。

有一个能够支撑以人民为中心的所有制结构。这个结构的特征就是坚持公有制主体地位。资本主义社会之所以不可能形成以人民为中心的政策体系，根本在于其私有制的经济基础。资本主义国家实行社会福利政策，这只是从二次分配入手。这种社会福利政策，是对贫富差距拉大的一种补救，不可能从根本上消除两极分化。以公有制为主体的所有制结构，是中国共产党执政和中国社会主义国家政权的经济基础。70 余年间，中国之所以能够抵御仍处强势地位的资本主义国家对社会主义国家进行颜色革命的冲击，能够坚持在以人民为中心的社会主义道路上不断前行，探索形成并不断完善具有强大生命力的中国特色社会主义道路，在于坚持公有制主体地位，由此形成坚实的经济基础支撑。坚持公有制主体地位，还有利于更好地发展非公有制经济，更充分地发挥多种资本服务人民、服务社会主义的作用。

有一个能够基于以人民为中心因时因势发挥好政府和市场作用的经济体制。无论是资本主义国家还是社会主义国家，都回避不了如何处理政府和市场关系的问题。从资本主义发展的历史看，政府只是守夜人的定位是一个掩盖了历史真相的理论陷阱。[①]市场失灵，除表现在难以提供公共品外，还表现在难以消除两极分化现象。经过实践探索和理论深化，中国充分发挥好政府和市场的作用，党的十八届三中全会提出使市场在资源配置中起决定作用和更好发挥政府作用。在这样的经济体制下，通过充分发挥市场在资源配置中的决定作用而使经济充满活力，通过更好发挥政府作用而避免市场失

---

① 参见[美]斯文·贝克特：《棉花帝国：一部资本主义全球史》，徐轶杰、杨燕译，民主与建设出版社 2019 年版，第 6—9 页。

灵，社会主义市场经济体制的完善使以人民为中心的发展步伐更加稳健。

有一个能够不断完善以人民为中心的政策体系的实现路径。这个路径就是坚持把党的领导、人民当家作主、依法治国有机统一起来，把顶层设计与尊重人民首创精神结合起来，从群众中来到群众中去，从所处经济社会发展阶段的实际出发，吸取了缺乏实践经验而经历过曲折的教训，不断完善以人民为中心的政策体系。中国在所有制上，坚持公有制主体地位，充分发挥多种所有制促进经济社会发展和服务人民的作用，探索确立公有制为主体、多种所有制经济共同发展的基本经济制度，提出并坚持毫不动摇地巩固和发展公有制经济，毫不动摇地鼓励、支持、引导非公有制经济发展。在分配上，坚持按劳分配的主体地位，允许劳动、资本、土地、知识、技术、管理、数据等生产要素参与分配，并健全生产要素由市场评价贡献、按贡献决定报酬的机制，形成按劳分配为主体、多种分配方式并存的分配制度。党的十八大以来，形成以人民为中心的发展思想，创新性地提出共享发展理念，为以人民为中心的政策体系的完善提供了思想指引。

二、公有制的建立和对公有制主体地位的坚持是中国式现代化跨越发展的根基

中国现代化跨越发展的根基在于 20 世纪 50 年代社会主义改造

所建立起的公有制，以及改革开放以来对公有制主体地位的坚持。

（一）公有制的建立和对公有制主体地位的坚持是构建和完善有利于中国式现代化跨越发展的政治制度的基础

中国式现代化的跨越发展，既是经济发展道路的成功，也是政治发展道路的成功。经济基础决定上层建筑。资本主义政治，无论如何对"宪政""三足鼎立"的民主制衡制度加以美化，都掩蔽不了基于资本至上的资本操纵民主、维护资本利益的实质。美国前副总统戈尔认为：我们的民主已被入侵，国家被彻底麻痹和束缚。《华盛顿邮报》在相关报道中说，这一政治制度越来越有利于富人。[①]在这样的政治制度下，资本的代表控制政权，主导政策和法律的制定、实施。中国所建立的上层建筑，是以社会主义生产资料公有制为基础，因而国家治理体系不为资本所控制，能够充分保障人民的主体地位和中国共产党的领导地位，中国共产党的领导、人民当家作主、依法治国有机统一有内在的必然性并能够得到坚持。在这种坚持人民至上的政治制度下，不断探索完善发展为了人民、发展依靠人民、发展成果由人民共享的治理体系，进而能够处理好全局与局部、长远与短期的利益关系，能够形成国家中长远发展战略，并将有限的资源优化配置到国家发展战略的实施中，集中力量办好关系国计民生的大事，突破在国际上受弱势窘境困扰并实现跨越发

---

① 参见温宪：《美国"钱主政治"愈演愈烈》，《人民日报》2014年10月20日，第3版。

展，这正是中国的成功经验。这种国际比较表明，通过社会主义改造建立起的生产资料公有制和改革开放以来对公有制主体地位的坚持，是基于人民主体地位推进国家治理体系和治理能力现代化的基础，是中国特色社会主义政治制度的基础，这些政治制度又成为国家发展优势形成和厚植的保障。

（二）公有制的建立和对公有制主体地位的坚持打造起参与激烈国际竞争的中坚力量

在经济全球化体系中，一个国家不沦为强国的附庸，不仅仅在于经济体量大、企业数量多，在很大程度上取决于有竞争实力强的企业。社会主义改造完成后的不同历史阶段，公有制企业担当起了这样的重任。

自工业革命起，工业生产率明显高于农业，如果不推进工业化，一个国家不仅不能融入工业化潮流和演进到工业社会，还要遭受落后就要挨打和经济殖民，也就无从摆脱在国际上受弱势窘境困扰。因而，新中国成立后不久，中国共产党在所制定的过渡时期总路线中，把社会主义改造和工业化列为经济社会变革和发展的两大任务。其中，社会主义改造既是经济社会变革发展的目标，也是工业化的保障。社会主义改造的完成，加之在此基础上建立起的计划经济体制，尽管存在诸多弊端，但不可否认它造就了国家统一领导的国营企业和城乡集体企业体系。为改变一盘散沙的格局，新中国以全国一盘棋集中力量办大事的方式，顺利推进实施重工业先行战略，在较短时期内建立起独立的比较完整的工业体系和国民经济体系。如果当时不建立起社会主义公有制，国家工业化战略难以顺利实施，独立的比较完整的工业体系和国民经济体系的建立不会如此快地实现。

改革开放以来，公有制经济实现了进一步发展，并引领整个经济的发展，而不是经济发展的阻碍因素。自20世纪70年代末起，对国有企业逐步实行利润分成、承包经营、拨改贷、债转股、政企分开、剥离办社会职能、股份制改造、混合所有制改革、法人制度建立、董事会和监事会制度建立、国有资本证券化、党对企业领导的体制机制完善等一系列改革，国有企业成为自主经营、自负盈亏、自我发展、自我约束的法人和能够适应市场经济要求的市场主体。在对国有企业实行"抓大放小"和有进有退的战略布局后，存续下来的国有企业，经受住了市场经济的洗礼，在与非公有制企业相比存在体制性办社会负担的情况下，凭借其历史上形成并坚持发展的规模优势、装备优势、技术优势、人才优势、管理优势、市场开拓能力优势，逐步推进产业链与价值链融合而实现转型升级，竞争力显著提升，成为参与激烈国际竞争的主力。2008年国际金融危机爆发以来，国有企业不仅呈现出较强的抗风险能力，还呈现出在危机中抓住机遇实现新发展的较强能力，全国国资系统监管企业资产总额从1997年的12.5万亿元增加到2021年的259.3万亿元。2012—2021年，全国国资系统监管企业累计实现增加值111.4万亿元，年均增长 9%。① 国有企业成为"走出去"的骨干力量，逐步跻身于世界性大企业。

中国国有企业高质量发展取得可喜成效，在船舶、钢铁、能源、建筑、水运、装备制造等领域打造了一批具有较强竞争力的行业领军企业，进入世界 500 强企业榜单的数量由 2012 年的 65 家增至 2022 年的 99 家②。

（三）公有制的建立和对公有制主体地位的坚持构建起中国式现代化发展的动力优势

公有制的建立和对公有制主体地位的坚持，是实现共享发展的基石，有利于对职工的充分激励，有利于供需均衡的实现，这些因素的共同作用，为中国式现代化发展提供了持续动力。

公有制企业成为人民主体地位的经济组织保障，也成为激励职工的经济组织制度。在公有制企业中，改革开放前实行人的联合，把生产资料与劳动者有机地统一起来；改革开放以来，在人的联合的基础上，逐步实行职工持股，即又增加了资本联合，朝着人的联合与资本联合统一的方向发展。如此，有利于确保企业职工主体地位及其积极性的发挥。一是在公有制企业中，企业与职工不是雇用与被雇用的关系，而是企业的主人，构建起和谐发展的社会基础。

---

① 《国有企业，迈出高质量发展坚实步伐（中国这十年·系列主题新闻发布）》，《人民日报》2022 年 6 月 18 日，第 4 版。
② 刘青山：《99 家国企上榜 2022 年度〈财富〉世界 500 强，高质量发展成效显著》，《国资报告》2022 年第 9 期。

二是在践行社会主义核心价值观中发展丰富多彩的企业文化，形成了向上向善的风尚。在改革开放前，众多职工积极主动参与到基于实践经验积累的技术改进活动中，取得了大量改进工艺和管理而有利于提升产品质量、节约成本的实用技术的突破，并研发新产品，成为企业发展的重要力量。不仅如此，企业内部职工、企业与企业之间还开展比学赶帮活动，使企业呈现出朝气蓬勃的景象。[1]例如，1963年，上海市的2个自行车厂、4个缝纫机厂、5个热水瓶厂、7个搪瓷厂在比学赶帮活动中分别开展厂际竞赛，使各企业的产品质量提高，先进和后进企业的差距缩小，生产出了质量优良的产品。[2]改革开放以来，一方面有高科技人才攻克基础研究难题、推动应用技术创新，另一方面又涌现出一大批富有奉献精神的优秀工匠，成为保障和提升产品质量不可或缺的人才支撑。

党的十八大以来，在国有企业中实行收入分配改革，同时加大反腐力度和控制高层管理人员职务消费，有效地扼制了企业内部收入分配差距的拉大，有利于实现企业内部乃至整个社会收入分配的相对均衡。同时，在公有制下实行职工持股，有利于发展为了人民、发展依靠人民、发展成果由人民共享机制的形成。如此，坚持公有制的主体地位，有利于实现供需的均衡，避免由于资本扩张生产供

---

[1]　《比学赶帮，齐争上游——论各地工业企业之间比先进、学先进、赶先进、帮后进运动》，《人民日报》1963年12月11日，第1版。
[2]　《上海三十二种主要轻工业品提前完成年计划，广州造纸厂各种纸张总产量超过全年计划六百多吨质量符合要求，哈尔滨亚麻厂全面完成今年产量、质量、成本、利润和品种等计划指标》，《人民日报》1963年12月8日，第1版。

给与收入差距拉大导致需求不足的供需不均衡，也就可以避免由此导致的经济危机。

（四）公有制企业担当起实施国家现代化发展战略载体和促进社会发展的使命

公有制企业的贡献，不仅仅是单个企业自身利润的多少，还体现在宏观层面的实施国家发展战略和促进社会发展上，因而不能仅仅以微观的单个企业的经济效益为依据否定社会主义改造的历史地位，这是马克思主义政治经济学不同于西方经济学的视角和观点。一些人以部分公有制企业存在腐败、利润率不够高现象为由，否定社会主义改造和公有制经济的必要性。持这样观点者，不仅漠视公有制企业在国家实施促进经济社会发展政策上的贡献，更是无视公有制经济担当起实施国家发展战略和促进社会发展责任的贡献。

公有制企业担当起国家现代化发展战略实施载体的责任。无论是改革开放前，还是改革开放以来，公有制企业都是国家实施发展战略的载体。对于改革开放前公有制企业承担起实施国家工业化战略载体的责任，是一个不需要更多论证的问题。

改革开放以来的实践同样表明，公有制企业在实施国家发展战略上仍然作出了重大贡献：

一是在实施关系国家安全、国民经济命脉的产业发展上，国有经济发挥着不可替代的作用。

二是在实施转型升级和可持续发展上，公有制企业由于资金雄厚和技术装备先进，在推动创新发展、绿色发展等方面发挥着引领作用。2014年度国家科技奖励中，中央企业获得96项，占总数的35.3%，其中获得国家科技进步特等奖2项。以进入门槛较低的煤炭产业为例，贵州省六盘水市内的国有煤矿企业煤炭回采率，由于有装备、技术、人才、管理、资金等优势，比当地私营小煤窑高出许多。国有煤矿企业还通过煤、焦、化、电、冶一体化发展，引领资源的综合利用和循环经济发展，促进煤炭产业升级和资源型城市的转型发展，而私营小煤矿存在不顾生态环境保护的问题，还存在重大安全隐患。[①]国有企业创新实力不断增强，为推进高水平科技自立自强作出贡献。党的十八大以来的十年间，中央企业建成700多个国家级研发平台、7个创新联合体，累计投入研发经费6.2万亿元，年均增速超过10%。2021年底，拥有研发人员107万人，比2012年底增长53%。2022年中央企业累计投入研发经费首次突破1万亿元。[②]十年间，中央企业创新成果加快涌现，在集成电路、5G通信、高速铁路、大飞机、航空发动机、工业母机、能源电力等领域攻克了一批关键核心技术，取得了以载人航天、探月工程、深海探测、北斗导航、5G应用、国产航母等为代表的一批重大科技成果，建成了港珠澳大桥、白鹤滩水电站、"深海一号"大气田、

---

① 参见中国社会科学院当代中国研究所第二研究室国情调研组：《资源型城市转型发展路径依赖与突破——六盘水市三线企业引领转型发展调研》，郑有贵执笔，《贵州社会科学》2014年第8期。
② 《国资委：2022年中央企业研发投入首次突破1万亿元》，中国新闻网，https://www.chinanews.com/cj/2023/02-23/9959028.shtml。

"华龙一号"核电机组等一批重大工程。①

三是在实施"走出去"和共建"一带一路"倡议中，公有制企业发挥着先行军和主力军作用。其中，在实施共建"一带一路"倡议中，港口、高铁、水电等方面的国有企业在基础设施联通方面率先示范，对"一带一路"沿线国家改善基础设施发挥着重要作用，因而也有助于中国与沿线国家实现民心相通。国有企业深入推进高质量共建"一带一路"，截至2022年，中央企业海外资产近8万亿元，分布在180多个国家和地区，项目超过8000个。②

四是在实施区域协调发展上发挥着重大作用。这在为改变沿海与内地生产力布局不均衡而实施的三线建设上，体现较为充分。如果没有国有经济的建立，在三线建设中发达地区的企业不可能实施向中西部地区搬迁，以及开展社会主义大协作援助在中西部地区的建设项目，那么东西部地区间经济社会的差距将扩大，也就没有"一带一路"倡议启动实施的良好基础。进入新时代，国有企业积极服务京津冀协同发展、长江经济带发展、粤港澳大湾区建设、长三角一体化发展、黄河流域生态保护和高质量发展等国家重大区域发展战略，深入开展央地协同合作，党的十八大以来签约项目3849个，参与雄安新区项目超过900个。③

---

① 《国有企业，迈出高质量发展坚实步伐（中国这十年·系列主题新闻发布）》，《人民日报》2022年6月18日，第4版。
② 《国有企业，迈出高质量发展坚实步伐（中国这十年·系列主题新闻发布）》，《人民日报》2022年6月18日，第4版。
③ 《国有企业，迈出高质量发展坚实步伐（中国这十年·系列主题新闻发布）》，《人民日报》2022年6月18日，第4版。

公有制企业担当起促进社会发展的责任。中国公有制企业与国内的非公有制企业、资本主义国家的国有企业所承担的社会责任，不是内涵完全一致的概念，前者既有体制内的制度性安排的社会责任，又有自愿捐赠的公益性和慈善性事项，而后者一般只有后面的行为。

在实施剥离国有企业办社会职能的改革前，国有企业在发展生产经营业务的基础上，还办学校、医疗、体育、影院、养老院、公安、法院等社会事业和司法机构，而且其社会事业发展水平一般都高于当地政府所办。实施剥离国有企业办社会职能后的一段时期内，国有企业每年在医疗、教育、市政、消防、社区等方面仍有大量支出。党的十八大以来的十年间，中央企业累计上交税费18.2万亿元，上交国有资本收益1.3万亿元，向社保基金划转国有资本1.2万亿元。[①]党的十八届三中全会通过的《中共中央关于全面深化改革若干重大问题的决定》提出："划转部分国有资本充实社会保障基金。完善国有资本经营预算制度，提高国有资本收益上缴公共财政比例，二〇二〇年提到百分之三十，更多用于保障和改善民生。"[②]国有企业还根据国家的统一布置，开展定点扶贫。

国有企业也是保障职工就业和维护社会稳定的中坚力量。国有企业尽管在20世纪90年代实施"减员增效"和改为非公有制企业

[①] 《国有企业，迈出高质量发展坚实步伐（中国这十年·系列主题新闻发布）》，《人民日报》2022年6月18日，第4版。
[②] 《中共中央关于全面深化改革若干重大问题的决定》，人民出版社2013年版，第9页。

后有大批职工下岗、转岗，但存续下来的国有企业，仍承担起稳定职工就业的功能。在实施供给侧结构性改革中，国有企业仍没有把职工完全推向社会，而是与政府共同努力，尽可能解决好职工的转岗就业问题。这与一些非公有制企业解聘职工，特别是受2008年国际金融危机冲击，在2009年元旦启动实施劳动合同法的情况下，仍几乎无条件让约2000万农民工离开企业返乡[①]形成鲜明反差。

在社会主义改造中组建的农村集体经济组织，自成立起，到实行工业反哺农业政策和城乡一体化改革之前，在国家实施经济社会政策和办社会上，也发挥着不可或缺的作用。如果没有农村集体经济组织，在国际上受称赞的农村合作医疗发展不起来，农村小学、初中、高中齐全的教育体系难以形成，乡村道路修不起来而将处于闭塞格局。改革开放以来，即便是实施了公共财政覆盖农村的政策，但由于国家公共财政支持能力有限，集体经济组织仍然承担着办社会的职能，这也是乡村振兴的重要组织保障。

公有制经济在非公有制经济的成长发展中发挥了支撑和引领带动作用。中国的非公有制经济，有的是改革开放以来由民间资本发展起来的个体私营企业，有的是外资和港澳台资兴办的企业，有的则是国有企业和集体企业改制而发展起来的。改革开放以来，个体私营企业由小到大、由弱到强，公有制经济的支撑和引领带动是原

[①] 2009年2月2日，在国务院新闻办公室举行的新闻发布会上，时任中央财经领导小组办公室副主任、中央农村工作领导小组办公室主任陈锡文说：在全国1.3亿外出农民工中，大约有15.3%的农民工因全球金融危机而失去了工作，或者没找到工作。据此推算，全国大约有2000万农民工失去工作，或者还没有找到工作就返乡了。

因之一。

改革开放初期，个体私营经济是在公有制经济的物质支撑下发展起来的。个体私营企业在改革开放初期的起步阶段，所需要的钢材、水泥、化工等原材料，都是由公有制企业提供。在20世纪80年代，各类所有制企业在钢材等国有企业门口排长队采购。没有国有企业提供重化工等原材料，个体私营经济的发展缺乏物质基础。

改革开放初期，个体私营经济是在公有制经济的引领带动下成长起来的。个体私营企业在起步阶段，公有制企业从多方面引领带动其发展：一是生产链分工带动。在改革开放初期，公有制企业将一部分零部件交由个体私营企业生产，个体私营企业大多还只是为公有制企业提供零部件配套产品。不少存续下的大型公有制企业在产业链中处于高端而起着龙头引领带动作用，一些个体私营企业主动与公有制企业合作，承担产业链中某个环节产品的配套生产。二是技术和人才带动。20世纪80年代，在国有企业技术研发能力和人才实力强，而个体私营企业相对较弱的情况下，国有企业技术人员利用周末休息时间，帮助周边乡镇企业（很多乡镇集体企业在产权制度改革中改成非公有制企业）开发新产品、培训技术骨干、解决技术难题，从中获得另外一份收益，当时被称为"星期天工程师"。据统计，当时上海市有两万余名"星期天工程师"。[1] 现今，国有企业仍然与中小型非公有制企业进行科技人才合作，也有一些中小

---

[1] 郐鸣飞、李志勇：《上海"星期日工程师"忧喜录》，《瞭望周刊》1988年第16期。

型非公有制企业采取高报酬吸引公有制企业人才直接为其所用。同时，一些非公有制企业还与公有制企业实行股份合作，发展混合所有制经济。

党的十八大以来的十年间，国有企业积极落实国家助企纾困政策，通过降电价、降气价、降资费、降路费、降房租，有力缓解了中小企业经营压力。[①]

从上述改革开放以来个体私营经济与公有制经济的发展关系中可以看出，非公有制经济能够发展起来，并成为中国经济发展奇迹的重要贡献力量，缘于改革开放前国有经济奠定的人才和物质基础，以及改革开放以来公有制经济对非公有制经济的支撑和引领带动。

三、农村社区集体统筹和积累机制促进五个文明全面协调发展

破解工业化、城镇化进程中"三农"发展受弱质性困扰难题，一个重要的课题是如何增强农村五个文明全面协调发展的内生能力。20世纪50年代，国家从建立土地等农业生产资料的社会主义公有制、为国家工业化提供资金和农产品原料支持、实现农业现代化等重大战略目标出发，作出建立农村集体经济组织的重大安排，在实践中依托农村集体经济的发展构建起社区集体统筹和积累机

---

① 《国有企业，迈出高质量发展坚实步伐（中国这十年·系列主题新闻发布）》，《人民日报》2022年6月18日，第4版。

制，促进了农村经济社会的内生性发展，在农村五个文明全面协调发展中发挥着不可替代的作用。这是中国式农业农村现代化实现路径的特色和优势。在推进和拓展中国式农业农村现代化进程中，应当发挥好农村社区集体统筹和积累在增强农业农村现代化内生性发展能力，进而促进农村五个文明全面协调发展中不可或缺的作用。

（一）农村社区集体统筹和积累对促进五个文明全面协调发展有着不可或缺的作用

农村集体经济的发展及以此为依托的社区集体统筹和积累，对促进农村五个文明全面协调发展有着不可或缺的作用。

从纵向维度看，改革开放前后两个发展时期农村社区集体统筹和积累机制存在差异。1956—1978年，中国基于工业化尚处于初期的国情，实行农业养育工业的政策，尽管这样的政策弱化了农业和农村的发展能力，固化了城乡二元结构，但农村集体经济的发展及以此为依托的社区集体统筹和积累，为农村文化、教育、卫生、体育等事业发展提供了支持，避免了城乡社会发展严重失衡现象的发生。1978年至世纪之交，工业化、城镇化快速发展，并上升到工业化中期的发展阶段，由于城市经济社会快速发展，城乡经济社会发展差距拉大，加之农村集体经济的弱化及社区集体统筹和积累能力趋弱，欠发达地区的农村较普遍存在留守老人、留守儿童的空心化现象。21世纪初，尽管国家开始实施城乡一体化发展改革和把农业养育工业调整为工业反哺农业政策，农村基础设施建设和社会事业发展快速推进，然而一些地方农村空心化问题仍没有根本解决，留守老人、留守儿童问题仍然严重，春节期间外出就业创业人员才回家过年与留守家人相聚，农村基础设施、住宅存在闲置浪费问题。这一纵向维度的考察表明，中国农村空心化并不是经济社会发展的应然，集体经济弱化及社区集体统筹和积累能力趋弱是重要原因。在农业养育工业政策下，农村都可以依靠自身力量促进经济社会协调发展，表明依托集体经济发展而构建起的社区集体统筹和积累机制，对于促进农村经济社会协调发展是极为重要的。1978年以来，农村经济的快速发展，一度屏蔽了农村社会发展这一短板问题，农村集体经济的弱化及社区集体统筹和积累能力趋弱，使得解决农村社会短板问题的内生能力较弱。

从横向维度看，与农村集体经济弱化下的空心化形成鲜明对比的是，凡是集体经济发达的农村，不仅没有留守老人、留守儿童的问题，还吸纳了大量外地人口就业和居住，呈现出经济社会协调和城乡一体化发展的良好态势，其原因是发挥了以集体经济为依托的社区集体统筹和积累机制的作用。[1]

上述纵横两个维度的考察表明，农村集体经济的发展及以此为依托的社区集体统筹和积累机制的构建、传承和与时俱进加以完善，是农村经济社会形成较强内生发展能力而避免经济社会发展对

---

[1] 参见郑有贵:《常熟市村集体经济组织建设及相关问题辨析——以四个村为个案》，《当代中国史研究》2004年第1期。

政府强依赖的原因所在。①

农村集体经济的发展及以此为依托的社区集体统筹和积累机制，这种内生性农村社区经济社会协调发展模式，尽管在一段时期内受到办社会负担重和内部激励不足，以及政策支持缺失和法人地位不明确的不利影响，仍然能够传承下来，在有机遇的情况下就能发展，并且从长期实践看，可以实现专业合作社难以达到的经济效益和功能。老的集体经济发达村发挥了榜样作用，新的集体经济发达村表明在市场经济下农村集体经济是可以实现跨越发展的，乡村振兴战略实施和对农村集体经济实施股份合作制改革，又增添了集体经济的活力和凝聚力。其中值得重视的是，如果说老的集体经济典型刘庄村、兴十四村等是在计划经济下发展起来的，有特定的历史条件，那么21世纪初起不少穷村也跃升为发达村，就说明不是个案的问题了，而是因为中国农村集体经济组织有特别的制度及机制。这就是除了农村发展需要，选对了好的带头人，能够在工业化、城镇化、农业现代化中抓住发展机遇外，根本在于实行土地集体所有制（正如一名言所说，土地是财富之母）和基于这一制度构建起的社区集体统筹和积累机制。党的十八大以来，在长期发展积累的基础上，各地因地制宜探索集体经济有效实现形式，农村集体经济组织创新发展，资产规模、集体经营性收入发生重大变化，实力增强。2015年底至2020年底，全国村级集体经济组织由58.94万

---

① 参见郑有贵：《农业转型升级对政府强依赖的原因及其对策——兼论农业组织化实现形式的优化和转型》，《农业经济问题》2016年第10期。

个减少到53.99万个（这是由于合并行政村后村的数量减少）；有集体经营性年收入但没有达到10万元的村级集体经济组织由18.7万个增加到24.02万个，增加了28.45%，占比由31.73%提高到44.49%；集体经营性年收入在10万元以上的村级集体经济组织由8.2万个增加到17.86万个，增长117.8%，占比由13.91%提高到33.08%。根据农业农村部统计，到2020年底，全国农村集体经济村、组和乡（镇）三级组织的资产总额为7.7万亿元，负债3.1万亿元，净资产超过4.6万亿元。全国农村的集体经济组织自实行产权制度改革以来，分红金额累计达4085亿元。其中，集体成员分红3352亿元，占82.1%；集体分红614亿元，占15.0%；还有不到3%的分红分给外来投入的资本。[1]其中，2019年集体成员从集体经济中获得分红累计超过3800亿元，是2016年的3.6倍。[2]浙江省从2017年开始在全省实施消除集体经济薄弱村三年行动计划，到2019年底全面消除集体经济年收入低于10万元、经营性收入低于5万元的薄弱村。

（二）农村社区集体统筹和积累机制的创新意义

农村集体经济组织既是一种生产经营组织形式、公有制实现形式，也是一种通过实行社区集体统筹和积累增强农村经济社会内生

---

[1] 陈锡文：《发挥农村集体经济组织在共同富裕中的作用》，《乡村振兴》2022年第2期。
[2] 《超七成村完成农村集体产权制度改革》，《人民日报》2020年8月23日，第2版；《43.8万个村完成集体产权制度改革》，《经济日报》2020年8月22日，第5版。

发展能力的发展模式。对于这样一种组织制度的创新，无论是从经验层面的总结，还是从理论层面的探讨，都有必要进一步深化。基于新老发达村与空心村从正反两方面印证了社区集体统筹和积累对于解决中国"三农"问题作出重大贡献这样一个历史事实，应当回归到解决发展中现实难题的问题导向的研究思维，认识到发展集体经济及以此为依托的社区集体统筹和积累机制的创新意义。

农村集体经济的发展及以此为依托的社区集体统筹和积累机制的创新意义在于，通过社区集体统筹和积累，提升农村经济社会的内生发展能力，有利于破解农村发展滞缓的难题，进而摆脱农村经济社会发展对政府强依赖的发展路径。①

首先，农村集体经济的发展及以此为依托的社区集体统筹和积累机制的构建和完善，有助于破解农村发展滞缓的问题。从市场经济国家看，都有过城乡二元结构的问题，也都有从事农业人员老龄化的问题，这与现今中国一些地方农村空心化现象相似。如此，似乎农村空心化是一种必然。这是源于诺贝尔经济学奖得主刘易斯的二元经济结构论的认识逻辑。刘易斯于1954年发表的《劳动力无限供给条件下的经济发展》一文中提出二元经济结构论时，是在一定条件下形成的结论，即：在以私有制为基础的市场经济条件下，一方面，经济组织和社会组织分离，家庭农场、合作社、协会、公司等不愿意在非盈利前提下建设农村基础设施和发展社会事业，农

---

① 参见郑有贵：《农业转型升级对政府强依赖的原因及其对策——兼论农业组织化实现形式的优化和转型》，《农业经济问题》2016年第10期。

村公共品的提供只能依赖政府。另一方面，在市场经济条件下的工业化、城镇化进程中，由于在劳动生产率和劳动报酬上工业高于农业，因而农业劳动力流向工业和城市。在这样的资源配置下，形成一边是快速增长的现代工业和城市，另一边是发展相对滞缓的农业和农村。进入工业化中期后，工农城乡发展失衡的问题严重约束整个国家经济社会发展，而市场又无力解决这一结构性问题，只能靠国家行动来破解城乡二元结构，由此国家实施干预政策，将农业养育工业调整为工业反哺农业，农村基础设施建设和社会事业发展对政府形成强依赖。

其次，构建以农村集体经济的发展为依托的社区集体统筹和积累机制，由此增强农村经济社会内生发展能力，是不同于完全依赖政府支持的发展模式。在国外，农村公共品的提供对政府强依赖，是因为在经济组织与社会组织分离的情况下，社区集体统筹和积累机制缺失。在中国，无论是老的发达村，还是新的发达村，其内生发展能力都较强。基于社区集体统筹和积累机制的新老发达村的实践表明，农村的发展可以依靠自身力量，与集体经济实力弱的村在基础设施建设和社会事业发展上对政府有着强依赖形成反差。

在经历农村经济组织复杂变迁之后，对中国式的农村集体经济，及以其发展为依托的社区集体统筹和积累机制，应加以传承和完善，不能再根据西方理论，对其加以否定和解构。一方面，这是基于农村经济社会发展对其有强烈需求。现今，在公共财政覆盖农村的情况下，农村基础设施建设、社会事业发展有所推进，但仍然满足不了农村经济社会发展的需要,很多地方因为农村集体经济弱,不得不采取由农民出资出劳的"一事一议"制度。实际上,这是基于农村经济社会发展的需要,对历史上形成的社区集体统筹和积累机制的一种变化了的传承,也反映出了社区集体统筹和积累发展的路径依赖。另一方面,这是基于农村集体经济组织可以也能够提供公共品,历史上如此,现实也如此,只不过现今是与政府共同担当。基于公司、专业合作社、协会对外以盈利为目的(合作社、协会对外仍以实现盈利最大化为目标,只是对内部成员不以盈利为目的而已)不愿提供农村公共品[①],农村社区集体统筹和积累机制应倍加珍惜和传承完善。

(三)基于增强农村经济社会内生发展能力构建社区集体行动理论

理论的科学性不在于是否出于所谓主流学派,或符合其理论逻辑及研究范式,而是理论应用后能否解决实践中的问题,或将其应用后对实践产生的是积极还是消极的作用。

全面推进乡村振兴面对的问题是,如何破解农村空心化的问题,如何增强农村经济社会内生发展能力的问题。学界就留守老人、留守儿童问题,尤其是留守儿童的心灵关怀和成长进行了很有意义和

---

① 正因如此,即便公司、专业合作社、协会承担社会责任,也并非社会价值取向下的内在使命意识使然,只是社会对公司、专业合作社、协会的一种要求,这与公司、专业合作社、协会的自身利益有冲突,因而它们在承担社会责任时有所选择,即选择有利于扩大自身品牌效应的社会赞助活动。

针对性的研究，但多属于在既定组织制度下就事论事的具体问题研究，还应当从更开阔的经济社会系统探索解决问题之路径。上述历史考察可知，集体经济发达村的经济社会协调发展与集体经济弱化后的空心化，如此发展分野的原因在于，前者在改革进程中坚持发展集体经济并传承完善社区集体统筹和积累机制，而后者则弱化集体经济并逐步解构社区集体统筹和积累机制。农村集体经济弱化后，社区集体统筹和积累能力随之弱化，几乎回到"一盘散沙"的发展模式。党中央早在1982年就关注到了这一问题的苗头，在批转《全国农村工作会议纪要》时强调指出，各级党委要高度重视农村一部分社队基层组织涣散，甚至陷于瘫痪、半瘫痪状态，致使许多事情无人负责，不良现象在滋长蔓延的情况。在总结完善生产责任制的同时，一定要把这个问题切实解决好。①

基于农村土地集体所有制和集体经济组织能够更好承担其他组织不具备的提供公共品的功能，需要构建增强农村经济社会内生发展能力的社区集体行动理论。下面，就三个问题进行探讨。

重新界定农村集体经济组织的内涵及其功能。马克思主义政治经济学是从整个经济社会研究问题。中国农村发展有过曲折，其中之一是不少村本已构建起有利于农村经济社会协调发展的社区集体统筹和积累机制，在遇到困难后，就将其解构。社会科学专业分化后的经济学不是将农村经济与社会发展作为整体加以研究，从理论

---

① 中共中央文献研究室、国务院发展研究中心编：《新时期农业和农村工作重要文献选编》，中央文献出版社1992年版，第114页。

上助推了社区集体统筹和积累机制的解构。西方经济学也在反思,如获得诺贝尔奖的罗纳德·哈里·科斯指出了经济学存在的问题,即经济学把经济学研究对象,从本是有血有肉和伦理道德的人创造财富,变成了冷冰冰的资源分配选择逻辑。[①]资本至上的产权理论导致资本主义社会中财富严重分化而引发重重社会矛盾,这也是西方经济学的理论缺陷。从增强农村经济社会内生发展能力出发,应当弥补经济社会分割研究的缺陷,从解决现实问题出发,不应把本是经济社会融为一体的农村集体经济组织,限定为单纯的经济组织,而是应当基于其促进经济社会协调发展的现实,将其界定为不同于公司、专业合作社、行业协会的经济社会组织。尽管农村集体经济组织有提供公共品和促进经济社会协调发展这些特殊功能,从突出其经济组织属性考虑,仍称集体经济组织为好。对已完成股份合作制改革的,则可称社区股份合作社。这既是对农村集体经济组织曾经有过的功能的肯定,也是对其现实功能的客观反映,更是认识到基于农村集体经济发展的集体统筹和积累有利于增强农村经济社会内生发展能力所得到的重要启示。

构建有利于促进农村经济社会协调发展的评价指标体系。这一评价指标体系的构建与农村社区集体行动理论构架是相互对应的。农村集体经济之所以曾在较长时期内弱化、边缘化,除了现实困境外,根源在于认定集体经济组织效率低下,如此结论是由于评价指

---

① 参见[英]罗纳德·哈里·科斯、王宁:《变革中国——市场经济的中国之路》,徐尧、李哲民译,中信出版社2013年版,第269—270页。

标偏废所致。实际上，在1956年至1978年间，农村集体经济组织尽管经历曲折，但促进社会生产力发展的显著成效不能漠视。一是促进农业发展，粮食、棉花等农产品产量大幅增加，为国家工业化提供了所需要的大量农产品原料。通过保障农产品出口，换取外汇，用于引进先进工业技术装备；通过工农产品价格"剪刀差"和农业税，为国家工业化的资本积累提供了保障。二是农村集体经济组织在推进农业现代化建设、农村基础设施建设、农村社会事业发展上发挥了重要作用。可见，认为农村集体经济组织缺乏效率这一结论，与历史事实不符，是不公允的。[①]农村集体经济组织承载如此重大的使命，虽然因为实践不充分而没有相应的经验积累，对集体经济组织所作出的一些政策和制度安排不合理，使农民当期的经济收益偏低，抑制了农民的积极性，但不能因为后者而对集体经济加以全面否定。仅仅从当期农民经济收益评判农村集体经济组织是否有效率，是没有把促进国家工业化发展和农村发展的绩效加以考量，也是没有把"三农"问题的解决纳入整个国家经济社会发展进程来分析，而是把"三农"问题的解决孤立起来。从有利于促进农村经济社会内生发展能力不断增强出发，不应以单一经济效益作为农村集体经济组织的评价指标，而是应把现金分配、福利分配、公共品提供等统一纳入评价指标体系。在集体经济的收益分配上，也要分发展阶段而论，在集体经济实力尚弱的成长积累期，以与政府

---

① 参见郑有贵：《对人民公社的评价不能偏废——从"废除人民公社"说起》，《北京党史》2016年第6期。

共同提供公共品为主，随着集体积累的增加和经济实力的增强，则应逐步加大对成员当期的现金、福利等分配。

基于经济基础构建有利于破解农村集体经济弱化、农村空心化的乡村治理机制。发展经济学认为，发展中国家要追赶先发国家，政府对资源配置应进行干预。中国作为发展中国家，要在农业社会的基础上实现工业化，突破在国际上受弱势窘境困扰，实现跨越发展，没有特别之举是难以实现的。新中国成立初期，中国共产党和政府从解决面临的实际问题出发，在资源配置上作出了与发展经济学不谋而合的选择，即通过发挥社会主义制度的优势，集中力量办好大事，实现聚沙成塔。中国之所以在农村生产力水平低下、农业剩余少，且服从国家工业化战略而实行农业养育工业政策的情况下，农村基础设施建设和社会事业发展还能够顺利推进，其中一个重要的原因，是通过党领导构建的乡村治理体系，尽可能实现长远利益与短期利益、全局利益与局部利益的统筹。尽管如此，并非要回到改革开放前高度集中的计划经济体制，而是要基于中国人均GDP已跃升至接近高收入国家门槛，着眼于破解集体经济弱化和农村空心化问题，构建与社会主义市场经济相适应的，能够促进集体经济发展及以此为依托的社区集体统筹和积累机制不断完善的乡村治理结构。根据各地实践经验，特别是东部地区集体经济实力强的经验，农村集体经济组织的改革，不能完全按照单纯的经济组织进行，可探索建立这样的治理体系：民法典明确了农村集体经济组织的特殊法人地位，根据各自情况和需要，选择进行工商登记或民事登记；从既保障成员权益，也保障集体权益出发，进一步巩固集体经济股份合作制改造成果，实现集体与成员权益的统一，构建起共享发展机制；完善集体经济组织治理结构，管好集体资产乃至探索实现由管资产向管资本的转变，并通过利益机制调动经营管理者的积极性；基于农村土地集体所有制，全面从严治党，构建良好的政治生态，构建起村党支部领导下村民委员会和村集体经济组织各司其职的治理结构，确保社区集体统筹和积累机制的完善。

四、集中力量办大事成就中国式现代化由受弱势窘境困扰向优势跨越发展转变

（一）中国成功突破在国际上受弱势窘境困扰向优势跨越发展转变

中国式现代化的推进和拓展，受国际因素的影响。对中国"用几十年时间走完了发达国家几百年走过的工业化历程"这一属于世界范畴的中国现代化历史性跨越发展问题的讨论，应有国际视野。已有关于中国实现历史性跨越发展原因的探讨，有不少从国际视野分析的成果，但忽视了新中国成立前在国际上的弱势与工业化先发国家的强势这一重要因素。忽视这一重要因素的分析是不充分的，鉴于此，下面引用势能差、弱势窘境、优势跨越三个概念，以便展开对现象之实质和主导因素的讨论。

国与国之间发展势能差，指国与国之间综合国力之差及其所决

定的博弈能力之差。为叙述简洁,简称势能差。

弱势窘境,指由于工业化先发国家强势与工业化后发国家弱势的势能差,工业化先发国家通过经济和非经济的各种手段,限制工业化后发国家的发展能力和发展空间,弱势的工业化后发国家在与强势的工业化先发国家博弈中难以突破弱势地位,进而陷于恶性循环。为叙述简洁,简称弱势窘境。

在国际体系中国家之间存在势能差这一重要因素,以及由此面临与其他工业化后发国家相同的弱势窘境的历史条件和历史逻辑起点,是新中国在国际上由受弱势窘境困扰向优势跨越转变不能绕开的问题。

工业化后发国家在国际上受弱势窘境困扰是不争的事实。工业化后发国家力争追赶世界工业化进程,但绝大多数难以成功突破所面临的重重障碍,实现不了跨越发展,这被认为存在"贫困陷阱"。这是基于现象的逻辑判断,未涉及问题的实质和主导因素。实质和主导因素是,先发国家凭借较强的综合国力,恃强凌弱,以各种方式对后发国家的发展进行控制,并索取剩余。具体而言:一是先发国家利用国际规则制定权,形成不利于后发国家发展壮大的种种规则,并通过跨国垄断资本对处于弱势的后发国家的剩余进行索取。例如,第二次世界大战后,强势的美国除对后发国家实施军事干预外,还实行美元霸权(起于1944年构建的布雷顿森林体系,强于1973年10月美国使石油输出国组织欧佩克接受用美元结算石油交易而实现美元与石油挂钩),由此构建起世界财富向其流入的机制。二是先发国家利用跨国垄断资本及科技领先的优势，控制产业链高端和价值链高端，获取高额收益。如此，后发国家难以突破产业链低端和价值链低端的困境。三是一些先发国家曾长期实施殖民掠夺，现今仍以种种方式使后发国家对其依附。正因为弱势窘境的存在，后发国家在第二次世界大战后，可以跟学先发国家的先进技术，后发优势有所发挥，也实现了发展，但突破在国际上受弱势窘境困扰的极少，普遍难以摆脱对先发国家的跟随，甚至依附于先发国家及其跨国垄断资本。

优势跨越，指后发国家厚植起优势，由此破解在国际上受弱势窘境困扰，实现跨越发展。

中国成功突破在国际上受弱势窘境困扰，实现历史性跨越发展，这是不容置疑的。1949年以来，中国经济社会发展水平乃至综合国力跃上一个又一个新台阶，由处于农业社会的工业化后发国家，到20世纪70年代末建立起独立的比较完整的工业体系，自2010年起稳居全球制造业第一大国，现今已建立起门类齐全的现代工业体系。中国历史性跨越发展的奇迹举世关注，从表象分析，是因为中国仅用较短的几十年时间，就跨越式走完发达国家几百年才走过的工业化历程，而实质是因为中国成功突破了后发国家在国际上受弱势窘境困扰，并实现了向优势跨越的转变。中国还实现了另外一个转变——由"不能"向"能"的转变，即由中国为什么不能在世界上率先发生科技和工业革命，向中国为什么能够取得历史性跨越发展奇迹的转变。这两个转变，彰显了中国历史性跨越发展成就的辉煌及来之不易。①

（二）中国成功突破在国际上受弱势窘境困扰向优势跨越发展转变缘于以集中力量办大事方式推进社会主义现代化建设

中国现代化的历史性跨越发展，西方经济学不能给出解释。坚持中国共产党领导、坚持公有制主体地位、坚持更好发挥政府作用，与"华盛顿共识"的政策主张相反，因而有的论述将中国历史性跨越发展奇迹视为"悖论"。20世纪90年代初，中国经济快速增长引起西方经济学界的关注和重点研究，提出"中国之谜"。英国剑桥大学经济学家彼得·诺兰在2002年道明了"中国之谜"的实质，即按照主流经济学的理论逻辑，中国不可能获得目前的成就。②可见，"中国之谜"与"悖论"一样，实质也是因为基于西方经济学难以对中国历史性跨越发展奇迹作出解释。

中国实现现代化历史性跨越发展的原因，有归于后发优势、结构效应、比较优势、人口红利等。对历史进行长时段考察，就会发现，用后发优势、人口红利、比较优势、结构效应等，可以解释某些时段、某些产业、某些地区的发展，但不能解释新中国70余年历史性跨越发展的全部历程。③这些因素不是主导因素和充分条件，

---

① 参见郑有贵：《新中国70年对既有发展趋势的突破和历史性演进的跨越发展》，《宁夏社会科学》2019年第6期。
② 参见中央电视台《国情备忘录》项目组：《国情备忘录》，万卷出版公司2010年版，第8—9页。
③ 参见郑有贵：《新中国实现历史性跨越发展的经验和意义》，《红旗文稿》2019年第22期。

归于其中某个单一因素的结论得不到充分验证。例如，在1949年前，中国就属于后发国家，属于人口大国，有大量低廉劳动力，但并没有实现历史性跨越发展，而是长期陷于落后。再就比较优势而言，现代化后发国家资本稀缺和科技落后，难以摆脱处于产业链低端和价值链低端的困境，加之强势的现代化先发国家对弱势的工业化后发国家实行不平等贸易，实施比较优势战略也就难以摆脱弱势地位。从中不难发现，如果后发国家不能在战略性先导产业发展、重大关键科技攻关等方面实现成功突破，而满足于在工业化先发国家控制产业链高端和价值链高端下发挥比较优势，就会掉入比较优势陷阱。

中国现代化发展与其他发展中国家一样，受资本稀缺和科技落后约束。那么，中国是靠什么成功突破在国际上受弱势窘境困扰而向优势跨越转变的？① 这是因为社会主义国家制度和国家治理体系具有能够"全国一盘棋，调动各方面积极性，集中力量办大事"的显著优势。中国共产党从实现中华民族伟大复兴的全局出发，在所构建起的社会主义举国体制下，全国一盘棋制定和实施国家发展战略，引导有限的资源，尤其是微薄的财力和较弱的科技力量，集中用于办好关系国计民生的诸多大事，成功走出自立自强之路，树立起一座又一座历史丰碑。

一是集中力量发展战略性先导产业，形成能够突破在国际上受

---

① 参见郑有贵：《集中力量办大事：中国跨越发展的法宝》，《人民论坛》2019年5月上期。

弱势窘境困扰向优势跨越转变的强劲增长极,有效地破解了工业化后发国家在资本稀缺的情况下战略性先导产业不能快速发展起来的难题。

二是集中力量开展重大关键科技攻关,有效突破了工业化后发国家科技力量弱和科技落后的约束。习近平总书记指出:"实践反复告诉我们,关键核心技术是要不来、买不来、讨不来的。只有把关键核心技术掌握在自己手中,才能从根本上保障国家经济安全、国防安全和其他安全。"[①]中国集中力量对重大科技进行攻关,在不同时期都取得了重大成果,远有改革开放前成功研制的"两弹一星"、核潜艇、杂交水稻、青蒿素等,近有党的十八大以来大飞机制造、5G网络、载人航天、火星探测等重大科技攻关的成功突破,不仅大幅提升了综合国力,更是为突破受弱势窘境困扰向优势跨越转变提供了强劲的支撑和引擎。

三是集中力量推进重大基础设施建设,有效突破后发国家基础设施落后对发展的约束。中国在重大基础设施建设上取得信息畅通、公路成网、铁路密布、高坝矗立、西气东输、南水北调、高铁飞驰、巨轮远航、飞机翱翔的显著成就,为各市场主体的发展提供了更广阔的空间,也因降低时间成本、物流成本等增强了市场主体的发展能力和竞争力,为突破受弱势窘境困扰向优势跨越转变提供了良好的基础设施支撑。

---

① 中共中央党史和文献研究院编:《十九大以来重要文献选编(上)》,中央文献出版社2019年版,第464页。

简言之，以制定和持续实施国家发展战略及其导向下的集中力量办大事方式推进社会主义现代化建设，是中国成功破解工业化后发国家受弱势窘境困扰并向优势跨越发展转变，进而实现历史性跨越发展的重要法宝。

（三）社会主义集中力量办大事机制由构建到逐步完善

中国能够以制定和持续实施国家发展战略及其导向下的集中力量办大事的方式推进社会主义现代化建设，在于社会主义国家制度和国家治理体系具有显著优势。改革开放初期，邓小平指出："社会主义同资本主义比较，它的优越性就在于能做到全国一盘棋，集中力量，保证重点。"[1]进入新时代，习近平总书记强调："我们最大的优势是我国社会主义制度能够集中力量办大事。"[2]中国以制定和持续实施国家发展战略及其导向下的集中力量办大事的方式推进社会主义现代化建设，在改革开放前后两个时期一以贯之。集中力量办大事机制经历了在实施工业化战略中构建，到在改革开放进程中逐步完善的过程。

集中力量办大事机制的构建起于要办成作为国家现代化重要标志的工业化这件大事。新中国在成立初期，以全国一盘棋的国家发展战略及其导向下的集中力量办大事方式，推进社会主义建设，起于要办成被视为现代化重要标志、关系中华民族伟大复兴的国家工

---

[1]《邓小平文选》第3卷，人民出版社1993年版，第16—17页。
[2]《习近平谈治国理政》第2卷，外文出版社2017年版，第273页。

业化这件大事。在成立初期，新中国仍处于农业社会，百废待兴，以毛泽东同志为主要代表的中国共产党人找准了重点，明确了战略性先导产业，这就是工业，尤其是重工业。中国推进国家工业化的瓶颈因素，就是在工业发展初期自身积累能力弱，农业又剩余低不能为工业化提供所需的大量资本，更不能像工业化先发国家那样通过殖民掠夺获取他国多种资源。由于资本稀缺，加上遭受资本主义国家禁运封锁，新中国只能依靠自身的力量，也只能把有限的人、财、物、技术等资源集中到办好工业化这件大事上。这是新中国在成立初期实行全国一盘棋集中力量办大事的逻辑起点，以及与之相对应的动员全国人民自力更生、艰苦奋斗的历史逻辑。这并非是推断，而是以毛泽东同志为主要代表的中国共产党人从当时的实际出发，所进行的思考和实践探索。新中国成立伊始的1950年2月，在中央分工负责经济工作的陈云指出："只要我们把力量集中起来，用于必要的地方，就完全可以办成几件大事。决不应该把眼光放得很小，凌凌乱乱地去办若干无计划的事。"① 陈云在组织制定国家"一五"计划时指出："我国因为经济落后，要在短时期内赶上去，因此，计划中的平衡是一种紧张的平衡。计划中要有带头的东西。就近期来说，就是工业，尤其是重工业。工业发展了，其他部门就一定得跟上。这样就不能不显得很吃力，很紧张。样样宽裕的平衡是不会有的，齐头并进是进不快的。"② 中国在改革开放前后两个

---

① 《陈云文选》第2卷，人民出版社1995年版，第61页。
② 《陈云文选》第2卷，人民出版社1995年版，第242页。

时期，都积极推进重工业的发展。现今，钢铁、煤炭、石油、电力被视为传统工业，而工业化发展历程显示，这些都是工业化的基础、标志，如煤炭被喻为工业的粮食、石油被喻为工业的血液。鉴于此，在第一个五年计划时期启动实施国家工业化战略40来年后的1992年，党的十四大还明确提出兴建千万吨级钢铁基地的计划。[①] 在中国，即便到了20世纪末，重工业仍然是中国经济快速增长的短板因素，如当时不少地方实行错峰生产就是电力短缺的表现。在经济快速增长而发生钢铁、煤炭短缺的情况下，各种资本在市场经济下竞相参与，推高了钢铁、煤炭产能，这是中国经济进入新常态推进供给侧结构性改革压缩钢铁、煤炭产能的原因之一。

中国自实施国家工业化战略起，直至党的十一届三中全会前，之所以通过国家发展战略及其导向下集中力量办大事的方式发展重工业，不仅仅因为它是工业发展的基础和标志，还有一个不可忽视的重要原因，那就是它属于资金、技术密集型产业，其建设周期长，且所需资本量大。在工业化初期资本短缺条件下，如果力量分散，一盘散沙，发展重工业所需大量资本就难以快速聚集，相应的重大关键技术攻关也难以快速成功突破。如此，中国跨越发展实现不了，与先发国家的差距不会缩小，反而还会拉得更大。随着中国工业化的发展，工业自身的资本积累能力显著提升，资本稀缺问题缓解，不仅如此，随着经济发展和居民收入的大幅增加，还可从社会甚至

---

① 《江泽民文选》第1卷，人民出版社2006年版，第232页。

国际上融得所需资本。在这种情况下，钢铁、煤炭等产业无须再由国家集中力量办，将其交给市场调节顺理成章，并把在国家发展战略及其导向下集中力量办大事的重心，转移到新的战略产业的发现孵育及相应的重大关键科技攻关上。这是历史发展的逻辑。以现今工业资本积累能力显著增强，还可以从国内外融到所需资本，对作为弱势的工业化后发国家的中国为追赶世界工业化进程，而在国家发展战略及其导向下集中力量发展重工业的必要性进行否定，进而对以全国一盘棋集中力量办大事的方式推进以重工业为主的国家工业化战略加以否定，是脱离当时的历史条件的。

集中力量办大事的机制在改革开放进程中逐步完善。中国实行高度集中的计划经济体制的弊端，在建立不久就表现出来，以毛泽东同志为主要代表的中国共产党人发现其弊端，也进行过放权的尝试。然而，由于主要依靠计划手段实施国家发展战略及其导向下的集中力量办大事，排斥市场手段，结果"一管就死"，经济缺乏活力；为解决经济活力不足问题而尝试放权，但主要是调整计划体制下中央与地方的关系，却发生"一放就乱"现象。中国经济为什么在改革开放前走不出"一管就死，一放就乱"怪圈？这缘于高度集中的计划经济体制所承载的保障工业化战略顺利实施的使命，只能在计划经济体制内进行调整。由此，形成了统一于能够保障国家工业化战略实施的两个层次的计划。第一个层次的计划是，对积累和消费进行计划调节，主要通过比价、财税、工资等政策工具来实现工业资本的快速积累。正因为有这样的资本积累机制，中国的资本积累率在 1953 年至 1978 年期间平均高达 29.5%[①]，远高于世界平均水平。如果实行自由市场调节，以实现工业资本快速积累为目标的高积累、低工资、低消费政策就难以顺利实施。换言之，新中国自成立初期至党的十一届三中全会前，中国选择和坚持实行高度集中的计划经济体制，除了因为当时将计划经济视为社会主义属性的认识外，还由于要保障以工业资本快速积累为目标的高积累、低工资、低消费政策的顺利实施。以高积累政策保障工业化特别是重工业发展的时间较长，也导致民生事业发展滞后于快速发展的工业化的结构性问题。第二个层次的计划是，在生产层次对资源进行计划配置，主要通过建设项目行动计划的制定和实施，把有限资源配置到能够促进综合国力和社会生产力水平快速提升的战略性先导产业等领域。中国的计划经济体制在工业化初期发挥了不可忽视的作用，其较强的资源整合能力，保障了 20 世纪 50 年代初启动的 156 项重大工程、60 年代中期启动的三线建设、70 年代初启动的"四三方案"等战略行动计划的顺利实施，促进国家工业化的快速推进，进而实现综合国力和国际影响力显著提升。对于是否使用计划手段、是否发挥政府的作用，不能轻信实际上起着抑制后发国家在国际上突破弱势窘境，而把政府限于守夜人角色的政策主张。美国学者所著《棉花帝国：一部资本主义全球史》一书，把欧洲人将资本和国家两种力量联合起来，国家以强大的行政、军事、司法和基础设施建设能

[①] 蔡昉：《中国改革成功经验的逻辑》，《中国社会科学》2018 年第 1 期。

力，所塑造的工业资本主义历史呈现得淋漓尽致。基于这样的历史，该书作者不认同许多历史学家将这一时期称为"商人"资本主义或"重商"资本主义时代，而是提出了更能够反映其野蛮性、暴力性的"战争资本主义"这一概念。① 这表明，工业化先发的资本主义国家并不把政府限于守夜人的角色。即便当下最发达的美国，2019年2月时任总统特朗普签署行政命令启动《美国人工智能发展倡议》，从国家战略层面调动更多联邦资金及其他资源用于人工智能研发。2018年美国在其挑起的中美贸易摩擦中试图使用关税政策打压中国经济发展，乃至对华为、中兴等企业实施多种方式打压，都表明我们对西方国家政府是否干预市场存在认识盲区。同时也应看到，计划也会发生方案不完善或失灵的问题。在20世纪70年代末，中国独立的比较完整的工业体系已建立起来，工业自身的资本积累能力显著增强，也就有条件逐步改变高积累、低工资、低消费政策，进而也有条件改革高度集中的计划经济体制。

1978年以来，中国在改革开放进程中，根据发展的实际要求，对实施国家发展战略及其导向下的集中力量办大事机制进行完善。

一是构建和完善综合运用多种政策工具引导资源向国家发展战略及其导向下的大事集中配置的机制。党的十九大报告明确，要发挥国家发展规划的战略导向作用。② 中国制定的国家发展战略及规

---

① 参见［美］斯文·贝克特：《棉花帝国：一部资本主义全球史》，徐轶杰、杨燕译，民主与建设出版社2019年版，第6—7页。
② 中共中央党史和文献研究院编：《十九大以来重要文献选编（上）》，中央文献出版社2019年版，第24页。

划蓝图，引导资源向要办的大事集中配置，且能够坚持实施而不被中断，在实施中又能根据发展中遇到的新问题加以改进完善。针对高度集中的计划经济体制下以行政方式实施国家发展战略及其导向下的集中力量办大事的弊端，改革开放以来突出国家发展战略及规划的导向性，通过科学运用多种政策工具促进国家发展战略及规划的实施，进而在充分发挥市场在资源配置中的决定性作用下形成动员多方力量集中办大事的合力，把资源更有效地集中配置到办好关系国计民生的大事上，并将一张蓝图绘到底。

二是构建和完善发挥好市场作用和政府作用协同实施国家发展战略及其导向下的集中力量办大事的机制。党的二十大报告强调，充分发挥市场在资源配置中的决定性作用，更好发挥政府作用。[①]党的二十届三中全会审议通过的《中共中央关于进一步全面深化改革、推进中国式现代化的决定》对构建高水平社会主义市场经济体制作出部署，强调："高水平社会主义市场经济体制是中国式现代化的重要保障。必须更好发挥市场机制作用，创造更加公平、更有活力的市场环境，实现资源配置效率最优化和效益最大化，既'放得活'又'管得住'，更好维护市场秩序、弥补市场失灵，畅通国民经济循环，激发全社会内生动力和创新活力。"[②]有一点需要澄清，

[①] 习近平：《高举中国特色社会主义伟大旗帜，为全面建设社会主义现代化国家而团结奋斗——在中国共产党第二十次全国代表大会上的报告》，人民出版社2022年版，第29页。
[②] 《中共中央关于进一步全面深化改革、推进中国式现代化的决定》，《人民日报》2024年7月22日，第1版。

实施国家发展战略及其导向下的集中力量办大事，并不是要延续高度集中的计划经济体制的做法，而是在社会主义市场经济体制下，综合运用计划和市场手段推进。改革开放以来，把市场手段引入实施国家发展战略及其导向下的集中力量办大事。党的十四大报告提出："国家计划是宏观调控的重要手段之一。要更新计划观念，改进计划方法，重点是合理确定国民经济和社会发展的战略目标，搞好经济发展预测、总量调控、重大结构与生产力布局规划，集中必要的财力物力进行重点建设，综合运用经济杠杆，促进经济更好更快地发展。"[1] 综合发挥政府和市场作用促进资源向要办的关系国计民生的大事集中配置，避免了单一使用计划调节而导致市场缺乏活力的缺陷，也避免了仅由市场调节而难以迅速办成大事的问题。

三是构建和完善基于坚持公有制主体地位多种所有制企业共同参与国家发展战略及其导向下的集中力量办大事的机制。20世纪50年代，毛泽东提出："我们必须逐步地建设一批规模大的现代化的企业以为骨干，没有这个骨干就不能使我国在几十年内变为现代化的工业强国。"[2] 改革开放前，中国实施国家发展战略及其导向下的集中力量办大事的主体是单一的公有制企业，这也是当时历史条件下的可行选择。改革开放以来，基于公有制为主体、多种所有制经济共同发展，实行公有制企业和非公有制企业共同办大事，这不仅增强了实施国家发展战略及其导向下的集中力量办大事的力

---

[1]《江泽民文选》第1卷，人民出版社2006年版，第227页。
[2]《毛泽东文集》第7卷，人民出版社1999年版，第240页。

量，还注入了活力。

实施国家发展战略及其导向下的集中力量办大事机制，在改革中完善，构建起新的机制，所形成的集中力量办大事新版，既适应了社会主义市场经济，又能够更加开放地与世界经济相融，进而使跨越发展优势更加厚植起来。

（四）珍视和用好集中力量办大事重要法宝

改革开放前后两个时期一以贯之地以制定和持续实施国家发展战略及其导向下的集中力量办大事的方式推进社会主义现代化建设，是中国成功突破在国际上受弱势窘境困扰并转向优势跨越发展的重要原因。这一成功转变充分表明，集中力量办大事这一重要法宝应当珍视和用好。

势能差及弱势窘境概念，突出了工业化后发国家在国际体系中的弱势及由此遭受强势的工业化先发国家控制和索取剩余，这不同于"贫困陷阱"概念强调由于贫困而陷入困境。弱势窘境及与之相反的优势跨越概念，与已有的"贫困陷阱""弯道超车"概念相比，前者揭示了问题的实质，后者未涉及中国式现代化实现历史性跨越发展深层次的主导原因。中国式现代化实现历史性跨越发展，不是基于现象逻辑推断的突破了"贫困陷阱"，也不是所谓练就了高超的"弯道超车"技术的结果，而是因为探索出突破弱势的工业化后发国家在强势的工业化先发国家主导的国际秩序下恶性循环的受弱势窘境困扰向优势跨越转变的实现路径。

按照弱者愈弱的马太效应，或者缪尔达尔在所著《经济理论和不发达地区》一书中所指出的先进的地区更先进而落后的地区更落后的循环累计因果论，中国只能陷于落后，只能是先发国家的跟随者。中国面临更为不利的因素还有：一方面，作为工业化后发国家由于处于弱势地位而自1840年起长期遭受强势的工业化先发国家控制和索取剩余；另一方面，作为社会主义国家遭受资本主义国家封锁禁运，这就限定了发展空间而更难摆脱落后和跟随态势。中国成功突破受弱势窘境困扰，转变为优势跨越，不可或缺的因素是中国发挥社会主义国家制度和国家治理体系所具有的能够"全国一盘棋，调动各方面积极性，集中力量办大事"的显著优势，办成一件又一件大事。如此，国家作为一个整体，能够降低资本、技术、人才等资源配置的机会成本，形成强劲的增长极，进而促进整个国民经济快速发展，这是中国综合国力和社会生产力水平快速提升的关键。这是不同于仅仅实现单个企业要素生产率最大化的发展路径。中国如果不实行国家发展战略及其导向下的集中力量办大事，一盘散沙，就会与绝大多数后发国家一样，难以突破资本稀缺和科技落后约束，进而不能突破受弱势窘境困扰而受制于发达国家及其跨国垄断资本的控制，也就不可能成功实现由受弱势窘境困扰向优势跨越的转变。换言之，发挥社会主义国家制度和国家治理体系所具有的能够"全国一盘棋，调动各方面积极性，集中力量办大事"的显著优势，以制定和持续实施国家发展战略及其导向下的集中力量办大事方式推进社会主义建设，是中国能够成功突破在国际上受弱势窘境困扰实现历史性跨越发展，而与绝大多数发展中国家难以突破受弱势窘境困扰形成鲜明对比的关键所在。

中国是在探索完善中国式现代化道路进程中突破受弱势窘境困扰，进而实现向优势跨越转变的。中国坚持中国共产党领导，坚持以人民为中心，坚持社会主义市场经济改革方向，在发展社会主义市场经济中充分发挥国家制度和国家治理体系所具有的能够"全国一盘棋，调动各方面积极性，集中力量办大事"的显著优势，各种因素有机耦合，形成快、活、稳统一的优势跨越发展路径，即：通过制定和持续实施国家发展战略及其导向下的集中力量办大事，突破工业化后发国家资本稀缺和科技落后的困境，办成发展战略性先导产业、攻克重大关键科技、建设重大基础设施等关系国计民生的大事，形成强劲的增长极，实现综合国力和社会生产力水平快速提升；通过充分发挥市场在资源配置中的决定性作用和允许多种要素参与分配，促进各种要素活力竞相迸发；通过坚持公有制主体地位，并以此为基础，实施社会主义宏观调控，促进全体人民共同富裕，保障发展行稳致远。

集中力量办大事要紧紧把握以人民为中心的内在要求，切实做到"全国一盘棋，调动各方面积极性，集中力量办大事"的有机统一。人类社会发展史表明，不同利益主体要办的大事是不同的。集中力量办大事一旦偏离了以人民为中心的内在要求，所要办的大事就得不到人民群众的响应和支持，就无法调动各方面积极性，就难以真正办成人民群众认可的大事。早在新中国大规模经济建设启动之年——1953年，《人民日报》发表的元旦社论就向全社会阐释了集中力量快速推进工业化建设的思路，以及集中力量发展工业与全国人民利益的一致性。关于集中力量推进工业化的建设思路，社论提出："国家建设的各个方面都需要资金，而我们的资金是有限的。因此，全国人民和全国一切工作人员，都必须重视资金的来源和资金的正确使用问题。为了保证国家建设的投资，就必须有重点地使用资金，把资金主要用在对国家命运最有决定意义的事业上面，即重工业的建设和国防建设方面，反对百废俱兴，反对要在短期内把一切'好事'都办完的观点。"[1] 社论还指出："我国的工业化的速度需要大大超过任何资本主义国家所曾经历的速度，而采取苏联和各人民民主国家在工业化和工业发展过程中所采取的那种高速度。这种速度之所以可能，是由于我国是人民民主主义的国家，我们的国家建设和我国全体人民的利益完全一致，其目的是在于不断提高我国人民的物质生活和文化生活的水平，并巩固国防和保卫和平，因而我国人民在执行建设计划时能够充分发挥自己的劳动积极性和创造性。"[2] 社会主义全国一盘棋制定和持续实施国家发展战略及其导向下的集中力量办大事，不同于封建社会服务于统治者的集中力量办大事，也不同于资本主义社会大资本所有者为获取超额收益资本联合集中办大事，而是始终服从和服务于最广大人民根

---

[1]　《迎接一九五三年的伟大任务》，《人民日报》1953年1月1日，第1版。
[2]　《迎接一九五三年的伟大任务》，《人民日报》1953年1月1日，第1版。

本利益、服从和服务于中华民族伟大复兴的内在要求[①]，因而能够统筹兼顾全局与局部、远期与近期、积累与消费的关系，能够得到全国人民的积极响应并充分激发人民群众的积极性、主动性和创造性，进而形成把多种资源集中用于发展战略性先导产业、攻克重大关键科技、建设重大基础设施等大事的机制。更充分发挥社会主义国家制度和国家治理体系所具有的能够"全国一盘棋，调动各方面积极性，集中力量办大事"的显著优势，要牢牢把握以人民为中心的内在要求，才能够充分激发人民群众的积极性、主动性和创造性，确保在办大事时心往一处想、劲往一处使。

习近平总书记指出，"我国社会主义制度能够集中力量办大事是我们成就事业的重要法宝"[②]。中国以制定和持续实施国家发展战略及其导向下的集中力量办大事的方式推进现代化建设，尽管始于国家工业化战略实施初期，却不能因为现今已经建立起全世界最完整的现代工业体系和稳居全球制造业第一大国，就认为这一方式过时了。恰恰相反，无论是推进现代工业体系建设还是实施重大关键科技攻关，无论是建设国家重大基础设施还是打好防范化解重大风险、精准脱贫、污染防治这三大攻坚战，都彰显了社会主义国家制度和国家治理体系所具有的能够"全国一盘棋，调动各方面积极性，集中力量办大事"的显著优势，这是成就事业、实现历史性跨

---

① 参见郑有贵：《成就事业的重要法宝》，《人民日报》2020年3月13日，第9版。
② 中共中央文献研究室编：《十八大以来重要文献选编（中）》，中央文献出版社2016年版，第26页。

越发展的重要法宝。鉴于此，应当基于制定和持续实施国家发展战略及其导向下的集中力量办大事，是应对发展进程中各种风险挑战，进而成就事业的重要法宝的认识，予以坚持。同时，还应从适应社会主义市场经济要求出发，根据发展了的实际要求，对实施国家发展战略及其导向下的集中力量办大事的机制进行完善。一是要完善科学决策机制。科学决策是国家发展战略及其导向下的集中力量办大事的初始环节，是大事能办成、能办好的关键所在。科学决策的关键是要准确把握所要办的是什么样的人事，始终坚持以人民为中心，倾听人民呼声、顺应人民意愿、汲取人民智慧，统筹考虑、全面论证、科学决策，不能只顾眼前利益而牺牲长远利益，不能脱离全国一盘棋而仅从局部利益出发。二是要完善有效实施机制。关键是综合运用国家发展战略、规划、政策、法律等，充分发挥市场在资源配置中的决定性作用和更好发挥政府作用，调动各方面积极性。

综上所述，中国作为工业化后发国家，之所以能够成功推进和拓展中国式现代化，突破在国际上受弱势窘境困扰，在现代化进程中实现历史性跨越发展，是因为发挥了国家制度和国家治理体系的优势，构建起跨越发展机制。其中最为重要的经验有：一是构建以人民为中心的政策体系，保障了中国式现代化行稳致远。有一个能够坚持以人民为中心的政党——中国共产党，有一个能够支撑以人民为中心的所有制结构，有一个能够基于以人民为中心因时因势发挥好政府和市场作用的经济体制，有一个能够不断完善以人民为中心的政策体系的实现路径，这是中国共产党团结带领人民推进和拓展中国式现代化的重要因素。这些经验也明示了进一步完善以人民为中心的政策体系的方向。二是中国式现代化跨越发展的根基在于20世纪50年代社会主义改造所建立起来的公有制，以及改革开放以来对公有制主体地位的坚持。公有制的建立和对公有制主体地位的坚持，构建和完善了有利于中国式现代化跨越发展的政治制度的基础，打造起参与激烈国际竞争的中坚力量，构建起中国式现代化发展的动力优势，公有制企业是实施国家现代化发展战略的载体，担当着促进社会发展的使命。三是20世纪50年代国家从建立土地等农业生产资料的社会主义公有制、为国家工业化提供资金和农产品原料支持、实现农业现代化等重大战略目标出发，建立农村集体经济组织。依托农村集体经济的发展，构建起社区集体统筹和积累这一内生性发展机制，在促进农村五个文明全面协调发展上发挥着不可替代的作用。这是中国式农业农村现代化实现路径的特色和优势。四是发挥中国国家制度和国家治理体系所具有的能够"全国一盘棋，调动各方面积极性，集中力量办大事"的显著优势，办成办好了关系国计民生的诸多大事，为成功走出自立自强之路，进而突破在国际上受弱势窘境困扰，并向优势跨越发展转变提供了坚实支撑。中国以制定和持续实施国家发展战略及其导向下的集中力量办大事的方式推进社会主义现代化建设，在改革开放前后两个时期一以贯之。集中力量办大事机制经历了在实施工业化战略中构建、在改革开放进程中逐步完善的过程。在进一步推进和拓展中国式现代化进程中，要珍视和用好集中力量办大事这一重要法宝。

◆ 1920年，陈望道回到家乡浙江省义乌县（今义乌市）分水塘村潜心翻译《共产党宣言》。在翻译的时候，陈望道的母亲端来粽子和红糖汁给他吃。由于过于专注，陈望道在吃粽子时竟然把墨汁当成了红糖汁蘸来吃，却浑然不觉，还直说："够甜，够甜的了！""真理的味道非常甜"，这彰显了中国的共产主义者对马克思主义救国真理的渴求，对共产主义理想的坚定信念。这年8月，《共产党宣言》首个中文全译本出版，成为马克思主义在中国传播史上的一件大事。2023年3月作者摄于义乌市分水塘村

◆ 中国共产党在浙江嘉兴南湖红船上胜利完成一大议程，通过党纲，标注了党的价值取向、目标取向和历史方位。2023年3月作者摄

◆ 2005年8月15日，时任浙江省委书记习近平在安吉县天荒坪镇余村考察时，首次提出"绿水青山就是金山银山"的理念。9天后，习近平在《浙江日报》的"之江新语"专栏发表的《绿水青山也是金山银山》一文中指出："生态环境优势转化为生态农业、生态工业、生态旅游等生态经济的优势，那么绿水青山也就变成了金山银山。"经村民民主决策，余村放弃粗放式开矿山、办水泥厂等严重污染的致富老路，因地制宜打造现代版的"富春山居图"，将绿水青山转变成金山银山，探索出绿色发展崛起之路。该村入选联合国世界旅游组织2021年公布的首批世界"最佳旅游乡村"名单。2023年7月作者摄于余村

◆ 1966年6月22日，32111钻井队打出的一口产量大、压力高的天然气井——塘河一号井，在关井测压时突发熊熊大火。关键时刻，32111钻井队队员们不怕牺牲、英勇奋战，用生命保护国家财产、守护群众安全。在这场生命与烈火的较量中，6名队员壮烈牺牲，21名队员被烈火烧伤。他们的事迹传遍全国，被授予"无产阶级革命英雄主义钻井队"的荣誉称号。图为塘河一号井所在地。2023年4月作者调研时请陈晓林摄

◆ 黑龙江省齐齐哈尔市兴十四村发展集体经济,一二三产业全面发展,五个文明协调发展。图为兴十四村农民新居。2009年10月作者摄

◆ 经"二二一厂"生产装配完成的中国第一颗原子弹,通过火车运往酒泉基地组装,再运抵新疆罗布泊。图为金银滩上星站遗址。2023年8月作者摄于青海省海北藏族自治州海晏县原子城

◆ 利用世界银行贷款和实行国际招标建设的二滩水电站，于1991年9月开工，1998年7月第一台机组发电，2000年完工，坝高240米，装机容量330万千瓦，是20世纪中国建成投产最大的水电站。二滩水电站建设时，外国合作方认为攀枝花的交通状况极差：这里仅仅依靠两根窄窄的、需要穿过许多黑暗山洞的铁轨，和一条同样狭窄而且弯来绕去的公路与外界相连。图为二滩水电站一角。2011年9月作者摄

◆ 农旅融合，红色资源赋能乡村振兴。2014年，山西省昔阳县大寨村成立旅游开发公司，全村216户每户出资2000元入股，每年旅游收入的30%用于村民分红。上图为大寨村民宿，下图为20世纪60年代初大寨人为解决粮食短缺难题修建的小梯田，已于90年代退耕还林。2023年9月作者摄

◆ 著名社会学家费孝通1936年至2002年26次跟踪调研的江村（江苏省苏州市吴江区七都镇开弦弓村）推进宜居宜业和美乡村建设。早在1929年2月13日，社员按章出资认股，成立开弦弓村有限责任生丝精制运销合作社。右上图为1936年费孝通摄的开弦弓村岸边民居（展陈在江村历史文化陈列馆），右下图为现今开弦弓村一角，左图为费孝通等国内外学者到开弦弓村调研时住的民宿。2023年6月作者摄

◆ 三线建设重点工程攀枝花钢铁基地和成昆铁路建设项目的实施,促进了攀西地区经济社会的巨变。攀枝花在改革开放前由农区建设成为"百里钢城",改革开放以来发展为"钒钛之都",并实现向阳光花城的转型。图为攀钢集团生产出的高速铁路钢轨。2015年3月作者摄

◆ 提升自主创新能力，中国企业由配角跃变主角。改革开放初期，外国发电设备企业开始进入国内市场，他们垄断着高端产品和关键技术，在中国大型电站建设工程中，国内电机企业只能当配角，为外国企业"打工"分包制造。始创于1958年的东方电机厂（发展为东方电气集团东方电机有限公司，简称东方电机），初期只能生产小型水电和火电发电设备，通过不断提高创新能力，实现"中国装备、装备世界"的梦想。1980年，东方电机首次向美国出口4200马力的卡曼奇轴流转桨式水轮发电机组，开创中国成套机电设备出口发达国家的先河。2016年，东方电机研制的22台世界上最大贯流式水电机组在巴西杰瑞水电站成功投运，创造单机容量最大、装机台数最多、转轮尺寸最大等多项世界纪录。图为东方电机生产车间一角。2015年6月作者摄

◆ 纽约时间2018年9月26日,联合国最高环保荣誉——"地球卫士奖"颁奖典礼在联合国总部举行。中国浙江省"千村示范、万村整治"工程被联合国授予"地球卫士奖"中的"激励与行动奖"。浙江省淳安县下姜村(曾经是出了名的贫困村)坚持生态优先、绿色发展,青山相伴、绿水环绕,农居错落有致,形成以乡村旅游为支柱、规模效益农业为补充的生态产业集群,走出一条可持续和可复制的乡村振兴之路。该村入选联合国世界旅游组织公布的2023年世界"最佳旅游乡村"名单。图为下姜村一角。2023年3月作者摄

第六章 全面发展

中国式现代化演进中破解不平衡不充分发展问题的路径

2022年7月，习近平总书记在省部级主要领导干部"学习习近平总书记重要讲话精神，迎接党的二十大"专题研讨班上指出："要紧紧抓住解决不平衡不充分的发展问题，着力在补短板、强弱项、固底板、扬优势上下功夫，研究提出解决问题的新思路、新举措。"① 中国共产党在推进中国式现代化进程中，把全面性与重点性统一起来，既推进重点，又着力解决现代化进程中不平衡不充分的发展问题，从人自由而全面的发展、人的现代化发展出发促进经济社会协调发展，在产业体系现代化演进中促进产业协调发展，在构建独立的完整的工业体系和国民经济体系进程中夯实农业基础，在发展虚拟经济时发挥其服务作用夯实实体经济根基，在城镇化进程中促进城乡协调发展，在循环累积因果效应固化区域发展不平衡下促进区域协调发展，形成了促进全面协调发展的路径。动态地破解中国式现代化演进中不平衡不充分的发展问题，在全面协

---

① 《高举中国特色社会主义伟大旗帜，奋力谱写全面建设社会主义现代化国家崭新篇章》，《人民日报》2022年7月28日，第1版。

调发展中拓宽发展空间,在加强薄弱领域中增强发展后劲,是中国成为韧性强的经济发展体、经济快速发展和社会长期稳定相互促进的重要因素,是中国应对国际复杂变化和不确定性因素增多的支点和优势。

党的二十大基于中国社会主要矛盾是人民日益增长的美好生活需要和不平衡不充分的发展之间的矛盾，就全面建设社会主义现代化国家、全面推进中华民族伟大复兴作出重大决策部署。破解现代化演进中不平衡不充分的发展问题，促进全面协调发展，是全面建设社会主义现代化国家的内在要求。在总结长期实践经验的基础上，党的十八届五中全会提出包括协调在内的新发展理念。这次全会通过的《中共中央关于制定国民经济和社会发展第十三个五年规划的建议》指出："协调是持续健康发展的内在要求。必须牢牢把握中国特色社会主义事业总体布局，正确处理发展中的重大关系，重点促进城乡区域协调发展，促进经济社会协调发展，促进新型工业化、信息化、城镇化、农业现代化同步发展，在增强国家硬实力的同时注重提升国家软实力，不断增强发展整体性。"[①] 党的二十大报告指出，必须坚持系统观念，不断提高战略思维、历史思维、

---

① 中共中央文献研究室编：《十八大以来重要文献选编（中）》，中央文献出版社2016年版，第792页。

辩证思维、系统思维、创新思维、法治思维、底线思维能力，为前瞻性思考、全局性谋划、整体性推进党和国家各项事业提供科学思想方法。[1]中国持续探索促进全面协调发展的实现路径，改革开放前通过计划经济体制和实施国家发展计划保障全面协调发展，改革开放后在推进市场改革进程中通过国家发展战略规划、国家宏观调控、政策引导、法律法规促进规范等促进全面协调发展。进入新时代，中国共产党加强对经济工作的统一领导和战略谋划，不断完善党领导经济工作的体制机制，允分发挥市场在资源配置中的决定性作用，更好发挥政府作用，健全完善宏观经济治理体系，发挥国家发展规划的导向作用，创新宏观调控思路和方式。在新发展理念引领下，中国辩证地把全面性与重点性统一起来，既推进重点，又着力解决现代化进程中的发展不平衡、不充分问题，形成了促进全面协调发展的路径。

一、基于人自由而全面的发展、人的现代化促进经济社会协调发展

马克思主义认为，社会现代化要以人自由而全面的发展、人的现代化为中心和目标，要为人自由而全面的发展、人的现代化提供

---

[1] 习近平：《高举中国特色社会主义伟大旗帜，为全面建设社会主义现代化国家而团结奋斗——在中国共产党第二十次全国代表大会上的报告》，人民出版社2022年版，第20—21页。

条件和基础。习近平总书记强调,"现代化的本质是人的现代化"①,"现代化的最终目标是实现人自由而全面的发展"②。党的二十大报告提出,物质富足、精神富有是社会主义现代化的根本要求,促进物的全面丰富和人的全面发展。③西方国家在资本至上逻辑下,以物为本的现代化追求物质财富增长,形成了占少数的大资本所有者与占绝大多数的被资本雇用者的财富两极分化。资本主义国家尽管实施社会福利政策,但导致劳资对立的资本至上逻辑没有改变,由此导致的两极分化得不到扼制,人自由而全面的发展、人的现代化滞后于资本积累及以此为基础的物质财富增长。

近代中国以实现"自强""求富"为目标,摒弃故步自封,向工业化先发国家学习发展工业,但受帝国主义、封建主义、官僚资本主义三座大山压榨,虽然工业渐进发展,但其发展成果没有充分惠及到在全国人口中占绝大多数的工人和农民,民不聊生的状况没有改变。

中国共产党担当起为中华民族谋复兴的使命,以中国式现代化推进中华民族伟大复兴。中国共产党在百余年奋斗的历史进程中,尽管不同发展阶段要解决的主要问题不同,但都从更好满足人民群

---

① 中共中央文献研究室编:《十八大以来重要文献选编(上)》,中央文献出版社2014年版,第594页。
② 习近平:《携手同行现代化之路——在中国共产党与世界政党高层对话会上的主旨讲话》,《人民日报》2023年3月16日,第2版。
③ 习近平:《高举中国特色社会主义伟大旗帜,为全面建设社会主义现代化国家而团结奋斗——在中国共产党第二十次全国代表大会上的报告》,人民出版社2022年版,第22—23页。

众日益增长的美好生活需要出发，基于人自由而全面的发展、人的现代化促进经济社会协调发展，探索形成了实现路径。

（一）把人民当家作主作为促进人自由而全面的发展、人的现代化的政治保障

人民受压迫、受剥削是不可能实现人自由而全面的发展的。中国共产党为人民谋幸福，首先是从推翻压在人民头上的帝国主义、封建主义、官僚资本主义三座大山开始的。中国共产党建立的第一个红色政权组织，是 1927 年 11 月成立于湘赣边界的茶陵县工农兵政府，这就把政权组织的人民性显著地标注在政府的名称上。中国共产党团结带领人民取得新民主主义革命胜利，实现了中华民族的独立，人民也实现了翻身解放。中华人民共和国成立起，在政府名称上加了人民这个前置词，新中国选择人民民主专政的国体、人民代表大会制度的政体。在中国共产党领导下，中国实现了党的领导、人民当家作主、依法治国的有机统一。进入新时代，习近平总书记提出发展全过程人民民主。党的二十大报告指出，全过程人民民主是社会主义民主政治的本质属性，是最广泛、最真实、最管用的民主。[①] 这次大会对"发展全过程人民民主，保障人民当家作主"作出部署，进一步创新和丰富了人民当家作主的实现路径，使现代化

[①] 习近平：《高举中国特色社会主义伟大旗帜，为全面建设社会主义现代化国家而团结奋斗——在中国共产党第二十次全国代表大会上的报告》，人民出版社 2022 年版，第 37 页。

进程中人自由而全面的发展、人的现代化有了更有力的政治保障。

（二）把统筹经济发展和民生改善作为促进人自由而全面的发展、人的现代化的重要路径

"一要吃饭，二要建设"，这是以毛泽东同志为主要代表的中国共产党人在追赶世界发展进程中面临的命题。新中国的现代化建设是在一个民不聊生的历史基础上起步的。中国作为落后的发展中国家，要赶上世界工业化发展步伐，既要改善民生，又要集中力量推进工业化，如何解决好这两个问题确实存在难度。在这一历史进程中，中国共产党统筹全局与局部、长远与近期的发展关系，致力于在促进经济发展与改善民生上找到平衡点。新中国成立的头三年，中国共产党着力政权巩固、社会稳定、财经秩序整顿、国民经济恢复，让人民休养生息，民生得到改善。在国民经济快速恢复之后，中国共产党抓住苏联对中国进行技术援助的时机，启动了以156个重大工程项目为主的大规模经济建设，促进国家工业化。新中国即便是为追赶世界工业化步伐快速积累资本，也注重改善民生。1956年4月，毛泽东在《论十大关系》中提出，多发展一些农业、轻工业才会使重工业发展得多些和快些。[①] 毛泽东、周恩来十分强调实行"要重工业，又要人民"的方针。1956年11月，周恩来吸取波兰、匈牙利事件的教训，在党的八届二中全会上作关于1957

---

① 《毛泽东文集》第7卷，人民出版社1999年版，第25页。

年国民经济计划的报告时指出:"苏联和其他一些社会主义国家都是优先发展重工业,这个原则是对的,但是在发展中忽视了人民的当前利益。直接与人民利益关系最大的是轻工业、农业,轻视这两者就会带来不好的后果,就会发生经济发展上的严重不平衡。毛泽东同志在这几个月常说,我们又要重工业,又要人民。这样结合起来,优先发展重工业才有基础。发展重工业,实现社会主义工业化,是为人民谋长远利益。为了保卫人民的福利和社会主义成果,必须依靠人民。如果不关心人民的当前利益,要求人民过分地束紧裤带,他们的生活不能改善甚至还要降低水平,他们要购买的物品不能供应,那么,人民群众的积极性就不能很好地发挥,资金也不能积累,即使重工业发展起来也还得停下来。所以,这一条经验也值得我们在建设中经常想到。一些社会主义国家发生的事件值得我们引为教训。"[①]在追赶世界工业化步伐的进程中,中国所选择的计划经济体制,能够将资源向工业化进行倾斜配置,但也存在政府投资饥渴问题,加之受"大跃进"和"文化大革命"影响,"要重工业,又要人民"的方针在实践中没有很好落实,工业实现了快速发展,在较短时期即建立起独立的比较完整的工业体系,与之相比,民生改善则相对滞后。基于已经建立起独立的比较完整的工业体系的物质技术基础,党的十一届三中全会明确了在生产迅速发展的基础上显著地改善人民生活的政策取向。这次全会指出:"城乡人民

---

① 《周恩来选集》下卷,人民出版社1984年版,第230页。

的生活必须在生产发展的基础上逐步改善，必须坚决反对对人民生活中的迫切问题漠不关心的官僚主义态度。同时，我国经济目前还很落后，生活改善的步子一时不可能很大，必须把有关的情况经常告诉人民，并在人民和青年中继续加强自力更生、艰苦奋斗的革命思想教育，各级领导同志必须以身作则。"① 改革开放以来，基于改革开放前奠定的坚实物质技术基础，也随着经济的快速发展，切实统筹经济发展和民生改善，创新性地明确了"小康""全面小康"的中国式现代化阶段目标，并将其明确到"三步走"发展战略中，促进了人自由而全面的发展、人的现代化切实推进。

2023年5月，习近平总书记主持召开二十届中央财经委员会第一次会议时强调："人口发展是关系中华民族伟大复兴的大事，必须着力提高人口整体素质，以人口高质量发展支撑中国式现代化。"② 这次会议还强调，要以系统观念统筹谋划人口问题，以改革创新推动人口高质量发展，把人口高质量发展同人民高品质生活紧密结合起来，促进人的全面发展和全体人民共同富裕。要深化教育卫生事业改革创新，把教育强国建设作为人口高质量发展的战略工程，全面提高人口科学文化素质、健康素质、思想道德素质。要建立健全生育支持政策体系，大力发展普惠托育服务体系，显著减轻家庭生育养育教育负担，推动建设生育友好型社会，促进人口长

---

① 中共中央文献研究室编：《改革开放三十年重要文献选编（上）》，中央文献出版社2008年版，第17页。
② 《加快建设以实体经济为支撑的现代化产业体系，以人口高质量发展支撑中国式现代化》，《人民日报》2023年5月6日，第1版。

期均衡发展。要加强人力资源开发利用，稳定劳动参与率，提高人力资源利用效率。要实施积极应对人口老龄化国家战略，推进基本养老服务体系建设，大力发展银发经济，加快发展多层次、多支柱养老保险体系，努力实现老有所养、老有所为、老有所乐。要更好统筹人口与经济社会、资源环境的关系，优化区域经济布局和国土空间体系，优化人口结构，维护人口安全，促进人口高质量发展。

（三）把统筹推进"五位一体"总体布局和协调推进"四个全面"战略布局作为促进经济社会协调发展的战略保障

人民对美好生活的向往，不仅包括物质财富，还有对政治、文化、社会、生态的需要。新时代中国遵循现代化的本质是人的现代化的要求，以物质财富增长为基础，促进五个文明全面发展。统筹推进"五位一体"总体布局，促进了物的现代化和人的现代化协调推进，促进了现代化的全面演进。协调推进"四个全面"战略布局，把战略目标与战略举措协调起来，构成了社会发展的保障系统。统筹推进"五位一体"总体布局和协调推进"四个全面"战略布局，使经济社会发展更加协调，使人民的获得感、幸福感、安全感更加充实、更有保障、更可持续。

二、在产业体系现代化演进中促进产业协调发展

党的十九大提出建立现代化经济体系的命题，党的二十大对建

设现代化产业体系作出进一步部署。建设现代化经济体系，是以习近平同志为核心的党中央从党和国家事业全局出发，着眼于实现"两个一百年"奋斗目标作出的重大决策部署。建设现代化经济体系的重要内容之一是建设创新引领、协同发展的产业体系。新中国坚持致力于产业协调发展，为建设创新引领、协同发展的现代产业体系奠定了历史基础。顺应科技革命和产业革命的时代发展要求，中国产业结构发生历史性演进，实现由农业为主向工业为主的转变，由集中力量发展实体经济向实体经济与虚拟经济协同发展的转变。这一历史性演进的实现，缘于中国共产党统筹先导产业的发展引领、基础产业的夯实、产业门类的齐全发展，在构建独立的完整的工业体系和国民经济体系进程中夯实农业基础，随着虚拟经济规模的扩大，注重夯实实体经济根基，进而成为全球产业门类最全的国家，加之人口大国及与之对应的消费大国等因素共同作用，使中国成为韧性强的经济发展体。

（一）在构建独立的完整的工业体系和国民经济体系进程中夯实农业基础

促进工农协调发展是工业化进程中需要面对的问题。工业快速增长和农业增长速度相对较慢的偏斜运行是工业化进程中的普遍现象。中国作为发展中的大国，在推进国家工业化战略进程中，致力于建立独立的完整的工业体系和国民经济体系。尽管在经济建设中以国家工业化为主攻课题，但在实践中不断深化对工农业协调发展的认识，在指导思想上始终坚持促进工农协调发展。马克思主义主张工农联盟和致力于缩小工农差别。中国共产党成立初期提出"农业是中国国民经济之基础"（1922年中共中央《中国共产党对于目前实际问题之计划》）、"农业是中国社会的经济基础"（1923年8月25日《中国社会主义青年团第二次全国代表大会关于农民运动决议案》）、发展巩固工农联盟。自国家实施"一五"计划开启大规模经济建设起，中国在推进工业化过程中，注重促进工农协调发展。其显著标志是，随着实践的发展，不断深化农业是国民经济的基础的认识，并以此为发展国民经济的指导思想。早在1948年4月，毛泽东在晋绥干部会议上就初步提出了农业为基础的思想，指出："消灭封建制度，发展农业生产，就给发展工业生产，变农业国为工业国的任务奠定了基础。"[①]1949年6月，毛泽东在《论人民民主专政》中进一步指出："没有农业社会化，就没有全部的巩固的社会主义。"[②]1956年4月，毛泽东在《论十大关系》中，以苏联为鉴，提出要处理好农轻重关系。他分析指出："我们现在发展重工业可以有两种办法，一种是少发展一些农业轻工业，一种是多发展一些农业轻工业。从长远观点来看，前一种办法会使重工业发展得少些和慢些，至少基础不那么稳固，几十年后算总账是划不来的。后一种办法会使重工业发展得多些和快些，而且由于保障

---

① 《毛泽东选集》第4卷，人民出版社1991年版，第1316页。
② 《毛泽东选集》第4卷，人民出版社1991年版，第1477页。

了人民生活的需要，会使它发展的基础更加稳固。"①基于对农业在国民经济中基础地位的深刻认识，1960年3月，毛泽东明确提出了"农业是基础，工业为主导"的方针。之后，党中央反复强调农业是国民经济的基础。1960年8月，经毛泽东批准，中共中央发出《关于全党动手，大办农业，大办粮食的指示》，强调"农业是国民经济的基础，粮食是基础的基础"。党的八届十中全会进一步强调"农业是国民经济的基础"。改革开放以来，随着我国经济的发展，中国共产党进一步认识到经济越发展农业在国民经济中的基础地位越需要加强。邓小平指出："工业越发展，越要把农业放在第一位。"②1998年，江泽民在江浙沪农村考察时指出："沿海经济发展较快的地区，二、三产业比较发达，农业的比重相对小一些，但农业的基础地位没有变，也不能变。越是二、三产业发展快，越需要牢固的农业基础提供有力的支持。"③2003年1月，胡锦涛在中央农村工作会议上指出："农业是安天下的战略产业。无论经济发展到什么水平，无论农业在国民经济中的比重下降到什么程度，农业的基础地位都不会变。……我国是人口众多的发展中大国，确保解决十二亿多人的吃饭问题，始终是头等大事，任何时候都不能掉以轻心。……随着我国人口的增长和人民生活水平的提高，随着经济的不断发展，全社会对农产品的需求会不断增加，需求结构

---

① 《毛泽东文集》第7卷，人民出版社1999年版，第25页。
② 《邓小平文选》第2卷，人民出版社1994年版，第29页。
③ 中共中央政策研究室农村组、中国农村杂志社编：《江总书记视察农村》，中国农业出版社1998年版，第343页。

会发生新的变化，对农产品的质量和品种要求也会越来越高。如果农业的发展不能满足这些要求，整个经济的发展就会受到影响，甚至可能出大问题。"①

中国在推进现代化建设的实践中，从产业演进规律出发，在构建独立的完整的工业体系和国民经济体系进程中夯实农业基础，采取了一系列措施促进工农协调发展。

运用多种政策工具，促进工农协调发展。其中，特别注重运用资金投入和土地使用政策，守住农业基本盘，将其作为应变局、开新局的"压舱石"。在资金投入方面，中国根据所处工业化发展阶段采取相应政策。综观一些工业化国家发展历程，在工业化初始阶段，农业支持工业、为工业提供积累是带有普遍性的趋向；但在工业化达到相当程度以后，工业反哺农业、城市支持农村，实现工业与农业、城市与农村协调发展，也是带有普遍性的趋向。②中国共产党在推进工业化发展的实践中，从实际出发，实施"大仁政"，在工业化初期选择实行农业养育工业政策，尽管如此，仍然对农业实行必要的支持。毛泽东在《论十大关系》中辩证地指出，重工业是投资的重点，也要"注重农业、轻工业，使粮食和轻工业原料更多些，积累更多些，投到重工业方面的资金将来也会更多些"③。进入工业化中期后，即基于国家经济实力的增强，将农业养育工业

---

① 中共中央文献研究室编：《十六大以来重要文献选编（上）》，中央文献出版社2005年版，第114页。
② 《胡锦涛文选》第2卷，人民出版社2016年版，第247页。
③ 《毛泽东文集》第7卷，人民出版社1999年版，第25页。

政策调整为工业反哺农业政策，以国家强大经济实力支持农业发展。进入新时代，通过健全投入保障制度，创新投融资机制，拓宽资金筹集渠道，加快形成财政优先保障、金融重点倾斜、社会积极参与的多元投入格局，加大真金白银的投入，大幅度提升对农业的支持水平，为解决工业化进程中农业发展受弱质性困扰提供了有力支持。在土地使用方面，大力建设高标准农田，实行耕地面积红线制度。工业化、城镇化进程中，土地、水等资源配置普遍向工业、城市倾斜。中国从人多地少的资源禀赋出发，在建设高标准农田的同时，确保耕地面积不突破红线。党的十七届三中全会提出坚决守住18亿亩耕地红线，党的十八大以来进一步强调坚守18亿亩耕地红线，"农民可以非农化，但耕地不能非农化"①。实施藏粮于地战略，采取"长牙齿"的硬措施保护耕地。

发挥工业化的先导作用提升农业综合生产能力。一是在工业化进程中，大力发展农用工业，用现代工业装备农业。工业革命以来，农业现代化是以工业化发展为前提、引领和支撑的。1957年1月，毛泽东在省、自治区、直辖市党委书记会议上的讲话中指出："要说服工业部门面向农村，支援农业。要搞好工业化，就应当这样做。"②1959年6—7月，毛泽东提出庐山会议要讨论工业和农业的平衡问题，指出："过去安排是重、轻、农，这个次序要反一下，

---

① 中共中央文献研究室编：《十八大以来重要文献选编（上）》，中央文献出版社2014年版，第662页。
② 《毛泽东文集》第7卷，人民出版社1999年版，第200页。

现在是否提农、轻、重？要把农、轻、重的关系研究一下。过去搞过十大关系，就是两条腿走路，多快好省也是两条腿，现在可以说是没有执行，或者说是没有很好地执行。过去是重、轻、农、商、交，现在强调把农业搞好，次序改为农、轻、重、交、商。这样提还是优先发展生产资料，并不违反马克思主义。重工业我们是不会放松的，农业中也有生产资料。如果真正重视了优先发展生产资料，安排好了轻、农，也不一定要改为农、轻、重。重工业要为轻工业、农业服务。"①1975年8月，邓小平在谈到发展工业问题时明确指出，要"确立以农业为基础、为农业服务的思想"②。1992年12月，江泽民指出："从中央到地方，无论是主管农业和农村工作的部门，还是其他部门，都要在党的统一领导下协同一致，大力支援农业，真心实意为农民服务，想农民之所想，急农民之所急，坚决反对一切损农、伤农、坑农的行为。"③中国自实施国家工业化战略起，统筹工农两大部门的发展，在发展基础工业的同时，大力发展农用工业、农业科技装备。其间，为更多地向农业提供现代生产要素，在国务院组成部门中专门设立了农业机械工业部等部门，在农业基础设施上人力组织水利和农田基本建设，以提升农业技术装备水平。二是在推进技术进步方面，大力发展农业科技，以科技提升农业发展水平。早在农垦事业创建初期，毛泽东就指出：《共产党宣

---

① 《毛泽东文集》第8卷，人民出版社1999年版，第78页。
② 《邓小平文选》第2卷，人民出版社1994年版，第28页。
③ 《江泽民文选》第1卷，人民出版社2006年版，第275页。

言》的十大纲领中,有一条就是建立农业产业军,所以要开垦荒地,建设一支采用现代化机械和科学技术的农业大军。①1955年7月,毛泽东在《关于农业合作化问题》的报告中强调:"中国只有在社会经济制度方面彻底地完成社会主义改造,又在技术方面,在一切能够使用机器操作的部门和地方,统统使用机器操作,才能使社会经济面貌全部改观。"②毛泽东在报告中向全党发出了用20—25年的时间完成农业技术改革的号召,指出:"估计在全国范围内基本上完成农业方面的技术改革,大概需要四个至五个五年计划,即二十年至二十五年的时间。全党必须为了这个伟大任务的实现而奋斗。"③毛泽东关于积极推进农业技术改造的思想,是20世纪80年代科教兴农战略形成的思想基础。20世纪50年代末,毛泽东用了很多精力对农业技术改造和机械化问题进行了探讨,提出了精辟的论断,如以"土肥水种密保管工"为内容的"农业八字宪法"(1958年),"农业的根本出路在于机械化"(1959年)。在农业现代化建设实践中,毛泽东特别重视推进农业机械化问题。早在1937年,毛泽东在《矛盾论》中就指出:"不同质的矛盾,只有用不同质的方法才能解决。……在社会主义社会中工人阶级和农民阶级的矛盾,用农业集体化和农业机械化的方法去解决。"④1958年11月,

---

① 郭书田主编:《毛泽东与中国农业——专家学者纪念毛泽东诞辰100周年文集》,新华出版社1995年版,第222页。
② 《毛泽东文集》第6卷,人民出版社1999年版,第438页。
③ 《毛泽东文集》第6卷,人民出版社1999年版,第438—439页。
④ 《毛泽东选集》第1卷,人民出版社1991年版,第311页。

◆ 中国在推进现代化建设中实行工农相互支持的政策。2020年11月作者摄于四川省绵阳市梓潼县"两弹城"

毛泽东在《对〈郑州会议关于人民公社若干问题的决议〉的修改和信件》中，将机械化列为农业工厂化的主要内容，指出："要使人民公社具有雄厚的生产资料，就必须实现公社工业化，农业工厂化（即机械化和电气化）。"①1962年党的八届十中全会确定："我们党在农业问题上的根本路线是：第一步实现农业集体化，第二步在农业集体化的基础上实现农业的机械化和电气化。"②根据毛泽东的意见，1966年召开的第一次全国农业机械化会议，对到1980年基本实现机械化的任务进行了布置。③此后，又于1971年8月、1978年1月，先后召开了第二次和第三次全国农业机械化会议，以加快农业机械化的进程。20世纪70年代，杂交水稻研制成功，就是主动实施全国协同攻关的结果。新时代中国实行藏粮于技，推动种业科技自立自强、种源自主可控，确保把中国人的饭碗牢牢端在自己手中。

实施激励政策促进农业发展。中国共产党从为农民谋幸福出发，建立社会主义制度和实行改革开放，激发农民的主动性和创造性，解放和发展了生产力，促进了中国式农业农村现代化的快速推进。

进入新时代，中国从促进工农城乡协调发展出发，采取了乡村

---

① 中共中央党史和文献研究院编：《建国以来毛泽东文稿》第13册，中央文献出版社2023年版，第183页。
② 中共中央文献研究室编：《建国以来重要文献选编》第15册，中央文献出版社1997年版，第602页。
③ 参见郑有贵：《中国农业机械化改革的背景分析与理论反思》，农业部农村经济研究中心编《中国农村研究报告（2000）》，中国财政经济出版社2001年版，第194—215页。

振兴战略这一新战略。以习近平同志为核心的党中央站在全面建成小康社会、全面推进中华民族伟大复兴的高度,把解决好"三农"问题作为全党工作重中之重,坚持农业农村优先发展。党的十九大提出实施乡村振兴战略,要求坚持农业农村优先发展,按照产业兴旺、生态宜居、乡风文明、治理有效、生活富裕的总要求,建立健全城乡融合发展体制机制和政策体系,加快推进农业农村现代化。乡村振兴战略提出后,中国共产党明确了一系列举措促进乡村振兴战略扎实推进。一是中共中央、国务院颁布《乡村振兴战略规划(2018—2022年)》,提出到2050年乡村全面振兴,农业强、农村美、农民富全面实现的战略目标。二是习近平总书记在2017年12月召开的中央农村工作会议上明确提出走中国特色社会主义乡村振兴道路,并作出重要部署。三是党的十九届五中全会提出,实施乡村建设行动,实现巩固拓展脱贫攻坚成果同乡村振兴有效衔接,全面推进乡村振兴。四是制定了《中国共产党农村工作条例》《中华人民共和国乡村振兴促进法》,为全面推动乡村振兴提供了法律法规保障。五是针对工业化、城镇化进程中"三农"发展受弱质性因扰,农村是全面建设现代化的短腿问题,明确举全党全社会之力推动乡村振兴。党的二十大提出了加快建设农业强国的目标任务。

党的十八大以来,中国式农业农村现代化加快推进,乡村振兴全面推进,工业与农业关联度提升,走出了产业链、价值链一体化联结的产业融合发展之路,农业农村发展空间进一步拓展,农业的基础地位进一步巩固,工农发展的协调性进一步增强。中国克服新冠肺炎疫情冲击和严重自然灾害影响，2022年全国粮食总产量达到1.37万亿斤，连续8年稳定在1.3万亿斤以上，谷物总产量稳居世界首位，14亿多人的粮食安全得到有效保障，为应变局、开新局发挥了"压舱石"作用。全国农村居民人均可支配收入稳定持续增长，2019年提前一年实现比2010年翻一番目标；2022年达到20133元，2012—2021年翻了一番多，年均实际增长7.3%，比同期全国居民人均可支配收入年均增长6.6%高0.7个百分点；城乡居民可支配收入比值由2012年的2.88∶1缩小到2022年的2.45∶1。

（二）在发展虚拟经济时发挥其服务作用夯实实体经济根基

随着虚拟经济的发展，处理好实体经济与虚拟经济的关系成为新的课题。把发展经济的着力点放在实体经济上是建设现代化经济体系的要求。党的十九大报告提出，建设现代化经济体系，必须把发展经济的着力点放在实体经济上。党的十九届五中全会提出，坚持把发展经济着力点放在实体经济上，坚定不移建设制造强国、质量强国、网络强国、数字中国，推进产业基础高级化、产业链现代化，提高经济质量效益和核心竞争力。党的二十大进一步指出："建设现代化产业体系。坚持把发展经济的着力点放在实体经济上，推进新型工业化，加快建设制造强国、质量强国、航天强国、交通强国、网络强国、数字中国。……加快发展数字经济，促进数字经济和实体经济深度融合，打造具有国际竞争力的数字产业集群。"①2023年5月，习近平总书记在主持召开二十届中央财经委员会第一次会议时强调："现代化产业体系是现代化国家的物质技术基础，必须把发展经济的着力点放在实体经济上，为实现第二个百年奋斗目标提供坚强物质支撑。"② 这次会议还强调："加快建设以实体经济为支撑的现代化产业体系，关系我们在未来发展和国际竞争中赢得战略主动。要把握人工智能等新科技革命浪潮，适应人与自然和谐共生的要求，保持并增强产业体系完备和配套能力强的优势，高效集聚全球创新要素，推进产业智能化、绿色化、融合化，建设具有完整性、先进性、安全性的现代化产业体系。要坚持以实体经济为重，防止脱实向虚；坚持稳中求进、循序渐进，不能贪大求洋；坚持三次产业融合发展，避免割裂对立；坚持推动传统产业转型升级，不能当成"低端产业"简单退出；坚持开放合作，不能闭门造车。"③以习近平同志为核心的党中央，在推动中国经济发展向更高级、分工更优化、结构更合理演进中，全面实施供给侧结构性改革，发挥虚拟经济服务作用，防止虚热实伤，注重夯实实体经济根基，促进实体经济和虚拟经济协同发展。

---

① 习近平：《高举中国特色社会主义伟大旗帜，为全面建设社会主义现代化国家而团结奋斗——在中国共产党第二十次全国代表大会上的报告》，人民出版社2022年版，第30页。
② 《加快建设以实体经济为支撑的现代化产业体系，以人口高质量发展支撑中国式现代化》，《人民日报》2023年5月6日，第1版。
③ 《加快建设以实体经济为支撑的现代化产业体系，以人口高质量发展支撑中国式现代化》，《人民日报》2023年5月6日，第1版。

振兴实体经济，夯实实体经济根基，以服务实体经济为发展虚拟经济的最终目的，是基于历史基础、国情和构建发展优势的选择。实体经济是人类社会赖以生存和发展的根基，是经济发展的立身之本，是社会生产力的体现。中国在建立现代化经济体系进程中，注重处理好实体经济与虚拟经济的关系。2016年12月，习近平总书记在中央经济工作会议上强调要着力振兴实体经济："振兴实体经济是供给侧结构性改革的主要任务，供给侧结构性改革要向振兴实体经济发力、聚力。不论经济发展到什么时候，实体经济都是我国经济发展、我们在国际经济竞争中赢得主动的根基。我国经济是靠实体经济起家的，也要靠实体经济走向未来。"[1]2023年4月，习近平总书记在广东考察时强调："中国是个大国，要重视实体经济，走自力更生之路。"[2]

把政策基点放在夯实实体经济根基上，着力解决实践中实体经济面临的困境，坚决防止脱实向虚和虚热实伤现象的发生。2015年10月，习近平总书记在党的十八届五中全会第二次全体会议上指出："我们的政策基点要放在企业特别是实体经济企业上，高度重视实体经济健康发展，增强实体经济赢利能力。"[3]在2016年12月召开的中央经济工作会议上，习近平总书记深刻分析指出：

---

[1] 中共中央文献研究室编：《习近平关于社会主义经济建设论述摘编》，中央文献出版社2017年版，第116页。
[2] 《坚定不移全面深化改革扩大高水平对外开放，在推进中国式现代化建设中走在前列》，《人民日报》2023年4月14日，第1版。
[3] 《习近平谈治国理政》第2卷，外文出版社2017年版，第77页。

"当前，我国经济运行面临的突出矛盾和问题，虽然有周期性、总量性因素，但根源是重大结构性失衡。概括起来，主要表现为'三大失衡'。一是实体经济结构性供需失衡。我国供给体系产能十分强大，但大多数只能满足中低端、低质量、低价格的需求，同投资和出口主导的需求结构是相匹配的。现在，消费结构加快升级，出口需求和投资需求相对下降，供给结构很不适应需求新变化。更深层的一个问题是，我国人口结构发生重大变化，老年人口比重上升，劳动年龄人口减少，中等收入群体扩大，但供给体系未能跟进，结果是一方面过剩，另一方面不足。二是金融和实体经济失衡。在实体经济结构性失衡、盈利能力下降的情况下，不能把结构性供需矛盾当作总需求不足，以增发货币来扩大需求，因为缺乏回报，增加的货币资金很多没有进入实体经济领域，而是在金融系统自我循环，大量游资寻求一夜暴富，再加上监督人员同'金融大鳄'内外勾结，去年发生的股市异常波动就与此有关。在这样的背景下，金融业在经济中的比重快速上升，而工业特别是制造业比重下降。三是房地产和实体经济失衡。房地产本来属于实体经济，但用加杠杆的办法进行房地产投机就不同了。在实体经济结构性失衡的过程中，由于缺乏投资机会，加上土地、财税、金融政策不配套，城镇化有关政策和规划不到位，致使大量资金涌入房地产市场，投机需求旺盛，带动一线和热点二线城市房地产价格大幅上涨。房地产高收益进一步诱使资金脱实向虚，导致经济增长、财政收入、银行利润越来越依赖于'房地产繁荣'，并推高实体经济成本，使回报率不高的实体经济雪上加霜。这'三大失衡'有着内在因果关系，导致经济循环不畅。如果只是简单采取扩大需求的办法，不仅不能解决结构性失衡，反而会加剧产能过剩、抬高杠杆率和企业成本，加剧这种失衡。基于这个考虑，我们强调要从供给侧、结构性改革上想办法、定政策，通过去除没有需求的无效供给、创造适应新需求的有效供给，打通供求渠道，努力实现供求关系新的动态均衡。"[①] 2023年4月，习近平总书记在广东考察时强调："中国式现代化不能走脱实向虚的路子，必须加快建设以实体经济为支撑的现代化产业体系。"[②]

从夯实实体经济根基出发，以金融服务实体经济为原则，构建金融支持实体经济的体制机制。金融是实体经济的血脉。党的十九届五中全会提出，构建金融有效支持实体经济的体制机制，提升金融科技水平，增强金融普惠性。党的十八大以来，中国实行稳健货币政策，加大对实体经济的支持力度。自2015年8月26日起，人民银行实施降息及"普降+定向"降准的"双降"组合措施，促进社会融资成本降低。2018年以来，人民银行十余次下调存款准备金率，释放大量长期资金，支持金融机构加大对实体经济信贷支持力度，支持实体经济持续健康发展。2018—2021年，中国广义货币供应量(M_2)平均增速为9%，与同期名义GDP平均增速8.3%

---

① 中共中央文献研究室编：《习近平关于社会主义经济建设论述摘编》，中央文献出版社2017年版，第113—115页。
② 《坚定不移全面深化改革扩大高水平对外开放，在推进中国式现代化建设中走在前列》，《人民日报》2023年4月14日，第1版。

大致相当。2022 年末广义货币供应量余额 266.4 万亿元，比上年末增长 11.8%；年末社会融资规模存量 344.2 万亿元，按可比口径计算，比上年末增长 9.6%，其中对实体经济发放的人民币贷款余额 212.4 万亿元，增长 10.9%。[①] 人民银行发挥货币政策工具的总量和结构双重功能，引导金融机构加大对普惠小微、"三农"、绿色发展和制造业等重点领域和薄弱环节的支持力度。2021 年新发放的普惠小微企业贷款加权平均利率为 4.93%，比 2020 年下降 0.22 个百分点，比 2018 年下降 1.38 个百分点。企业贷款利率从 2019 年 7 月的 5.32% 降至 2022 年 1 月的 4.5%，累计降幅达 0.82 个百分点，创改革开放以来的最低水平，在很大程度上缓解了长期以来存在的小微企业融资难融资贵问题。[②]

三、基于实现全体人民共同富裕的本质要求致力于促进城乡区域协调发展

工业化、城镇化进程中的城乡二元结构和循环累积因果效应下区域发展分化是促进全体人民共同富裕进程中必须破解的难题。中国共产党从实现全体人民共同富裕这一中国式现代化的本质要求出发，致力于促进城乡区域协调发展。党的二十大报告针对"城乡区

[①] 国家统计局：《中华人民共和国 2022 年国民经济和社会发展统计公报》，《人民日报》2023 年 3 月 1 日，第 9 版。
[②] 《央行：稳健货币政策保持了人民币币值稳定，有力支持实体经济》，中国经济网，http://bgimg.ce.cn/xwzx/gnsz/gdxw/202203/01/t20220301_37365782.shtml。

域发展和收入分配差距仍然较大"的问题,对促进城乡区域协调发展作出部署,提出在"加快构建新发展格局,着力推动高质量发展"进程中,要"着力推进城乡融合和区域协调发展"。①

(一)在城镇化进程中致力于促进城乡协调发展

2023年4月,习近平总书记在广东考察时强调:"推进中国式现代化,必须全面推进乡村振兴,解决好城乡区域发展不平衡问题。要坚持走共同富裕道路,加强对后富的帮扶,推进乡风文明,加强乡村环境整治和生态环境保护,让大家的生活一年更比一年好。"②

马克思主义主张消灭城乡差别和促进城乡协调发展。1949年3月,毛泽东在党的七届二中全会上指出:"从现在起,开始了由城市到乡村并由城市领导乡村的时期。党的工作重心由乡村转移到了城市。……城乡必须兼顾,必须使城市工作和乡村工作,使工人和农民,使工业和农业,紧密地联系起来。决不可以丢掉乡村,仅顾城市,如果这样想,那是完全错误的。"③1952年11月,中国在即将启动大规模经济建设之际,鉴于中央、中央局、分局和省委的领导重心要放在城市工业建设上,为了不减弱党对农村工作的领

---

① 习近平:《高举中国特色社会主义伟大旗帜,为全面建设社会主义现代化国家而团结奋斗——在中国共产党第二十次全国代表大会上的报告》,人民出版社2022年版,第28页。
② 《坚定不移全面深化改革扩大高水平对外开放,在推进中国式现代化建设中走在前列》,《人民日报》2023年4月14日,第1版。
③ 《毛泽东选集》第4卷,人民出版社1991年版,第1427页。

导，中共中央决定在省委以上的党委领导下，建立农村工作部。这就从组织机构和工作布局上对城乡兼顾予以了保障。中国从保障工业化的低成本推进出发，选择把农业人口留在农村及相应的城乡二元户籍制度，到1978年的较长时期内城镇化处于徘徊状态，没有与工业化同步，城乡二元结构固化。

20世纪70年代末，中国共产党基于国际形势由冷战到和平发展的转变、国内已经建立起独立的比较完整的工业体系和国民经济体系，在放活改革的实践中探索出中国特色农村城镇化道路，形成城乡协调发展的新路径。1984年6月，邓小平指出："从中国的实际出发，我们首先解决农村问题。中国有百分之八十的人口住在农村，中国稳定不稳定首先要看这百分之八十稳定不稳定。城市搞得再漂亮，没有农村这一稳定的基础是不行的。"[1]在搞活政策下，乡镇企业异军突起，农村工业化快速发展，农村城镇化随之迅速发展，农民进城就业创业，形成农业现代化、农村工业化、农村城镇化并进发展格局，促进了农村经济社会的快速发展。

进入21世纪，在全面建设小康社会进程中，基于中国已进入工业化中期阶段，注重解决全面建设小康社会中城乡差距的问题。2001年，江泽民提出逐步解决我国二元经济社会结构问题。[2]基于中国进入到工业化中期和城镇化水平超过50%的较高水平（2002年中国常住人口城镇化率提高到53.1%），党的十六大起实施统筹

---

[1] 《邓小平文选》第3卷，人民出版社1993年版，第65页。
[2] 《江泽民文选》第3卷，人民出版社2006年版，第407页。

城乡发展方略，逐步推进城乡一体化发展改革，明确以城带乡①，推进社会主义新农村建设。尽管改革开放以来中国农村面貌发生了翻天覆地的变化，但城乡二元结构没有得到根本改变，城乡发展差距拉大趋势没有根本扭转。

党的十八大以来，中国共产党从促进城乡协调发展出发，着力解决城乡发展不平衡和农村发展不充分的问题。2013年10月，党的十八届三中全会作出重大判断："城乡发展不平衡不协调，是我国经济社会发展存在的突出矛盾，是全面建成小康社会、加快推进社会主义现代化必须解决的重大问题。"②城乡是否发展协调在一定程度上成为中国进入中等收入国家后决定现代化成败的关键。城乡协调发展内涵也发生了一些变化，是基于"四化同步"的更高水平的城乡协调发展态势，是破解社会主要矛盾、形成新的增长点和构建新发展格局的必然选择。中国更加充分地发挥共产党领导的政治优势和社会主义的制度优势，从全局和战略的高度把握和处理城乡关系，着力解决城乡发展不平衡和农村发展不充分问题，推动形成工农互促、城乡互补、协调发展、共同繁荣的新型工农城乡关系，探索形成城乡协调发展和共同繁荣的实现路径。

一是在认识上，中国共产党把促进城乡共同繁荣作为执政宗旨和社会主义的本质要求。城乡共同繁荣是在工农城乡"两个规律"

---

① 《胡锦涛文选》第2卷，人民出版社2016年版，第248页。
② 中共中央文献研究室编：《十八大以来重要文献选编（上）》，中央文献出版社2014年版，第503页。

和中国乡村人口数量庞大的基本国情下推进中国式现代化的必然选择。2018年9月，习近平总书记在主持十九届中央政治局第八次集体学习时，揭示了工农城乡"两个规律"，即："在现代化进程中，城的比重上升，乡的比重下降，是客观规律，但在我国拥有近14亿人口的国情下，不管工业化、城镇化进展到哪一步，农业都要发展，乡村都不会消亡，城乡将长期共生并存，这也是客观规律。即便我国城镇化率达到70%，农村仍将有4亿多人口。如果在现代化进程中把农村4亿多人落下，到头来'一边是繁荣的城市、一边是凋敝的农村'，这不符合我们党的执政宗旨，也不符合社会主义的本质要求。这样的现代化是不可能取得成功的！"[①]工农城乡"两个规律"和乡村人口数量庞大的基本国情，这也决定了在中国共产党执政下全面建设社会主义现代化国家必然选择工农城乡共同繁荣。以习近平同志为核心的党中央牢记为人民谋幸福的初心使命，明确提出"几亿农民同步迈向全面现代化"，担当起促进工农城乡共同繁荣的使命。《乡村振兴战略规划（2018—2022年）》指出，实施乡村振兴战略，不断拓宽农民增收渠道，全面改善农村生产生活条件，促进社会公平正义，有利于增进农民福祉，让亿万农民走上共同富裕的道路，汇聚起建设社会主义现代化强国的磅礴力量。

二是在工作推进上，把城市和乡村作为一个整体统筹谋划。中国共产党始终总揽全局、协调各方。2014年3月，习近平总

[①] 习近平：《把乡村振兴战略作为新时代"三农"工作总抓手》，《求是》2019年第11期。

书记在河南省兰考县委常委扩大会议上指出："要打破城乡分割的规划格局，建立城乡一体化、县域一盘棋的规划管理和实施体制。"①2015年4月，习近平总书记在主持十八届中央政治局第二十二次集体学习时指出："推进城乡发展一体化要坚持从国情出发，从我国城乡发展不平衡不协调和二元结构的现实出发，从我国的自然禀赋、历史文化传统、制度体制出发，既要遵循普遍规律、又不能墨守成规，既要借鉴国际先进经验、又不能照抄照搬。要把工业和农业、城市和乡村作为一个整体统筹谋划，促进城乡在规划布局、要素配置、产业发展、公共服务、生态保护等方面相互融合和共同发展。着力点是通过建立城乡融合的体制机制，形成以工促农、以城带乡、工农互惠、城乡一体的新型工农城乡关系，目标是逐步实现城乡居民基本权益平等化、城乡公共服务均等化、城乡居民收入均衡化、城乡要素配置合理化，以及城乡产业发展融合化。"②同年12月，习近平总书记指出："不管城市怎么发展，我国仍会有大量农民留在农村，农业基础地位仍需要打牢夯实，这对保证国家粮食安全具有重要意义。这就要求我国城镇化必须同农业现代化同步发展，城市工作必须同'三农'工作一起推动。要坚持工业反哺农业、城市支持农村和多予少取放活方针，推动城乡规划、基础设施、基本公共服务等一体化发展，增强城市对农村的反哺能力、

---

① 习近平：《论"三农"工作》，中央文献出版社2022年版，第110页。
② 习近平：《论"三农"工作》，中央文献出版社2022年版，第157页。

带动能力，形成城乡发展一体化的新格局。"①2018年中央一号文件指出，各级党委和政府要坚持工业农业一起抓、城市农村一起抓，把农业农村优先发展原则体现到各个方面。建立实施乡村振兴战略领导责任制，实行中央统筹省负总责市县抓落实的工作机制。党政一把手是第一责任人，五级书记抓乡村振兴。县委书记要下大气力抓好"三农"工作，当好乡村振兴"一线总指挥"。在2020年12月召开的中央农村工作会议上，习近平总书记进一步强调："振兴乡村，不能就乡村论乡村，还是要强化以工补农、以城带乡，加快形成工农互促、城乡互补、协调发展、共同繁荣的新型工农城乡关系。……今后15年是破除城乡二元结构、健全城乡融合发展体制机制的窗口期。要从规划编制、要素配置等方面提出更加明确的要求，强化统筹谋划和顶层设计。"②党的十八大以来，中国共产党下决心调整城乡关系，采取了一系列举措推动城市支持农村。党的十九大提出实施乡村振兴战略，正是为了从全局和战略高度来把握和处理城乡关系。③

三是坚持农业农村优先发展，举全党全社会之力推动乡村振兴，从发展战略和资源配置结合上予以保障。实现城乡共同繁荣是工业化、城镇化进程中的难题。实际上，在工业化、城镇化进程中，全

---

① 中共中央文献研究室编：《十八大以来重要文献选编（下）》，中央文献出版社2018年版，第81页。
② 习近平：《坚持把解决好"三农"问题作为全党工作重中之重，举全党全社会之力推动乡村振兴》，《求是》2022年第7期。
③ 习近平：《论"三农"工作》，中央文献出版社2022年版，第275页。

球共同面临乡村衰退导致的"乡村病"、城市贫民窟现象的挑战，城乡二元结构长期得不到根本解决，城乡也难以实现共同繁荣。乡村如何实现痛苦蜕变和重生，是一个国家现代化过程中必须破解的课题。中国农业农村尽管实现了快速发展，但与推进更快的工业化、城镇化相比，"一条腿长、一条腿短"问题较突出，农村空心村、"三留守"是现代化进程中农村短腿问题的两个侧面。到2012年，农村与城市相比，基础设施不完善，社会事业、社会保障水平低，农村居民人均可支配收入仅为城市居民人均可支配收入的34.8%，有近1亿的农村人口处于绝对贫困状态。党的十八大以来，在中国共产党的坚强领导下，举全党全社会之力，上下同心，打赢了脱贫攻坚战。2018年9月，习近平总书记在主持十九届中央政治局第八次集体学习时指出："我们一直强调，对'三农'要多予少取放活，但实际工作中'三农'工作'说起来重要、干起来次要、忙起来不要'的问题还比较突出。我们要扭转这种倾向，在资金投入、要素配置、公共服务、干部配备等方面采取有力举措，加快补齐农业农村发展短板，不断缩小城乡差距，让农业成为有奔头的产业，让农民成为有吸引力的职业，让农村成为安居乐业的家园。"① 在脱贫攻坚战即将收关之际，党的十九届五中全会提出，实施乡村建设行动，实现巩固拓展脱贫攻坚成果同乡村振兴有效衔接，全面推进乡村振兴。2020年12月，习近平总书记在中央农村工作会议上强调：

---

① 习近平：《论"三农"工作》，中央文献出版社2022年版，第277页。

"举全党全社会之力推动乡村振兴，促进农业高质高效、乡村宜居宜业、农民富裕富足。"①党的二十大提出，建设宜居宜业和美乡村。

随着乡村振兴战略的实施，随着城乡融合发展之路的探索形成，城镇基础设施向农村延伸，城镇公共服务向农村覆盖，城镇现代文明向农村辐射，人才下乡、资金下乡、技术下乡，中国探索出了城乡相互促进和协调发展之路。2012年至2022年，城镇化率由53.1%上升到了65.2%②，朝着城乡共同繁荣方向迈进。

（二）应对循环累积因果效应促进区域协调发展

2023年4月，习近平总书记在广东考察时强调，区域协调发展是实现共同富裕的必然要求。③

中国幅员辽阔，人口众多，各地区自然资源禀赋差异明显，区域发展不平衡是长期存在的问题，统筹区域发展是一个重大课题。中国共产党从实现全体人民共同富裕这一中国式现代化的本质要求出发，全国一盘棋，着力均衡布局区域生产力，建立健全区域合作机制，持续探索促进区域协调发展的实现方式。

新中国自"一五"计划启动大规模经济建设起，就明确了生产力区域均衡布局的思路。毛泽东在《论十大关系》中，把处理好沿

---

① 习近平：《论"三农"工作》，中央文献出版社2022年版，第5页。
② 国家统计局：《中华人民共和国2022年国民经济和社会发展统计公报》，《人民日报》2023年3月1日，第9版。
③ 《坚定不移全面深化改革扩大高水平对外开放，在推进中国式现代化建设中走在前列》，《人民日报》2023年4月14日，第1版。

海工业与内地工业的关系作为要处理好的十大关系之一。自实施"一五"计划起到改革开放前,新中国在实施国家工业化战略中,所实施的156个重大工程项目和三线建设两个大规模工业建设计划,是在国际的冷战环境和国内的计划经济体制下进行的。20世纪60年代中期起,实施三线建设,从生产力区域均衡布局和国防安全等方面统筹考虑,向中西部地区布局工业生产力。这一生产力区域布局的实施,为区域协调发展奠定了基础。

改革开放初期,针对计划经济体制下低水平区域均衡中的低效问题,从提高经济效益出发,以邓小平同志为主要代表的中国共产党人提出和实施"两个大局"的战略思想。区域协调发展是一个动态的实现过程。1978年12月,邓小平在中共中央工作会议闭幕会上发表题为《解放思想,实事求是,团结一致向前看》的讲话,指出:"在经济政策上,我认为要允许一部分地区、一部分企业、一部分工人农民,由于辛勤努力成绩大而收入先多一些,生活先好起来。一部分人生活先好起来,就必然产生极大的示范力量,影响左邻右舍,带动其他地区、其他单位的人们向他们学习。这样,就会使整个国民经济不断地波浪式地向前发展,使全国各族人民都能比较快地富裕起来。"[1]1986年3月,邓小平在会见外宾时指出:"我们的政策是让一部分人、一部分地区先富起来,以带动和帮助落后的地区,先进地区帮助落后地区是一个义务。"[2]这一区域发

---

[1] 《邓小平文选》第2卷,人民出版社1994年版,第152页。
[2] 《邓小平文选》第3卷,人民出版社1993年版,第155页。

展思想的形成改变了各区域同步富裕的政策思路。基于这一新的区域发展思想，国家从战略上把全国划分为东部、中部、西部三个经济地带，并基于不同地带的资源条件、经济基础等安排投资项目。其中，对东部沿海地区实施吸引外资、更多放活政策和给予财税优惠等先富政策，以促进东部地区发展和发挥东部地区对外开放的地缘优势。到1988年9月，在改革开放初期积累实践经验后，邓小平进一步提出"两个大局"的战略思想，即："沿海地区要加快对外开放，使这个拥有两亿人口的广大地带较快地先发展起来，从而带动内地更好地发展，这是一个事关大局的问题。内地要顾全这个大局。反过来，发展到一定的时候，又要求沿海拿出更多力量来帮助内地发展，这也是个大局。那时沿海也要服从这个大局。"① 在实施东部地区先富政策和市场经济中的马太效应下，东中西部地区发展差距扩大。1980—1991年，相当于东部地区人均社会总产值的比例，中部地区由68%下降到45.4%，西部地区由52.7%下降到23.9%。②

20世纪90年代起，中国针对东中西部地区发展差距扩大的问题，开始推动区域协调发展和缩小地区发展差距。1995年9月，党的十四届五中全会通过的《中共中央关于制定国民经济和社会发展"九五"计划和二〇一〇年远景目标的建议》明确提出，把"坚持区域经济协调发展，逐步缩小地区发展差距"作为到2010年的

---

① 《邓小平文选》第3卷，人民出版社1993年版，第277—278页。
② 刘再兴主编：《中国生产力总体布局研究》，中国物价出版社1995年版，第55页。

15年内中国经济和社会发展必须贯彻的九条重要方针之一。该建议指出:"改革开放以来,鼓励一部分地区发展得快一些,先富起来,提倡先富带动和帮助后富,各地经济都有很大发展,人民生活水平都有很大提高。但是,由于多种因素,地区经济发展差距有所扩大。从战略上看,沿海地区先发展起来并继续发挥优势,这是一个大局,内地要顾全这个大局。发展到一定时候沿海多做一些贡献支持内地发展,这也是大局,沿海也要服从这个大局。从'九五'开始,要更加重视支持内地的发展,实施有利于缓解差距扩大趋势的政策,并逐步加大工作力度,积极朝着缩小差距的方向努力。对于部分社会成员之间收入差别悬殊问题,要采取正确政策,保护合法收入,取缔非法收入,调节过高收入。逐步缩小地区发展差距和解决好社会分配不公,最终实现共同富裕,是保持社会稳定的重要条件,是体现社会主义本质的重要方面。"[①]该建议还提出:"引导地区经济协调发展,形成若干各具特色的区域经济,促进全国经济布局合理化。"[②]"按照统筹规划、因地制宜、发挥优势、分工合作、协调发展的原则,正确处理全国经济总体发展与地区经济发展的关系,正确处理建立跨省(区、市)的具有特色的区域经济与发挥各省(区、市)积极性的关系,正确处理地区与地区之间的关系。东部地区要充分利用有利条件,多利用一些国外资金、资源和

---

① 中共中央文献研究室编:《十四大以来重要文献选编(中)》,人民出版社1997年版,第1485页。
② 中共中央文献研究室编:《十四大以来重要文献选编(中)》,人民出版社1997年版,第1486页。

市场，进一步增强经济活力。大力发展外向型经济，靠高新技术、集约经营，重点发展资源消耗少、附加价值高、技术含量高的产业和产品，同时建立比较发达的农业。在深化改革、转变经济增长方式、提高经济素质和效益方面迈出更大的步伐，促进经济又好又快地发展，为全国提供新的经验。中西部地区，要积极适应发展市场经济的要求，加快改革开放步伐，加强水利、交通、通信建设，充分利用现有的经济技术基础，发挥资源优势，大力发展农林牧业及其加工业，开发能源和矿产资源，积极发展优势产业和产品，提高加工深度，使资源优势逐步变为经济优势。国家要采取有力措施，支持中西部不发达地区的开发，支持民族地区、贫困地区脱贫致富和经济发展。主要是：实行规范的中央财政转移支付制度；优先在中西部地区安排资源开发和基础设施的建设项目；积极鼓励国内外投资者到中西部地区投资；理顺资源性产品价格体系；有步骤地引导东部某些资源初级加工和劳动密集型产业转移到中西部地区。东部经济发达地区要采取对口支援等多种形式帮助中西部地区和民族地区发展经济。按照市场经济规律和经济内在联系以及地理自然特点，突破行政区划界限，在已有经济布局的基础上，以中心城市和交通要道为依托，进一步形成若干个跨省（区、市）的经济区域，包括以上海为龙头的长江三角洲及沿江地区经济带，以珠江三角洲和闽东南地区为主的东南沿海经济区，以辽东半岛、山东半岛、京津冀为主的环渤海经济圈，以亚欧大陆桥和京九等铁路大干线为纽带的经济带。同时，以东北、西南、西北等地区老工业基地和粮食、棉花、煤炭、石油等资源富集地区为依托，形成若干各具特色的重点产业区。各地区要在国家规划和产业政策的指导下，选择适合本地条件的发展重点和优势产业，避免地区间产业结构趋同化，促进各地经济在更高的起点上向前发展。积极推动地区间的优势互补、合理交换和横向经济联合。"①1997年9月，党的十五大强调，要从多方面努力，逐步缩小地区发展差距。

在世纪之交，启动西部大开发战略，也开启了以区域发展战略促进区域协调发展进程。1999年6月9日，江泽民在中央扶贫开发工作会议上宣布："现在，加快中西部地区发展步伐的条件已经具备，时机已经成熟。……在继续加快东部沿海地区发展的同时，必须不失时机地加快中西部地区发展。从现在起，这要作为党和国家一项重大的战略任务，摆到更加突出的位置。"②8天后，江泽民在西安主持召开西北地区国有企业改革和发展座谈会时进一步提出，不失时机地实施西部大开发战略。③同年9月，党的十五届四中全会明确实施西部大开发战略，并明确要通过优先安排基础设施建设、增加财政转移支付等措施，支持中西部地区和少数民族地区加快发展。2000年12月，国务院印发《关于实施西部大开发若干政策措施的通知》。通知指出，实施西部大开发战略，加快中西部

---

① 中共中央文献研究室编：《十四大以来重要文献选编（中）》，人民出版社1997年版，第1491—1493页。

② 中共中央文献研究室编：《十五大以来重要文献选编（中）》，人民出版社2001年版，第855页。

③ 《江泽民文选》第2卷，人民出版社2006年版，第340页。

地区发展,是我国现代化战略的重要组成部分,是党中央高瞻远瞩、总揽全局、面向新世纪作出的重大决策,具有十分重大的经济和政治意义。通知明确了国家重点支持西部地区的政策措施。

按照统筹区域发展的要求实施区域发展总体战略。党的十六大提出:"积极推进西部大开发,促进区域经济协调发展。实施西部大开发战略,关系全国发展大局,关系民族团结和边疆稳定。要打好基础,扎实推进,重点抓好基础设施和生态环境建设,争取十年内取得突破性进展。积极发展有特色的优势产业,推进重点地带开发。发展科技教育,培养和用好各类人才。国家要在投资项目、税收政策和财政转移支付等方面加大对西部地区的支持,逐步建立长期稳定的西部开发资金渠道。着力改善投资环境,引导外资和国内资本参与西部开发。西部地区要进一步解放思想,增强自我发展能力,在改革开放中走出一条加快发展的新路。中部地区要加大结构调整力度,推进农业产业化,改造传统产业,培育新的经济增长点,加快工业化和城镇化进程。东部地区要加快产业结构升级,发展现代农业,发展高新技术产业和高附加值加工制造业,进一步发展外向型经济。鼓励经济特区和上海浦东新区在制度创新和扩大开放等方面走在前列。支持东北地区等老工业基地加快调整和改造,支持以资源开采为主的城市和地区发展接续产业,支持革命老区和少数民族地区加快发展,国家要加大对粮食主产区的扶持。加强东、中、西部经济交流和合作,实现优势互补和共同发展,形成若干各具特色的经济区和经济带。"①2003年10月,党的十六届三中全会作出《中共中央关于完善社会主义市场经济体制若干问题的决定》,明确了包括统筹区域发展在内的"五个统筹"的要求,将区域经济协调发展机制纳入完善社会主义市场经济体制的目标和任务之一。在转变政府经济管理职能方面,明确加强对区域发展的协调和指导,积极推进西部大开发,有效发挥中部地区综合优势,支持中西部地区加快改革发展,振兴东北地区等老工业基地,鼓励东部有条件地区率先基本实现现代化。2005年10月,党的十六届五中全会通过的《中共中央关于制定国民经济和社会发展第十一个五年规划的建议》提出了区域发展总体战略:西部大开发、东北地区等老工业基地振兴、中部地区崛起、东部地区率先发展。2007年10月,党的十七大明确提出,要继续实施区域发展总体战略。尽管国家采取措施促进区域协调发展,但受市场机制下循环积累因果效应影响,中国经济总量和生产力布局仍不断向东部地区集中。

新时代中国以新发展理念引领区域协调发展,更好促进发达地区和欠发达地区、东中西部和东北地区共同发展。习近平总书记强调,做好区域协调发展"一盘棋"这篇大文章,不能简单要求各地区在经济发展上达到同一水平,而是要根据各地的条件,走合理分工、优化发展的路子。不平衡是普遍的,要在发展中促进相对平衡,

---

① 中共中央文献研究室编:《十六大以来重要文献选编(上)》,中央文献出版社2005年版,第18—19页。

这是区域协调发展的辩证法。①党的二十大对促进区域协调发展作出部署。党的二十大报告提出："深入实施区域协调发展战略、区域重大战略、主体功能区战略、新型城镇化战略，优化重大生产力布局，构建优势互补、高质量发展的区域经济布局和国土空间体系。推动西部大开发形成新格局，推动东北全面振兴取得新突破，促进中部地区加快崛起，鼓励东部地区加快推进现代化。支持革命老区、民族地区加快发展，加强边疆地区建设，推进兴边富民、稳边固边。推进京津冀协同发展、长江经济带发展、长三角一体化发展，推动黄河流域生态保护和高质量发展。高标准、高质量建设雄安新区，推动成渝地区双城经济圈建设。健全主体功能区制度，优化国土空间发展格局。推进以人为核心的新型城镇化，加快农业转移人口市民化。以城市群、都市圈为依托构建大中小城市协调发展格局，推进以县城为重要载体的城镇化建设。坚持人民城市人民建、人民城市为人民，提高城市规划、建设、治理水平，加快转变超大特大城市发展方式，实施城市更新行动，加强城市基础设施建设，打造宜居、韧性、智慧城市。发展海洋经济，保护海洋生态环境，加快建设海洋强国。"②

进入新时代，中国形成了促进区域协调发展总的思路，即：按

---

① 中共中央宣传部、国家发展和改革委员会编：《习近平经济思想学习纲要》，人民出版社、学习出版社2022年版，第93页。
② 习近平：《高举中国特色社会主义伟大旗帜，为全面建设社会主义现代化国家而团结奋斗——在中国共产党第二十次全国代表大会上的报告》，人民出版社2022年版，第31—32页。

照客观经济规律调整完善区域政策体系，发挥各地区比较优势，促进各类要素合理流动和高效集聚，增强创新发展动力，加快构建高质量发展的动力系统，增强中心城市和城市群等经济发展优势区域的经济和人口承载能力，增强其他地区在保障粮食安全、生态安全、边疆安全等方面的功能，形成主体功能明显、优势互补、高质量发展的区域经济布局。①

进入新时代，中国着力建立更加有效的区域协调发展新机制，推动区域协调发展向更高水平和更高质量迈进。一是坚持和加强党对区域协调发展工作的领导，加快形成统筹有力、竞争有序、绿色协调、共享共赢的区域协调发展新机制。二是健全区域战略统筹、市场一体化区域合作互助、区际利益补偿等机制，更好促进发达地区和欠发达地区、东中西部和东北地区共同发展。三是完善财政转移支付制度，合理确定中央支出占整个支出的比重，对重点生态功能区、农产品主产区、困难地区提供有效转移支付。健全纵向生态补偿机制，加大对森林、草原、湿地和重点生态功能区的转移支付力度。②

进入新时代，中国制定一系列具有全局性意义的区域重大战略，区域重大战略、区域协调发展战略、主体功能区战略扎实推进。

实施国家区域重大战略。党中央统筹内外、着眼全局，提出京

---

① 中共中央宣传部、国家发展和改革委员会编：《习近平经济思想学习纲要》，人民出版社、学习出版社2022年版，第93—94页。
② 中共中央宣传部、国家发展和改革委员会编：《习近平经济思想学习纲要》，人民出版社、学习出版社2022年版，第94页。

津冀协同发展、长江经济带发展、粤港澳大湾区建设、长三角一体化发展、黄河流域生态保护和高质量发展等重大战略，推动形成东西南北纵横联动发展新格局，引领区域经济高质量发展。以疏解北京非首都功能为"牛鼻子"推动京津冀协同发展，调整区域经济结构和空间结构，高质量建设雄安新区和推动北京城市副中心建设，探索超大城市、特大城市等人口经济密集地区有序疏解功能，有效治理"大城市病"的优化开发模式。充分发挥长江经济带横跨东中西三大板块的区位优势，以共抓大保护、不搞大开发为导向，以生态优先、绿色发展为引领，依托长江黄金水道，推动长江上中下游地区协调发展和沿江地区高质量发展。坚持山水林田湖草沙一体化保护和系统治理，改善黄河流域生态环境，优化水资源配置，促进黄河全流域高质量发展。以香港、澳门、广州、深圳为中心引领粤港澳大湾区建设，带动珠江—西江经济带创新绿色发展。同时，强化举措推动西部大开发形成新格局，推动东北等老工业基地振兴取得新突破，发挥优势推动中部地区高质量发展，鼓励东部地区加快推进现代化，支持革命老区、民族地区、边疆地区、贫困地区改善生产生活条件。

实施区域协调发展战略。针对区域发展差距依然较大、区域分化现象逐渐显现、无序开发与恶性竞争仍然存在、区域发展不平衡不充分问题依然比较突出的问题，党的十九大提出实施区域协调发展战略。中国推动西部大开发形成新格局，推动东北振兴取得新突破，推动中部地区高质量发展，鼓励东部地区加快推进现代化，增强区域发展平衡性。2018年11月，中共中央、国务院印发《关于建立更加有效的区域协调发展新机制的意见》。该意见提出，立足发挥各地区比较优势和缩小区域发展差距，围绕努力实现基本公共服务均等化、基础设施通达程度比较均衡、人民基本生活保障水平大体相当的目标，深化改革开放，坚决破除地区之间利益藩篱和政策壁垒，加快形成统筹有力、竞争有序、绿色协调、共享共赢的区域协调发展新机制，促进区域协调发展。

实施主体功能区战略。中国经济发展的空间结构正在发生深刻变化，中心城市和城市群正在成为承载发展要素的主要空间形式。2017年，中共中央、国务院印发《关于完善主体功能区战略和制度的若干意见》，指出完善主体功能区战略和制度，关键要在严格执行主体功能区规划基础上，将国家和省级层面主体功能区战略格局在市县层面精准落地，重点是健全优化开发区、重点开发区、农产品主产区、重点生态功能区等各类主体功能区空间发展长效机制。党的十九届五中全会进一步提出，立足资源环境承载能力，发挥各地比较优势，逐步形成城市化地区、农产品主产区、生态功能区三大空间格局，优化重大基础设施、重大生产力和公共资源布局。

党的十八大以来，中国区域协调发展成效明显。2021年，东部、中部、西部、东北地区生产总值稳步增长；中部地区、长江经济带、长江三角洲的地区生产总值分别比上年增长8.7%、8.7%、8.4%，都高于全国国内生产总值增长8.1%的水平；粤港澳大湾区建设、黄河流域生态保护和高质量发展等区域重大战略深入实施。

2022年，中部、西部地区生产总值分别为266513亿元、256985亿元，分别比上年增长4.0%、3.2%，高于全国国内生产总值增长3.0%的水平。[①]中部地区、西部地区居民收入增长速度快于全国居民收入平均增速。2021年，中部地区居民人均可支配收入名义增长9.2%，西部地区居民人均可支配收入名义增长9.4%，分别比全国平均水平高0.1、0.3个百分点。

党的十八大以来的十年，中国区域发展发生历史性变化、取得历史性成就，发展的平衡性、协调性和优势互补性持续增强。一是培育形成了带动全国高质量发展的动力源。京津冀地区紧紧抓住北京非首都功能疏解这个"牛鼻子"推动区域协同发展，雄安新区高标准高质量推进建设。粤港澳大湾区深化合作迈出新步伐，2021年粤港澳大湾区内地九市地区生产总值超过10万亿元。长三角创新发展活力持续增强，长三角生态绿色一体化发展示范区、上海自由贸易试验区新片区建设再结硕果。二是逐步走上了生态优先绿色发展的区域发展道路。长江经济带生态环境保护修复稳步推进，长江"十年禁渔"全面实施，中国第一部流域法《长江保护法》颁布实施。黄河流域防洪体系不断完善，实现了黄河干流连续20多年不断流。三是推动构建了优势互补高质量发展的区域经济布局。中心城市和城市群等经济发展优势区域的承载能力进一步增强，农产品主产区、重点生态功能区、能源资源富集地区和边境地区的保障

[①] 国家统计局：《中华人民共和国2022年国民经济和社会发展统计公报》，《人民日报》2023年3月1日，第9版。

能力进一步提升，特殊类型地区振兴发展迈出新的步伐。

综上所述，中国共产党在推进中国式现代化进程中，把全面性与重点性统一起来，既推进重点，又着力解决现代化进程中的发展不平衡、不充分问题，形成了促进全面协调发展的路径：从人自由而全面的发展、人的现代化发展出发致力于促进经济社会全面协调发展，在产业体系现代化演进中促进产业协调发展，在构建独立的完整的工业体系和国民经济体系进程中夯实农业基础，在发展虚拟经济时发挥其服务作用夯实实体经济根基，在城镇化进程中促进城乡协调发展，在循环累积因果效应固化区域发展不平衡下促进区域协调发展。动态地破解中国式现代化演进中的不平衡不充分的发展问题，在全面协调发展中拓宽发展空间，在加强薄弱领域中增强发展后劲，是中国成为韧性强的经济发展体、经济快速发展和社会长期稳定相互促进的重要因素，是中国应对国际形势复杂变化和不确定性因素增多的支点和优势。

第七章 使命任务

中国式现代化由全面小康向现代化强国大跨越的目标任务和战略安排

2023年4月,习近平总书记在广东考察时强调:"中国式现代化有目标、有规划、有战略,一定会实现。我们将一步一个脚印扎扎实实向前推进。"① 以习近平同志为核心的党中央作出中国进入新发展阶段的战略判断,明确了中国发展的历史方位,其发展目标由全面小康大跨越到全面建成社会主义现代化强国。党的二十大明确的新时代新征程中国共产党的使命任务,是目标跨越、全面推进、自信自立、聚心协力的战略目标指向。这次大会提出"分两步走"全面建成社会主义现代化强国,是强大战略定力下贯通"两个一百年"奋斗目标、创造人类文明新形态、为人类社会现代化作出新贡献的战略安排,赋予了人类文明新形态、社会主义现代化强国新的丰富内涵,明确了推进和拓展中国式现代化创造人类文明新形态的目标及其实现路径,强调了致力于人自由而全面的发展创造人口规模巨大的现代化、致力于推动更多低收入人群迈入中等收入行

---

① 《"在推进中国式现代化建设中走在前列"——习近平总书记考察广东纪实》,《人民日报》2023年4月15日,第1版。

列创造全体人民共同富裕的现代化、致力于物质文明和精神文明高质量发展创造物质文明和精神文明相协调的现代化、致力于形成绿色生产生活方式创造人与自然和谐共生的现代化、致力于国家安全体系和能力全面加强创造走和平发展道路的现代化。

中国共产党贯通"两个一百年"奋斗目标，保持中国式现代化的战略定力，一张蓝图绘到底，并随着现代化的推进不断丰富建设社会主义现代化国家的目标内涵，推动中国式现代化蓝图一步一步变为现实，这是中国共产党实施战略部署的宝贵经验。党的二十大以"高举中国特色社会主义伟大旗帜，全面贯彻新时代中国特色社会主义思想，弘扬伟大建党精神，自信自强、守正创新，踔厉奋发、勇毅前行，为全面建设社会主义现代化国家、全面推进中华民族伟大复兴而团结奋斗"为主题，基于中国进入新发展阶段的战略判断，明确了新时代新征程中国共产党以中国式现代化全面推进中华民族伟大复兴的使命任务，作出了"分两步走"到21世纪中叶全面建成社会主义强国的战略安排，发展目标由全面小康大跨越到全面建成社会主义现代化强国。

一、中国进入新发展阶段的战略判断明确了中国发展的历史方位

党的二十大对新时代新征程中国共产党中心任务的明确，是以对党和人民事业所处历史方位和发展阶段战略判断为依据的。2021年1月，习近平总书记在省部级主要领导干部学习贯彻党的十九届五中全会精神专题研讨班开班式上指出："正确认识党和人民事业所处的历史方位和发展阶段，是我们党明确阶段性中心任务、制定路线方针政策的根本依据，也是我们党领导革命、建设、改革不断取得胜利的重要经验。"[①]

（一）中国进入新发展阶段的战略判断

党的十九届五中全会提出，全面建成小康社会、实现第一个百年奋斗目标之后，乘势而上开启全面建设社会主义现代化国家新征程、向第二个百年奋斗目标进军。这标志着中国进入新发展阶段。中国进入新发展阶段是以习近平同志为核心的党中央基于中国经济社会发展的历史逻辑、理论逻辑、现实逻辑作出的战略判断。

中国进入新发展阶段的战略判断，是中国共产党在实现第一个百年奋斗目标后，以高度的历史自觉和历史主动为实现第二个百年奋斗目标作出的。2020年10月，习近平总书记在党的十九届五中

---

① 习近平：《把握新发展阶段，贯彻新发展理念，构建新发展格局》，《求是》2021年第9期。

全会第二次全体会议上指出:"中国共产党建立近百年来,团结带领中国人民所进行的一切奋斗,就是为了把我国建设成为现代化强国,实现中华民族伟大复兴。"① 新中国自成立起,尽管遭遇过意想不到的困难和挫折,但中国共产党始终没有动摇过建设社会主义现代化国家的意志和决心。中国共产党对建设社会主义现代化国家的认识不断深入、战略不断成熟、实践不断丰富,团结带领人民成功推进和拓展了中国式现代化,为新发展阶段奠定了实践基础、理论基础、制度基础。经过不懈奋斗,到 2020 年,中国经济实力、科技实力、综合国力和人民生活水平跃上新的大台阶,是世界第二大经济体、第一大工业国、第一大货物贸易国、第一大外汇储备国,国内生产总值达到 101.6 万亿元、跨上 100 万亿元台阶,人均国内生产总值连续两年跨上 1 万美元台阶(2019 年达到 1.04 万美元),城镇化率达到 63.89%、跨上 60% 台阶(2019 年达到 60.6%)。中国解决了困扰中华民族千百年来的绝对贫困问题,全面建成小康社会目标如期实现,站上更高的历史新起点。

中国进入新发展阶段的战略判断,明确了新时代的历史方位,为新时代新征程中国共产党中心任务的确定提供了根本依据,也为中国共产党路线方针政策的制定提供了根本依据。

---

① 习近平:《新发展阶段贯彻新发展理念必然要求构建新发展格局》,《求是》2022 年第 17 期。

（二）新发展阶段的内涵

2020年10月，习近平总书记在党的十九届五中全会第二次全体会议上指出："新发展阶段就是全面建设社会主义现代化国家、向第二个百年奋斗目标进军的阶段。这在我国发展进程中具有里程碑意义。对这个新发展阶段，我们要从历史和现实、理论和实践的角度全面加以把握。"①

新发展阶段是社会主义初级阶段中的一个阶段，是其中经过几十年积累、站到了新的起点上的一个阶段。马克思主义是远大理想和现实目标相结合、历史必然性和发展阶段性相统一的统一论者，坚信人类社会必然走向共产主义，但实现这一崇高目标必然经历若干历史阶段。中国共产党运用马克思主义基本原理解决中国实际问题，在实践中逐步认识到发展社会主义是一个长期历史过程，而且需要经历不同历史阶段。1959年12月至1960年2月，毛泽东在读苏联《政治经济学教科书》时指出："一切事物总是有'边'的。事物的发展是一个阶段接着一个阶段不断地进行的，每一个阶段也是有'边'的。不承认'边'，就是否认质变或部分质变。"②毛泽东进一步指出："社会主义这个阶段，又可能分为两个阶段，第一个阶段是不发达的社会主义，第二个阶段是比较发达的社会主

---

① 习近平：《新发展阶段贯彻新发展理念必然要求构建新发展格局》，《求是》2022年第17期。
② 《毛泽东文集》第8卷，人民出版社1999年版，第108页。

义。后一阶段可能比前一阶段需要更长的时间。"①1987年，邓小平指出："社会主义本身是共产主义的初级阶段，而我们中国又处在社会主义的初级阶段，就是不发达的阶段。一切都要从这个实际出发，根据这个实际来制订规划。"②1992年，邓小平强调："我们搞社会主义才几十年，还处在初级阶段。巩固和发展社会主义制度，还需要一个很长的历史阶段，需要我们几代人、十几代人，甚至几十代人坚持不懈地努力奋斗，决不能掉以轻心。"③邓小平强调在当时中国经济基础薄弱条件下，现代化需要经过很长时间的艰苦奋斗才能够实现，同时强调了不可能一劳永逸，即使中国实现了现代化，世世代代仍然要坚持中国社会主义制度，一以贯之地把巩固和发展社会主义制度的问题解决好。2021年1月，习近平总书记在省部级主要领导干部学习贯彻党的十九届五中全会精神专题研讨班开班式上强调："社会主义初级阶段不是一个静态、一成不变、停滞不前的阶段，也不是一个自发、被动、不用费多大气力自然而然就可以跨过的阶段，而是一个动态、积极有为、始终洋溢着蓬勃生机活力的过程，是一个阶梯式递进、不断发展进步、日益接近质的飞跃的量的积累和发展变化的过程。全面建设社会主义现代化国家、基本实现社会主义现代化，既是社会主义初级阶段我国发展的

---

① 《毛泽东文集》第8卷，人民出版社1999年版，第116页。
② 《邓小平文选》第3卷，人民出版社1993年版，第252页。
③ 《邓小平文选》第3卷，人民出版社1993年版，第379—380页。

要求，也是我国社会主义从初级阶段向更高阶段迈进的要求。"①

新发展阶段是中国共产党团结带领人民迎来从站起来、富起来到强起来历史性跨越的新阶段。中国共产党自成立起，团结带领人民经过 28 年的浴血奋战和顽强奋斗，建立起新中国，实现从新民主主义革命到社会主义革命的跨越。新中国成立后，中国共产党团结带领人民创造性完成社会主义改造，确立社会主义基本制度，大规模开展社会主义经济文化建设，中国人民站起来了，而且也站住了、站稳了，实现从社会主义革命到社会主义建设的历史性跨越。进入改革开放和社会主义现代化建设新时期，中国共产党团结带领人民进行改革开放新的伟大革命，极大地激发了广大人民群众的积极性、主动性、创造性，成功开辟了中国特色社会主义道路，由此中国大踏步赶上时代，实现社会主义现代化进程中新的历史性跨越，迎来了中华民族伟大复兴的光明前景。中华民族伟大复兴进入了不可逆转的历史进程，中国在全面建成小康社会、实现第一个百年奋斗目标的基础上续写全面建设社会主义现代化国家新的历史。

新发展阶段的目标是全面建成社会主义现代化强国。2021 年 1 月，习近平总书记在省部级主要领导干部学习贯彻党的十九届五中全会精神专题研讨班开班式上强调："我们的任务是全面建设社会主义现代化国家，当然我们建设的现代化必须是具有中国特色、符合中国实际的……这是我国现代化建设必须坚持的方向，要在我

---

① 习近平：《把握新发展阶段，贯彻新发展理念，构建新发展格局》，《求是》2021 年第 9 期。

国发展的方针政策、战略战术、政策举措、工作部署中得到体现，推动全党全国各族人民共同为之努力。"①以习近平同志为核心的党中央作出新发展阶段的战略判断，是发展目标由全面小康向全面建成社会主义现代化强国的大跨越。进入新发展阶段，中国将全面提升物质文明、政治文明、精神文明、社会文明、生态文明，推进由并跑向引领大跨越，更加注重高质量发展、共同富裕、人自由而全面的发展、人与自然和谐共生，致力于实现国家治理体系和治理能力现代化，成为综合国力和国际影响力领先的社会主义现代化强国，人民享有更加幸福安康的生活，中华民族以更加昂扬的姿态屹立于世界民族之林。

二、新时代新征程中国共产党使命任务的目标指向

党的二十大报告第三部分"新时代新征程中国共产党的使命任务"开宗明义指出："从现在起，中国共产党的中心任务就是团结带领全国各族人民全面建成社会主义现代化强国、实现第二个百年奋斗目标，以中国式现代化全面推进中华民族伟大复兴。"②党的二十大明确的新时代新征程中国共产党的使命任务是一个由全面小

---

① 习近平：《把握新发展阶段，贯彻新发展理念，构建新发展格局》，《求是》2021年第9期。
② 习近平：《高举中国特色社会主义伟大旗帜，为全面建设社会主义现代化国家而团结奋斗——在中国共产党第二十次全国代表大会上的报告》，人民出版社2022年版，第21页。

康大跨越到全面建成社会主义现代化强国的战略目标指向。

第一,是在完成第一个百年奋斗目标基础上向现代化强国大跨越的战略目标指向。新时代新征程中国共产党使命任务的明确,是基于全面建成小康社会为全面建设社会主义现代化国家奠定的雄厚基础,对党的十九届六中全会通过的《中共中央关于党的百年奋斗重大成就和历史经验的决议》中关于新时代"党面临的主要任务"的拓展。《中共中央关于党的百年奋斗重大成就和历史经验的决议》指出:"中国特色社会主义进入新时代。党面临的主要任务是,实现第一个百年奋斗目标,开启实现第二个百年奋斗目标新征程,朝着实现中华民族伟大复兴的宏伟目标继续前进。"①党的二十大与党的十九届六中全会接续,既明确了更高的"全面建成社会主义现代化强国"和"全面推进中华民族伟大复兴"的目标,也更加清晰地明确了"以中国式现代化全面推进中华民族伟大复兴"的实现路径。

第二,是强调"全面推进"的战略目标指向。党的二十大报告在《中共中央关于党的百年奋斗重大成就和历史经验的决议》提出的"以中国式现代化推进中华民族伟大复兴"基础上,加了"全面"二字,强调"全面推进"。这就明确了中华民族伟大复兴是中国综合国力的全面提升,不仅包括经济实力、科技实力、军事实力等硬实力的跃升,还包括文化软实力以及国际影响力、感召力、塑造力

---

① 《中共中央关于党的百年奋斗重大成就和历史经验的决议》,人民出版社2021年版,第23页。

的显著提升。

　　第三，是自信自立的战略目标指向。党的二十大报告指出："改革开放和社会主义现代化建设深入推进，书写了经济快速发展和社会长期稳定两大奇迹新篇章，我国发展具备了更为坚实的物质基础、更为完善的制度保证，实现中华民族伟大复兴进入了不可逆转的历史进程。"[①] 中国共产党明确以中国式现代化全面推进中华民族伟大复兴的使命任务，是基于中国特色社会主义道路自信、理论自信、制度自信、文化自信作出的。中国式现代化体现了人类社会发展规律和社会主义建设规律，切合中国实际，扎根中国大地，必须坚持以中国式现代化全面推进中华民族伟大复兴。党的二十大报告强调，"科学社会主义在二十一世纪的中国焕发出新的蓬勃生机，中国式现代化为人类实现现代化提供了新的选择"[②]。

　　第四，是聚心协力的战略目标指向。以为中国人民谋幸福、为中华民族谋复兴为己任的中国共产党登上历史舞台后，就把实现现代化作为不懈奋斗的目标。习近平总书记指出："建设社会主义现代化国家、实现中华民族伟大复兴，是我们党孜孜以求的宏伟目标。

[①] 习近平：《高举中国特色社会主义伟大旗帜，为全面建设社会主义现代化国家而团结奋斗——在中国共产党第二十次全国代表大会上的报告》，人民出版社2022年版，第15—16页。

[②] 习近平：《高举中国特色社会主义伟大旗帜，为全面建设社会主义现代化国家而团结奋斗——在中国共产党第二十次全国代表大会上的报告》，人民出版社2022年版，第16页。

自成立以来，我们党就团结带领人民为此进行了不懈奋斗。"① 为了中华民族伟大复兴这一事业，无数先辈筚路蓝缕、披荆斩棘，进行了艰苦卓绝的奋斗。自新中国成立起，中国共产党团结带领人民推进社会主义建设，从第一个五年计划到第十四个五年规划都一以贯之地将把中国建设成为社会主义现代化国家作为主题。中国式现代化的推进和拓展坚持以人民为中心创造了人类文明新形态，以中国式现代化全面推进中华民族伟大复兴则把中国共产党为中国人民谋幸福和为中华民族谋复兴统一起来。党的二十大对新时代新征程以中国式现代化全面推进中华民族伟大复兴这一中国共产党使命任务的明确，是对党和国家事业发展新要求、人民群众新期待的准确把握，必将形成磅礴力量。

明确新时代新征程中国共产党的使命任务是习近平新时代中国特色社会主义思想的重要组成部分。《中共中央关于党的百年奋斗重大成就和历史经验的决议》提出"十个明确"，其中之一是："明确坚持和发展中国特色社会主义，总任务是实现社会主义现代化和中华民族伟大复兴，在全面建成小康社会的基础上，分两步走在本世纪中叶建成富强民主文明和谐美丽的社会主义现代化强国，以中国式现代化推进中华民族伟大复兴。"② 这一论述是习近平新时代中国特色社会主义思想丰富内涵的重要组成部分。

---

① 中共中央党史和文献研究院编：《十九大以来重要文献选编（中）》，中央文献出版社2021年版，第262页。
② 《中共中央关于党的百年奋斗重大成就和历史经验的决议》，人民出版社2021年版，第24页。

完成使命任务是伟大和荣光的事业。2021年7月，习近平总书记指出："一百年来，中国共产党团结带领中国人民进行的一切奋斗、一切牺牲、一切创造，归结起来就是一个主题：实现中华民族伟大复兴。"①2022年10月，习近平总书记在二十届中央政治局常委同中外记者见面时强调："全面建设社会主义现代化国家寄托着中华民族的夙愿和期盼，凝结着中国人民的奋斗和汗水。中国式现代化是中国共产党和中国人民长期实践探索的成果，是一项伟大而艰巨的事业。惟其艰巨，所以伟大；惟其艰巨，更显荣光。为了这一事业，无数先辈筚路蓝缕、披荆斩棘，进行了艰苦卓绝的奋斗，我们心中永远铭记着他们的奉献和牺牲。我们要埋头苦干、担当作为，以更加强烈的历史主动精神推进马克思主义中国化时代化，不断谱写新时代中国特色社会主义新篇章，奋力实现中华民族伟大复兴的中国梦。"②

党的二十大全面把握党和国家事业发展新要求、人民群众新期待，对新时代新征程中国共产党的使命任务的明确，发出了为全面建设社会主义现代化国家、全面推进中华民族伟大复兴而团结奋斗的动员令。

---

① 《习近平谈治国理政》第4卷，外文出版社2022年版，第4页。
② 《始终坚持一切为了人民一切依靠人民，以中国式现代化全面推进中华民族伟大复兴》，《人民日报》2022年10月24日，第2版。

三、"分两步走"的战略安排赋予人类文明新形态和社会主义现代化强国新的丰富内涵

党的二十大既发扬历史自觉和历史主动精神,又坚持战略定力和保持历史耐心,围绕新时代新征程中国共产党的使命任务,致力于创新人类文明新形态和为人类社会现代化作出新贡献,作出了"分两步走"全面建成社会主义现代化强国的战略安排,明确了到 21 世纪中叶中国发展的总体目标、时间表和路线图,擘画了第二个百年奋斗目标的美好图景,赋予了人类文明新形态和社会主义现代化强国新的丰富内涵。

(一)"分两步走"是强大战略定力下贯通"两个一百年"奋斗目标的战略安排

在把中国建设成为社会主义现代化国家的目标上,中国共产党保持强大战略定力,形成了贯通"两个一百年"奋斗目标的"分两步走"战略安排。中国共产党在新中国成立初期就明确了"把我国建设成为 个强大的社会主义国家"的战略目标,并提出"分两步走"基本实现四个现代化的战略。改革开放初期,中国共产党根据中国发展实际和世界现代化进程,提出推进社会主义现代化建设"三步走"战略。世纪之交,党的十五届六中全会和党的十六大基于已经实现现代化建设"三步走"战略的第一步、第二步目标,人民生活总体上达到小康水平,提出在 21 世纪头 20 年全面建设惠及

十几亿人口的更高水平的小康社会目标,然后再奋斗30年,到21世纪中叶基本实现现代化,把中国建成富强民主文明的社会主义国家。进入新时代,以习近平同志为核心的党中央发出向"两个一百年"奋斗目标进军的号召,明确提出在中国共产党成立100年时全面建成小康社会,在新中国成立100年时建成富强民主文明和谐的社会主义现代化国家。党的十九大在新的更高的历史起点上,作出到2035年基本实现社会主义现代化、到21世纪中叶把中国建成富强民主文明和谐美丽的社会主义现代化强国的分两个阶段实现第二个百年奋斗目标的战略安排。这一战略安排首次提出"全面建成社会主义现代化强国"概念,在战略目标上与"五位一体"总体布局相对应,增加了代表生态文明的"美丽"这一内容,使现代化的内涵更加全面,把基本实现现代化的时间比原先提前了15年。党的二十大基于全面建成小康社会、第一个百年奋斗目标已经实现,对"分两步走"全面建成社会主义现代化强国的战略安排作出新的宏观展望,并细化了实现第二个百年奋斗目标的时间表和路线图。

"分两步走"是目标递进的战略安排。党的二十大报告提出:"全面建成社会主义现代化强国,总的战略安排是分两步走:从二〇二〇年到二〇三五年基本实现社会主义现代化;从二〇三五年到本世纪中叶把我国建成富强民主文明和谐美丽的社会主义现代化强国。"① 这一战略安排明确了目标递进的 2035 年中国发展的总体目标和到 21 世纪中叶中国发展的远景目标，以及全面建成社会主义现代化强国"分两步走"的时间表、路线图。报告明确提出到 2035 年中国发展的总体目标是："经济实力、科技实力、综合国力大幅跃升，人均国内生产总值迈上新的大台阶，达到中等发达国家水平；实现高水平科技自立自强，进入创新型国家前列；建成现代化经济体系，形成新发展格局，基本实现新型工业化、信息化、城镇化、农业现代化；基本实现国家治理体系和治理能力现代化，全过程人民民主制度更加健全，基本建成法治国家、法治政府、法治社会；建成教育强国、科技强国、人才强国、文化强国、体育强国、健康中国，国家文化软实力显著增强；人民生活更加幸福美好，居民人均可支配收入再上新台阶，中等收入群体比重明显提高，基本公共服务实现均等化，农村基本具备现代生活条件，社会保持长期稳定，人的全面发展、全体人民共同富裕取得更为明显的实质性进展；广泛形成绿色生产生活方式，碳排放达峰后稳中有降，生态环境根本好转，美丽中国目标基本实现；国家安全体系和能力全面加强，基本实现国防和军队现代化。"② 到 21 世纪中叶中国发展的远景目标是："在基本实现现代化的基础上，我们要继续奋斗，到

---

① 习近平：《高举中国特色社会主义伟大旗帜，为全面建设社会主义现代化国家而团结奋斗——在中国共产党第二十次全国代表大会上的报告》，人民出版社 2022 年版，第 24 页。

② 习近平：《高举中国特色社会主义伟大旗帜，为全面建设社会主义现代化国家而团结奋斗——在中国共产党第二十次全国代表大会上的报告》，人民出版社 2022 年版，第 24—25 页。

本世纪中叶，把我国建设成为综合国力和国际影响力领先的社会主义现代化强国。"①党的二十大报告不仅明确了到2035年中国发展的总体目标和到21世纪中叶中国发展的远景目标，还从为扎实推进"分两步走"的战略安排奠定基础出发，强调："未来五年是全面建设社会主义现代化国家开局起步的关键时期，主要目标任务是：经济高质量发展取得新突破，科技自立自强能力显著提升，构建新发展格局和建设现代化经济体系取得重大进展；改革开放迈出新步伐，国家治理体系和治理能力现代化深入推进，社会主义市场经济体制更加完善，更高水平开放型经济新体制基本形成；全过程人民民主制度化、规范化、程序化水平进一步提高，中国特色社会主义法治体系更加完善；人民精神文化生活更加丰富，中华民族凝聚力和中华文化影响力不断增强；居民收入增长和经济增长基本同步，劳动报酬提高与劳动生产率提高基本同步，基本公共服务均等化水平明显提升，多层次社会保障体系更加健全；城乡人居环境明显改善，美丽中国建设成效显著；国家安全更为巩固，建军一百年奋斗目标如期实现，平安中国建设扎实推进；中国国际地位和影响进一步提高，在全球治理中发挥更大作用。"②

"分两步走"是掌握历史主动谋划长远发展的战略安排。党的

---

① 习近平：《高举中国特色社会主义伟大旗帜，为全面建设社会主义现代化国家而团结奋斗——在中国共产党第二十次全国代表大会上的报告》，人民出版社2022年版，第25页。

② 习近平：《高举中国特色社会主义伟大旗帜，为全面建设社会主义现代化国家而团结奋斗——在中国共产党第二十次全国代表大会上的报告》，人民出版社2022年版，第25页。

二十大将"团结带领全国各族人民全面建成社会主义现代化强国、实现第二个百年奋斗目标,以中国式现代化全面推进中华民族伟大复兴"明确为新时代新征程中国共产党的使命任务,不仅如此,还在到2035年中国发展的总体目标和到21世纪中叶中国发展的远景目标中赋予了创造人类文明新形态和社会主义现代化强国新的丰富内涵,基于历史自信提出了"谱写新时代中国特色社会主义更加绚丽的华章"的要求。这是中国共产党担当历史使命,进而勇立时代潮头、引领时代前行的历史主动精神的充分体现。

"分两步走"是保持历史耐心的战略安排。形成扎实推进全面建成社会主义现代化强国"分两步走"的战略安排,一是中国共产党清醒地认识到"全面建设社会主义现代化国家,是一项伟大而艰巨的事业,前途光明,任重道远"[1],二是基于历史自信和发展规律。

"分两步走"是有历史基础的战略安排。中国共产党团结带领人民克服了很多来自外部的严重风险冲击和内部的困难,自1953年起实施完成了13个国家经济社会发展五年规划(计划),创造了经济快速发展和社会长期稳定两大奇迹,成功推进和拓展了中国式现代化,全面建成小康社会,实现第一个百年奋斗目标,为到21世纪中叶建成富强民主文明和谐美丽的社会主义现代化强国、实现第二个百年奋斗目标奠定了坚实基础。

---

[1] 习近平:《高举中国特色社会主义伟大旗帜,为全面建设社会主义现代化国家而团结奋斗——在中国共产党第二十次全国代表大会上的报告》,人民出版社2022年版,第26页。

"分两步走"是有战略支撑的战略安排。党的十八大以来,以习近平同志为核心的党中央"在战略上不断完善,深入实施科教兴国战略、人才强国战略、乡村振兴战略等一系列重大战略,为中国式现代化提供坚实战略支撑"①。党的二十大将"建成教育强国、科技强国、人才强国、文化强国、体育强国、健康中国,国家文化软实力显著增强"明确为到 2035 年中国发展的总体目标。

(二)"分两步走"的战略安排赋予人类文明新形态和社会主义现代化强国新的丰富内涵

党中央基于国情世情积极识变应变求变,以致力于创造人类文明新形态为人类社会现代化作出新贡献的胸怀,在明确"分两步走"全面建成社会主义现代化强国的战略安排时,赋予了人类文明新形态和社会主义现代化强国新的丰富内涵。

在战略安排上致力于人自由而全面的发展创造人口规模巨大的现代化。2023 年 3 月,习近平总书记在中国共产党与世界政党高层对话会上指出:"现代化的最终目标是实现人自由而全面的发展。"②"分两步走"战略安排归根结底在于解决新时代中国社会主要矛盾,满足人民对于美好生活的需要,促进人自由而全面的发展。党的二十大将人民生活更加幸福美好、人的全面发展取得更为

---

① 《正确理解和大力推进中国式现代化》,《人民日报》2023 年 2 月 8 日,第 1 版。
② 习近平:《携手同行现代化之路——在中国共产党与世界政党高层对话会上的主旨讲话》,《人民日报》2023 年 3 月 16 日,第 2 版。

明显的实质性进展纳入到2035年中国发展的总体目标，并明确了丰富人民物质生活和精神生活两个方面推进的方向。

党的二十大在满足人民物质生活水平提升的战略安排上，在明确到2035年"人均国内生产总值迈上新的大台阶，达到中等发达国家水平"的同时，强调"居民人均可支配收入再上新台阶"，这与党的十三大确定的"三步走"战略强调经济总量增长目标，以及党的十九届五中全会审议通过的《中共中央关于制定国民经济和社会发展第十四个五年规划和二〇三五年远景目标的建议》明确"经济总量和城乡居民人均收入将再迈上新的大台阶"的远景目标相比，更加强调人均收入增长的目标指向。

党的二十大在以往强调人民生活更加美好的基础上，加上"幸福"内容，将"人民生活更加幸福美好"纳入到2035年中国发展的总体目标中，表达了满足人民对物质生活升级的需要同时，也要满足精神生活升级的要求，促进人自由而全面的发展。

党的二十大明确了促进人自由而全面的发展的实现路径，将"居民收入增长和经济增长基本同步，劳动报酬提高与劳动生产率提高基本同步，基本公共服务均等化水平明显提升，多层次社会保障体系更加健全"纳入全面建设社会主义现代化国家开局起步五年的关键时期的主要目标任务；在"推进文化自信自强，铸就社会主义文化新辉煌"部分强调满足人民日益增长的精神文化需求；在"增进民生福祉，提高人民生活品质"部分强调着力解决好人民群众急难愁盼问题，对增强公共服务均衡性和可及性作出新部署。2023年

3月，习近平总书记在中国共产党与世界政党高层对话会上强调："现代化不仅要看纸面上的指标数据，更要看人民的幸福安康。"①

党的二十大还明确通过补农村生产生活条件短板促进农村现代化的目标。党的十八大以来，以习近平同志为核心的党中央着力解决农民群众急难愁盼问题，农村生产生活条件持续改善。尽管如此，农村基础设施和公共服务体系仍然是国家现代化的短板，与农民群众日益增长的美好生活需要相比还有差距。党的二十大报告从解决国家现代化中的农村短板出发，将"农村基本具备现代生活条件"纳入到2035年中国发展的总体目标，要求统筹乡村基础设施和公共服务布局。2022年12月，习近平总书记在中央农村工作会议上指出："要瞄准'农村基本具备现代生活条件'的目标，组织实施好乡村建设行动，特别是要加快防疫、养老、教育、医疗等方面的公共服务设施建设，提高乡村基础设施完备度、公共服务便利度、人居环境舒适度，让农民就地过上现代文明生活。"②这些都体现了以习近平同志为核心的党中央补短板让亿万农民整体迈进现代化的决心和信心。

简言之，在战略安排上强调人均经济总量、人均可支配收入、农村基本具备现代生活条件，特别是明确突出人民幸福，都更加强化了发展为了人民、实现人自由而全面的发展的导向。

---

① 习近平：《携手同行现代化之路——在中国共产党与世界政党高层对话会上的主旨讲话》，《人民日报》2023年3月16日，第2版。
② 习近平：《加快建设农业强国，推进农业农村现代化》，《求是》2023年第6期。

在战略安排上致力于推动更多低收入人群迈入中等收入行列创造全体人民共同富裕的现代化。 党的二十大报告将中等收入群体比重明显提高、全体人民共同富裕取得更为明显的实质性进展纳入到2035年中国发展的总体目标。这个报告还将党的十九届五中全会审议通过的《中共中央关于制定国民经济和社会发展第十四个五年规划和二〇三五年远景目标的建议》明确的到2035年的绝对量目标"中等收入群体显著扩大"调整为相对量目标"中等收入群体比重明显提高",强化了推动更多低收入人群迈入中等收入行列,以基本形成以中等收入群体为主体的橄榄型社会结构。这是对进入新时代以来以习近平同志为核心的党中央将扩大中等收入群体作为扎实推进共同富裕努力方向的强调。2016年5月,习近平总书记在主持中央财经领导小组第十三次会议时强调,"在发展中不断扩大中等收入群体"[①],这明确了扎实推进共同富裕的一个努力方向。2021年8月,习近平总书记在中央财经委员会第十次会议上指出:"总的思路是,坚持以人民为中心的发展思想,在高质量发展中促进共同富裕,正确处理效率和公平的关系,构建初次分配、再分配、三次分配协调配套的基础性制度安排,加大税收、社保、转移支付等调节力度并提高精准性,扩大中等收入群体比重,增加低收入群体收入,合理调节高收入,取缔非法收入,形成中间大、两头小的橄榄型分配结构,促进社会公平正义,促进人的全面发展,使全体

---

① 《坚定不移推进供给侧结构性改革,在发展中不断扩大中等收入群体》,《人民日报》2016年5月17日,第1版。

人民朝着共同富裕目标扎实迈进。"① 这次会议上，习近平总书记强调："着力扩大中等收入群体规模。要抓住重点、精准施策，推动更多低收入人群迈入中等收入行列。"② 随着共同富裕的扎实推动，中国中等收入群体明显扩大，由 2002 年的 735.8 万人，增加到 2020 年的超过 4 亿人，中等收入人口增长了 54 倍多，形成了全球规模最大、最具成长性的中等收入群体。

党的二十大对作为促进共同富裕基础性制度的分配制度进行了完善，明确坚持按劳分配为主体、多种分配方式并存，构建初次分配、再分配、第三次分配协调配套的制度体系，努力提高居民收入在国民收入分配中的比重，提高劳动报酬在初次分配中的比重，规范收入分配秩序，规范财富积累机制，保护合法收入，调节过高收入，取缔非法收入。其中，强调规范收入分配秩序、规范财富积累机制，这将促进收入分配公平性和合法性机制的形成。

在战略安排上致力于物质文明和精神文明高质量发展创造物质文明和精神文明相协调的现代化。 党的二十大基于中国式现代化是物质文明和精神文明相协调的现代化，对促进物质文明和精神文明新发展作出安排。

在物质文明建设上，党的二十大在到 2035 年中国发展的总体目标中，既明确了"经济实力、科技实力、综合国力大幅跃升，

---

① 习近平：《扎实推动共同富裕》，《求是》2021 年第 20 期。
② 习近平：《扎实推动共同富裕》，《求是》2021 年第 20 期。

人均国内生产总值迈上新的大台阶，达到中等发达国家水平"①的发展目标，又明确了"实现高水平科技自立自强，进入创新型国家前列；建成现代化经济体系，形成新发展格局，基本实现新型工业化、信息化、城镇化、农业现代化"②的发展路径。这次大会还明确了若干重大关键问题。一是党的二十大报告在"加快构建新发展格局，着力推动高质量发展"部分进一步强调了"推动经济实现质的有效提升和量的合理增长"。二是明确了实现高水平科技自立自强的新目标和新路径。党的二十大接续党的十九届五中全会审议通过的《中共中央关于制定国民经济和社会发展第十四个五年规划和二〇三五年远景目标的建议》提出的2035年"关键核心技术实现重大突破"目标，进一步明确了更加综合的"实现高水平科技自立自强"目标，这就指明了国际视角下中国科技创新的历史方位。针对国际上科技制高点的竞争空前激烈和中国面对日益严重的"卡脖子"封锁局面，对"强化国家战略科技力量""培育创新文化""集聚力量进行原创性引领性科技攻关""开辟发展新领域新赛道"等实现科技自立自强的途径作出部署，以更大力度鼓励科学领域的自由探索，以实现变被动为主动、变跟随为引领。2023年4月，习近平总书记在广东考察时强调，实现高水平科技自立自强，是中

---

① 习近平：《高举中国特色社会主义伟大旗帜，为全面建设社会主义现代化国家而团结奋斗——在中国共产党第二十次全国代表大会上的报告》，人民出版社2022年版，第24页。
② 习近平：《高举中国特色社会主义伟大旗帜，为全面建设社会主义现代化国家而团结奋斗——在中国共产党第二十次全国代表大会上的报告》，人民出版社2022年版，第24页。

国式现代化建设的关键。要深入实施创新驱动发展战略，加强区域创新体系建设，进一步提升自主创新能力，努力在突破关键核心技术难题上取得更大进展。关键核心技术要立足自主研发，也欢迎国际合作。要加强教育和人才培养，夯实科技自立自强根基。①三是明确了形成新发展格局及其实现路径。随着全球政治经济环境变化，逆全球化趋势加剧，有的国家搞单边主义、保护主义，传统国际循环明显弱化。2020年4月，习近平总书记在中央财经委员会第七次会议上指出，构建以国内大循环为主体、国内国际双循环相互促进的新发展格局。党的二十大将"形成新发展格局"纳入到2035年中国发展的远景目标，明确了要加快构建新发展格局的步伐。党的二十大还强调坚持高水平对外开放，加快构建以国内大循环为主体、国内国际双循环相互促进的新发展格局，提出"增强国内大循环内生动力和可靠性，提升国际循环质量和水平"②的新任务，进而明确了在国内循环方面着重扩大内需、优化供给、打通堵点和在国际循环方面着重提升结构、完善制度、深化合作等思路。

在精神文明建设上，党的二十大将"人民精神文化生活更加丰富，中华民族凝聚力和中华文化影响力不断增强"纳入全面建设社会主义现代化国家开局起步五年的关键时期的主要目标任务。党的

---

① 《坚定不移全面深化改革扩大高水平对外开放，在推进中国式现代化建设中走在前列》，《人民日报》2023年4月14日，第1版。
② 习近平：《高举中国特色社会主义伟大旗帜，为全面建设社会主义现代化国家而团结奋斗——在中国共产党第二十次全国代表大会上的报告》，人民出版社2022年版，第28页。

二十大报告在"推进文化自信自强，铸就社会主义文化新辉煌"部分对建设具有强大凝聚力和引领力的社会主义意识形态、广泛践行社会主义核心价值观、提高全社会文明程度、繁荣发展文化事业和文化产业作出部署。

在战略安排上致力于形成绿色生产生活方式创造人与自然和谐共生的现代化。党的二十大将"城乡人居环境明显改善，美丽中国建设成效显著"明确为全面建设社会主义现代化国家开局起步五年的关键时期的主要目标任务，将"广泛形成绿色生产生活方式，碳排放达峰后稳中有降，生态环境根本好转，美丽中国目标基本实现"明确为到2035年中国发展的总体目标。

党的二十大在"推动绿色发展，促进人与自然和谐共生"部分指出："我们要推进美丽中国建设，坚持山水林田湖草沙一体化保护和系统治理，统筹产业结构调整、污染治理、生态保护、应对气候变化，协同推进降碳、减污、扩绿、增长，推进生态优先、节约集约、绿色低碳发展。"[①] 同时，对加快发展方式绿色转型，深入推进环境污染防治，提升生态系统多样性、稳定性、持续性，积极稳妥推进碳达峰碳中和作出部署。

在战略安排上致力于国家安全体系和能力全面加强创造走和平发展道路的现代化。2023年3月，习近平总书记在中国共产党与

---

① 习近平：《高举中国特色社会主义伟大旗帜，为全面建设社会主义现代化国家而团结奋斗——在中国共产党第二十次全国代表大会上的报告》，人民出版社2022年版，第50页。

世界政党高层对话会上指出:"当今世界,多重挑战和危机交织叠加,世界经济复苏艰难,发展鸿沟不断拉大,生态环境持续恶化,冷战思维阴魂不散,人类社会现代化进程又一次来到历史的十字路口。"①走和平发展道路的现代化,面临来自政治、经济、意识形态、自然界等方面的风险挑战考验,导致不确定难预料的因素增多。党的二十大将"中国国际地位和影响进一步提高,在全球治理中发挥更大作用"纳入全面建设社会主义现代化国家开局起步五年的关键时期的主要目标任务。在战略安排上明确国家安全体系和能力方面的目标,旨在预防来自外部随时可能升级的打压遏制和随时可能发生的各种"黑天鹅""灰犀牛"事件,以新安全格局为新发展格局提供坚实保障,更好地保障走和平发展道路的现代化的推进。

中国共产党致力于创造走和平发展道路的现代化,努力推进人类社会现代化。2023年3月,习近平总书记在十四届全国人大一次会议上强调:"我们要努力推动构建人类命运共同体。中国的发展惠及世界,中国的发展离不开世界。我们要扎实推进高水平对外开放,既用好全球市场和资源发展自己,又推动世界共同发展。我们要高举和平、发展、合作、共赢旗帜,始终站在历史正确一边,践行真正的多边主义,践行全人类共同价值,积极参与全球治理体系改革和建设,推动建设开放型世界经济,推动落实全球发展倡议、全球安全倡议,为世界和平发展增加更多稳定性和正能量,为我国

---

① 习近平:《携手同行现代化之路——在中国共产党与世界政党高层对话会上的主旨讲话》,《人民日报》2023年3月16日,第2版。

发展营造良好国际环境。"① 同月15日，习近平总书记在中国共产党与世界政党高层对话会上倡导要"弘扬立己达人精神，增强现代化成果的普惠性"。习近平总书记进一步指出："人类是一个一荣俱荣、一损俱损的命运共同体。任何国家追求现代化，都应该秉持团结合作、共同发展的理念，走共建共享共赢之路。走在前面的国家应该真心帮助其他国家发展。吹灭别人的灯，并不会让自己更加光明；阻挡别人的路，也不会让自己行得更远。要坚持共享机遇、共创未来，共同做大人类社会现代化的'蛋糕'，努力让现代化成果更多更公平惠及各国人民，坚决反对通过打压遏制别国现代化来维护自身发展'特权'。""要携手推进全球治理体系改革和建设，推动国际秩序朝着更加公正合理的方向发展，在不断促进权利公平、机会公平、规则公平的努力中推进人类社会现代化。""中国共产党将致力于维护国际公平正义，促进世界和平稳定。中国式现代化不走殖民掠夺的老路，不走国强必霸的歪路，走的是和平发展的人间正道。我们倡导以对话弥合分歧、以合作化解争端，坚决反对一切形式的霸权主义和强权政治，主张以团结精神和共赢思维应对复杂交织的安全挑战，营造公道正义、共建共享的安全格局。世界不需要"新冷战"，打着民主旗号挑动分裂对抗，本身就是对民主精神的践踏，不得人心，贻害无穷。中国实现现代化是世界和平力量的增长，是国际正义力量的壮大，无论发展到什么程度，中

---

① 习近平：《在第十四届全国人民代表大会第一次会议上的讲话》，《人民日报》2023年3月14日，第2版。

国永远不称霸、永远不搞扩张。"①

综上所述,以习近平同志为核心的党中央作出中国进入新发展阶段的战略判断,明确了中国发展的历史方位,其发展目标由全面小康大跨越到全面建成社会主义现代化强国。党的二十大明确的新时代新征程中国共产党的使命任务,是目标跨越、全面推进、自信自立、聚心协力的战略目标指向。这次大会提出"分两步走"全面建成社会主义现代化强国,是强大战略定力下贯通"两个一百年"奋斗目标、创造人类文明新形态、为人类社会现代化作出新贡献的战略安排,赋予了人类文明新形态、社会主义现代化强国新的丰富内涵,明确了推进和拓展中国式现代化目标及其实现路径,强调了致力于人自由而全面的发展创造人口规模巨大的现代化、致力于推动更多低收入人群迈入中等收入行列创造全体人民共同富裕的现代化、致力于物质文明和精神文明高质量发展创造物质文明和精神文明相协调的现代化、致力于形成绿色生产生活方式创造人与自然和谐共生的现代化、致力于国家安全体系和能力全面加强创造走和平发展道路的现代化。

---

① 习近平:《携手同行现代化之路——在中国共产党与世界政党高层对话会上的主旨讲话》,《人民日报》2023年3月16日,第2版。

第八章

守正创新

中国式现代化的本质要求和重大原则对人民性的坚守和保障

2023年3月，习近平总书记在中国共产党与世界政党高层对话会上指出："我们要坚守人民至上理念，突出现代化方向的人民性。"① 党的二十届三中全会审议通过的《中共中央关于进一步全面深化改革、推进中国式现代化的决定》强调："坚持以人民为中心，尊重人民主体地位和首创精神，人民有所呼、改革有所应，做到改革为了人民、改革依靠人民、改革成果由人民共享。"② 人民性内在地规定了顺应时代发展要求积极识变应变求变推进和拓展中国式现代化的目标指向及其实现路径。中国式现代化的本质要求以实现内在统一和相互促进的人自由而全面的发展和中华民族伟大复兴、创造人类文明新形态为世界现代化贡献力量为目标指向，致力于五个文明向更高水平发展的本质要求以实现人自由而全面的发展为目标指向，是对中国式现代化人民性的坚守。中国式现代化的重

---

① 习近平：《携手同行现代化之路——在中国共产党与世界政党高层对话会上的主旨讲话》，《人民日报》2023年3月16日，第2版。
② 《中共中央关于进一步全面深化改革、推进中国式现代化的决定》，《人民日报》2024年7月22日，第1版。

大原则确保中国式现代化人民性的坚守,在各种风险挑战下中国式现代化都能够朝着正确的方向推进和拓展。由内在统一的中国式现代化的根本性质、根本遵循、中国特色、本质要求、重大原则、重大关系等构成的中国式现代化理论体系,人民立场和人民至上理念贯通其中,科学地明确了中国式现代化的内涵、目标取向、价值取向、历史方位和实践遵循,是写好坚持和发展中国特色社会主义这篇大文章的一次重大创新。

中国式现代化的本质要求和重大原则是党的二十大概括提出的中国式现代化理论[①]的重要组成部分，科学回答了如何坚守中国式现代化人民性的重大理论和实践问题。

一、本质要求对中国式现代化人民性的坚守及其目标指向

党的二十大报告指出："中国式现代化的本质要求是：坚持中国共产党领导，坚持中国特色社会主义，实现高质量发展，发展全过程人民民主，丰富人民精神世界，实现全体人民共同富裕，促进人与自然和谐共生，推动构建人类命运共同体，创造人类文明新形态。"[②] 这9个方面的本质要求紧密联系、内在贯通，是基于现代

---

① 参见《正确理解和大力推进中国式现代化》，《人民日报》2023年2月8日，第1版。
② 习近平：《高举中国特色社会主义伟大旗帜，为全面建设社会主义现代化国家而团结奋斗——在中国共产党第二十次全国代表大会上的报告》，人民出版社2022年版，第23—24页。

化的本质是人的现代化、坚守中国式现代化人民性推进和拓展中国式现代化的内在规定，强调了推进中国式现代化的领导力量是执政为民的中国共产党，强调了实现人自由而全面的发展和中华民族伟大复兴必须走中国特色社会主义道路，明确了满足人民对物质文明、政治文明、精神文明、社会文明、生态文明更高需求的建设目标，表明了中国共产党团结带领人民创造人类文明新形态为世界现代化贡献力量的天下情怀，科学回答了如何守好中国式现代化的本和顺应时代发展要求积极识变应变求变的时代命题。

（一）中国式现代化的本质要求以实现内在统一和相互促进的人自由而全面的发展和中华民族伟大复兴为目标指向

党的二十大报告强调，"中国式现代化，是中国共产党领导的社会主义现代化"[①]，这明确了中国式现代化的根本性质。这一报告把坚持中国共产党领导明确为中国式现代化的本质要求，也就明确了坚持和加强党的全面领导是中国式现代化的根本保证；把坚持中国特色社会主义明确为中国式现代化的本质要求，也就明确了坚持中国特色社会主义是中国式现代化的正确方向。坚持中国共产党领导、中国特色社会主义是中国式现代化根本的本质要求，是做到其他7个方面本质要求的前提和保障。只有坚持中国共产党领导、

[①] 习近平：《高举中国特色社会主义伟大旗帜，为全面建设社会主义现代化国家而团结奋斗——在中国共产党第二十次全国代表大会上的报告》，人民出版社2022年版，第22页。

中国特色社会主义，才能够守好中国式现代化的本和源、根和魂，推进和拓展中国式现代化才能实现内在统一和相互促进的人自由而全面的发展和中华民族伟大复兴的目标。

坚持中国共产党领导、中国特色社会主义，是实现内在统一和相互促进的人自由而全面的发展和中华民族伟大复兴目标的保障，缘于对中国现代化历史经验教训的总结汲取。近代以来长时段的现代化历史进程表明，中国共产党成立前后两个历史发展时期的差别，根本在于有没有中国共产党领导进而能否实现人民对现代化主动权的掌握。中国在中国共产党成立前，没有在世界上率先发生科技革命和工业革命，在世界工业化进程中落伍挨打，在近代被工业化先发国家瓜分成为半殖民地，人民缺乏对现代化主动权的掌握。尽管有仁人志士挺身而出，试图通过学习西方现代化模式实现自立自强，但在列强控制下，这一现代化之路付出了惨痛代价，中国人民没有能够站起来，受尽屈辱，教训惨痛。中国共产党在百年奋斗历程中，以为中国人民谋幸福和为中华民族谋复兴为初心使命，实现和确保了人民对中国式现代化主动权的掌握，探索出人自由而全面的发展和中华民族伟大复兴相互促进的实现路径，凝聚起人民团结奋斗的强大力量，取得新民主主义革命胜利进而树起中国人民站起来的历史丰碑，在社会主义革命和建设、改革开放和社会主义建设进程中树起从站起来到富起来的历史丰碑，进入新时代又迎来从站起来、富起来到强起来的伟大飞跃。只有坚持中国共产党领导、中国特色社会主义才能够保障人自由而全面的发展和中华民族伟大复兴目标的内在统一和相互促进，这是经过长时期历史充分验证的结论。

坚持中国共产党领导、中国特色社会主义，能够保障中国式现代化的人民性价值取向不偏移，进而构建起中国式现代化跨越发展的强大动能。中国共产党在百年奋斗历程中始终不改人民性的价值取向。历史充分验证，只有坚持中国共产党领导、中国特色社会主义，将人民性落实到每个发展阶段及其各个方面各个环节，才能够把实现人自由而全面的发展和中华民族伟大复兴目标内在统一起来，实现两者相互促进。这是中国共产党领导下科学社会主义在中国焕发出蓬勃生机，亿万人民愿意跟中国共产党走，团结奋斗攻克一道道难关，进而创造出一个又一个彪炳史册的人间奇迹的动能。

坚持中国共产党领导、中国特色社会主义，是能够不走斜路而沿着康庄大道前行的保障。中国特色社会主义是中国共产党团结带领人民历经千辛万苦、付出巨大代价取得的根本成就，是创造人民美好生活的康庄大道，是实现中华民族伟大复兴的必由之路。中国共产党团结带领人民在坚持和发展中国特色社会主义进程中成功走出的中国式现代化道路，符合中国实际，顺应人民意愿，适应时代发展要求，走得通，行得稳，是强国建设、民族复兴的唯一正确道路。中国之所以能够坚持道不变、志不改，既没有走封闭僵化的老路，也没有走改旗易帜的邪路，就是因为中国共产党旗帜鲜明地坚持中国特色社会主义，并把握好中国特色社会主义、中国式现代化、中华民族伟大复兴的内在关系。党的十九大指出，"坚持和发展中

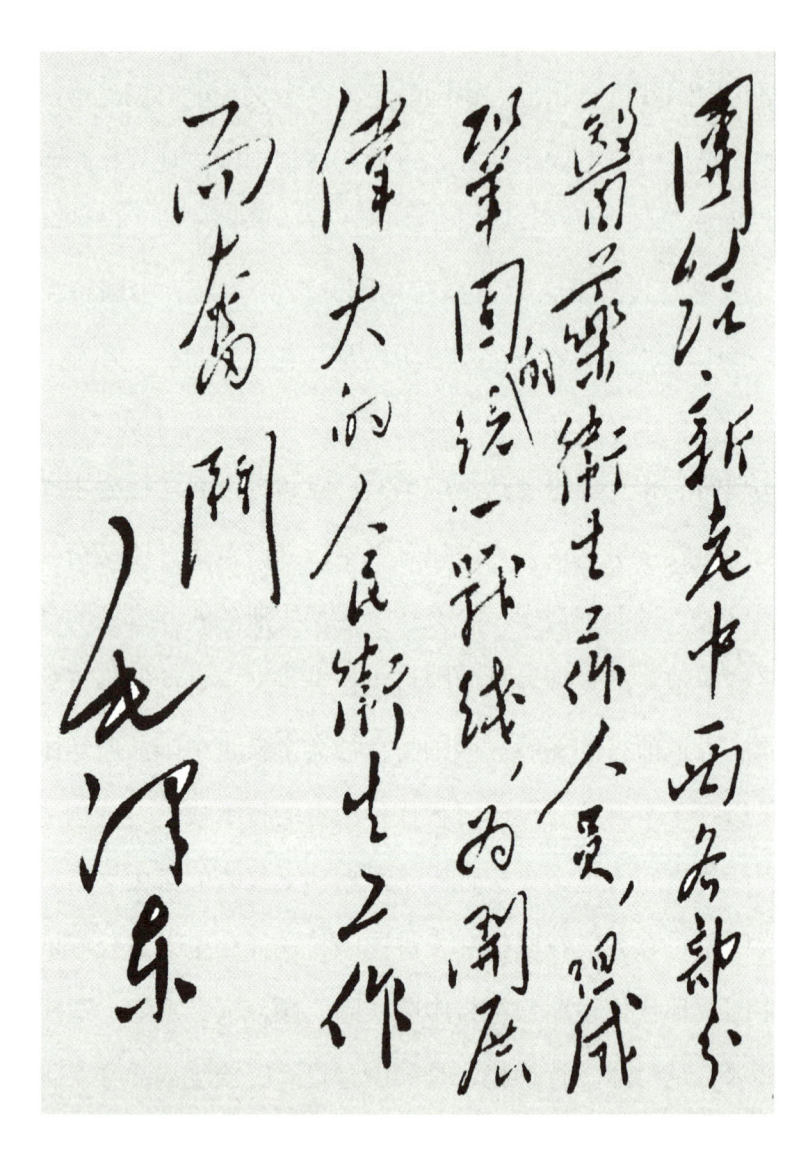

团结新老中西各部分医药卫生工作人员，组成巩固的统一战线，为开展伟大的人民卫生工作而奋斗

毛泽东

◆ 毛泽东为1950年8月召开的第一届全国卫生会议题词，提出"为开展伟大的人民卫生工作而奋斗"。2023年5月作者摄于四川省射洪市贺诚生平陈列馆

国特色社会主义，总任务是实现社会主义现代化和中华民族伟大复兴"①。党的二十大将以中国式现代化全面推进中华民族伟大复兴进一步明确为新时代新征程中国共产党的使命任务。这些都把保障中国式现代化不走斜路、不断创新发展内化到了国家总体战略布局及其实施中。

（二）中国式现代化致力于五个文明向更高水平发展的本质要求以实现人自由而全面的发展为目标指向

2023年3月，习近平总书记在中国共产党与世界政党高层对话会上指出："现代化的最终目标是实现人自由而全面的发展。""政党要锚定人民对美好生活的向往，顺应人民对文明进步的渴望，努力实现物质富裕、政治清明、精神富足、社会安定、生态宜人，让现代化更好回应人民各方面诉求和多层次需要，既增进当代人福祉，又保障子孙后代权益，促进人类社会可持续发展。"②

党的二十大将实现高质量发展、发展全过程人民民主、丰富人民精神世界、实现全体人民共同富裕、促进人与自然和谐共生等明确为中国式现代化的本质要求，以实现人自由而全面的发展为目标指向。一是更加清晰地明确了中国式现代化致力于五个文明协调发展实现人自由而全面的发展，推进以人为本的现代化，而不是以物

---

① 中共中央党史和文献研究院编：《十九大以来重要文献选编（上）》，中央文献出版社2019年版，第13—14页。
② 习近平：《携手同行现代化之路——在中国共产党与世界政党高层对话会上的主旨讲话》，《人民日报》2023年3月16日，第2版。

为本的现代化；二是明确了中国式现代化的发展目标体系、制度优势、文化力量、价值取向和生态基础；三是在中国共产党团结带领人民一以贯之推进五个文明协调发展的基础上，进一步明确了要推动物质文明、政治文明、精神文明、社会文明、生态文明发展上升到更高的新台阶。

中国式现代化致力于五个文明向更高水平发展的本质要求，是科学社会主义基本原则的体现。2013年1月，习近平总书记在学习贯彻党的十八大精神研讨班开班式上指出："我们说中国特色社会主义是社会主义，那就是不论怎么改革、怎么开放，我们都始终要坚持中国特色社会主义道路、中国特色社会主义理论体系、中国特色社会主义制度，坚持党的十八大提出的夺取中国特色社会主义新胜利的基本要求。这就包括在中国共产党领导下，立足基本国情，以经济建设为中心，坚持四项基本原则，坚持改革开放，解放和发展社会生产力，建设社会主义市场经济、社会主义民主政治、社会主义先进文化、社会主义和谐社会、社会主义生态文明，促进人的全面发展，逐步实现全体人民共同富裕，建设富强民主文明和谐的社会主义现代化国家。"[①]

中国式现代化致力于五个文明向更高水平发展的本质要求，旨在全面建成小康社会后更好满足人民日益增长的美好生活需要。中国共产党的百年奋斗史，是围绕国家社会主要矛盾的解决，致力于

[①] 中共中央文献研究室编：《十八大以来重要文献选编（上）》，中央文献出版社2014年版，第110页。

五个文明向更高水平发展，进而促进人自由而全面的发展的历史。在新民主主义革命时期，中国共产党首先解决的是民族危难和人民受压迫，以及由此导致五个文明发展举步维艰的问题。为此，实行新民主主义革命，推翻了压在中国人民头上的帝国主义、封建主义、官僚资本主义三座大山，实现了民族独立和人民解放，为五个文明发展奠定了根本社会基础。新中国的建立和社会主义改造的完成，基本建立起社会主义制度，几千年来阶级剥削制度的历史基本结束，无产阶级同资产阶级之间的矛盾基本解决，为促进五个文明发展奠定了制度基础。党的八大基于社会主义制度建立起来这一历史性变革，把握住国内社会主要矛盾是人民对于建立先进的工业国的要求同落后的农业国的现实之间的矛盾、人民对于经济文化迅速发展的需要同经济文化不能满足人民需要的状况之间的矛盾，提出了中国共产党和人民的主要任务是集中力量解决这个矛盾，把中国尽快从落后的农业国变为先进的工业国的战略目标，进而在世界工业化发展潮流下促进五个文明发展，以满足人民对经济文化的需要。经过几十年努力，中国经济社会实现快速发展，人民生活水平实现大幅度提升，"人民日益增长的物质文化需要同落后的社会生产之间的矛盾"的表述已经不能准确反映中国社会的主要矛盾，党的十九大作出"中国特色社会主义进入新时代，我国社会主要矛盾已经转化为人民日益增长的美好生活需要和不平衡不充分的发展之间的矛盾"的重大论断。破解中国社会主要矛盾，必然要求五个文明要向更高台阶跃升。进入新时代，人民对五个文明的发展有了更高的期盼，在物质文化生活方面有了更高的要求，在民主、法治、公平、正义、安全、环境等方面的要求日益增长，这些都成为中国式现代化推进和拓展的新动能。党的二十大在中国共产党团结带领人民完成第一个百年奋斗目标全面建成小康社会的高起点上，将以中国式现代化全面推进中华民族伟大复兴明确为中国共产党的使命任务，对"加快构建新发展格局，着力推动高质量发展""发展全过程人民民主，保障人民当家作主""推进文化自信自强，铸就社会主义文化新辉煌""增进民生福祉，提高人民生活品质""推动绿色发展，促进人与自然和谐共生"作出战略部署，就是在全面建成小康社会基础上对五个文明实现更高水平的发展战略目标及其实现路径的擘画。

明确中国式现代化致力于五个文明向更高水平发展的本质要求，是理论创新引领发展的成果。在推进中国式现代化进程中，中国共产党实现了一系列重大理论创新。习近平总书记创新性地提出现代化的本质是人的现代化，中国式现代化是人口规模巨大的现代化、全体人民共同富裕的现代化、物质文明和精神文明相协调的现代化、人与自然和谐共生的现代化、走和平发展道路的现代化，全面建设社会主义现代化国家要牢牢把握坚持以人民为中心的发展思想等重大原则。这些中国式现代化的理论创新，对马克思主义现代化理论作出了原创性贡献。

基于中国式现代化致力于五个文明向更高水平发展的本质要求，中国共产党形成促进五个文明协调发展的治国理政方略。中国共产党把五个文明发展明确为国家现代化的内涵,形成了全面建成富强民主文明和谐美丽的社会主义现代化强国的第二个百年奋斗目标;指出高质量发展是全面建设社会主义现代化国家的首要任务,强调没有坚实的物质技术基础就不可能全面建成社会主义现代化强国,坚定不移地把发展作为执政兴国的第一要务;统筹推进包括经济、政治、文化、社会、生态文明的"五位一体"总体布局;协调推进先后以全面建成小康社会、全面建设社会主义现代化国家为战略目标的"四个全面"战略布局。这些治国理政方略引领和促进了五个文明协调发展,使人自由而全面的发展稳步向前。

(三)中国式现代化的本质要求以创造人类文明新形态为世界现代化贡献力量为目标指向

中国共产党团结带领人民推进和拓展的中国式现代化是走和平发展道路的现代化,这不同于一些国家以战争、殖民、掠夺等方式推进的现代化。党的二十大将"推动构建人类命运共同体"和"创造人类文明新形态"明确为中国式现代化的本质要求,是中国共产党胸怀天下,遵循人类文明演进规律、倡导践行人类共同价值、倡导践行人类命运共同体理念,对创造人类文明新形态为世界现代化贡献力量的目标指向的明确。

中国式现代化的本质要求是对人类文明演进规律的遵循。人类文明新形态是中国共产党团结带领人民遵循现代化规律创造的。一是从人自由而全面的发展出发推进现代化,铸就了中国式现代化的新动能，成就了经济快速增长和社会长期稳定两大奇迹并相互促进。二是从国情和世情出发推进和拓展中国式现代化，没有受"西方中心论"下现代化等同于西方化的束缚，验证了人类社会通往现代化的路不止一条，世界上也不存在放之四海而皆准的现代化标准。

中国式现代化的本质要求明确了中国共产党胸怀天下为世界现代化贡献力量的目标指向。中国共产党既为中国人民谋幸福、为中华民族谋复兴，也为人类谋进步、为世界谋大同，致力于对世界现代化作出重要贡献。习近平总书记指出："我们不能照搬发达国家现代化模式，因为地球没有足够资源支撑。必须走自己的道路，对人类有所贡献。"[①] 中国共产党团结带领人民推进和拓展中国式现代化，创造人类文明新形态，对人类文明进步发展作出了重要贡献。一是中国式现代化在推进物质文明、政治文明、精神文明、社会文明、生态文明协调发展的同时，还成为世界经济增长的重要引擎，随着中国成为全球制造业第一大国和中国现代化产业体系建设的推进，为世界提供更多更好的中国制造和中国创造，为满足世界人民的物质生活需要作出了贡献，也为世界发展提供了大规模的中国市场和中国需求。二是高举和平、发展、合作、共赢旗帜，致力于构建人类命运共同体。推动构建人类命运共同体，从国内发展看是中国式现代化外部环境的改善，从人类价值取向看是践行人类共同价

---

① 《习近平：不能照搬发达国家现代化模式》，人民网，http://politics.people.com.cn/n/2013/0722/c70731-22279080.html。

值、促进各国共同繁荣的内在要求。中国坚持以文明交流超越文明隔阂、文明互鉴超越文明冲突、文明共存超越文明优越，推动建设一个持久和平、普遍安全、共同繁荣、开放包容、清洁美丽的世界。中国式现代化的推进和拓展，拓展和升华了世界文明，为促进世界各国共同繁荣作出了贡献。三是以中国之治成功推进和拓展中国式现代化，为人类实现现代化提供了新的选择。党的二十大将"推动构建人类命运共同体"和"创造人类文明新形态"明确为中国式现代化的本质要求，不仅强化了为世界现代化贡献力量的目标指向，更是彰显了中国共产党团结带领人民推进和拓展中国式现代化的国际担当和为世界现代化作贡献的天下情怀。

二、重大原则对坚守中国式现代化人民性的保障

全面建成社会主义现代化国家是一项伟大而艰巨的事业。中国共产党尽管带领人民如期实现了第一个百年奋斗目标，但仍以行百里者半九十的奋斗状态，对以中国式现代化全面推进中华民族伟大复兴进程中面临的国内外风险挑战保持清醒认识。党的二十大报告分析指出："当前，世界百年未有之大变局加速演进，新一轮科技革命和产业变革深入发展，国际力量对比深刻调整，我国发展面临新的战略机遇。同时，世纪疫情影响深远，逆全球化思潮抬头，单边主义、保护主义明显上升，世界经济复苏乏力，局部冲突和动荡频发，全球性问题加剧，世界进入新的动荡变革期。我国改革发展

稳定面临不少深层次矛盾躲不开、绕不过，党的建设特别是党风廉政建设和反腐败斗争面临不少顽固性、多发性问题，来自外部的打压遏制随时可能升级。我国发展进入战略机遇和风险挑战并存、不确定难预料因素增多的时期，各种'黑天鹅'、'灰犀牛'事件随时可能发生。"①基于这些认识，党的二十大报告强调："我们必须增强忧患意识，坚持底线思维，做到居安思危、未雨绸缪，准备经受风高浪急甚至惊涛骇浪的重大考验。"②这次大会围绕如何应对风险挑战完成中国共产党的使命任务，明确了全面建设社会主义现代化国家前进道路上必须牢牢把握坚持和加强党的全面领导、坚持中国特色社会主义道路、坚持以人民为中心的发展思想、坚持深化改革开放、坚持发扬斗争精神五条重大原则。这也是推进和拓展中国式现代化必须牢牢把握的重大原则。这五条重大原则是中国共产党团结带领人民推进和拓展中国式现代化基本经验的概括，涵盖实现中国式现代化的领导力量、道路选择、价值取向、动力塑造、精神风貌，是以人民性为内在联系的有机整体。

党的二十大报告明确的中国式现代化重大原则，是经过历史和现实充分验证的规律。历史和现实都充分验证，坚持和加强中国共产党的领导，使党始终成为风雨来袭时人民最可靠的主心骨，能够

---

① 习近平：《高举中国特色社会主义伟大旗帜，为全面建设社会主义现代化国家而团结奋斗——在中国共产党第二十次全国代表大会上的报告》，人民出版社2022年版，第26页。
② 习近平：《高举中国特色社会主义伟大旗帜，为全面建设社会主义现代化国家而团结奋斗——在中国共产党第二十次全国代表大会上的报告》，人民出版社2022年版，第26页。

确保中国式现代化朝着正确方向前行，不偏离航向、不丧失灵魂、避免犯颠覆性错误，更好把中国特色社会主义制度优势发挥出来，集聚起万众一心、共克时艰的磅礴力量，确保中国式现代化行稳致远，一代一代地接力为实现国家战略目标团结奋斗，实现新时代新征程中国共产党以中国式现代化全面推进中华民族伟大复兴的使命任务。"历史和现实都告诉我们，只有社会主义才能救中国，只有中国特色社会主义才能发展中国，这是历史的结论、人民的选择。"[①]这是 2013 年 1 月习近平总书记在学习贯彻党的十八大精神研讨班开班式上作出的深刻总结。走自己的路是中国共产党的全部理论、实践创新发展的立足点，是中国共产党百年奋斗得出的历史结论，只有坚持中国特色社会主义道路，才能够把中国发展进步的命运牢牢地掌握在自己的手中。历史和现实都充分验证，只有坚持以人民为中心的发展思想，让现代化建设成果更多更公平惠及全体人民，才能够实现人自由而全面的发展和中华民族伟大复兴的内在统一和相互促进，增强中国共产党团结带领人民为全面建设社会主义现代化国家奋斗的聚集力，更充分地发挥好亿万人民的创造伟力。历史和现实都充分验证，坚持深化改革开放为中国式现代化提供了根本动力，只有坚持深化改革开放，才能够把中国特色社会主义制度优势更好地转化为国家治理效能，不断增强中国式现代化的动力和活力。历史和现实都充分验证，中国共产党诞生于国家内忧外患、民

---

① 中共中央文献研究室编：《十八大以来重要文献选编（上）》，中央文献出版社 2014 年版，第 110 页。

族危难之时，敢于斗争、敢于胜利是中国共产党团结带领人民能够始终立于不败之地、走向一个又一个历史辉煌的强大精神力量，中华民族实现站起来、富起来并迎来强起来的飞跃是中国共产党团结带领人民发扬斗争精神实现的，只有坚持发扬斗争精神，知难而进、迎难而上，才能打开中国式现代化新天地。

遵循中国式现代化的重大原则，才能够在应对风险挑战中坚守好中国式现代化的人民性，守好中国式现代化的本，确保中国式现代化朝着正确的方向推进和拓展。

一是坚持和加强党的全面领导，发挥好中国式现代化的最大优势。中国共产党领导是中国特色社会主义最本质的特征和中国式现代化的最大优势。坚持和加强中国共产党的全面领导是坚持和发展中国特色社会主义的必由之路，是以中国式现代化全面推进中华民族伟大复兴的根本保证。2023年2月，习近平总书记在学习贯彻党的二十大精神研讨班开班式上强调："党的领导直接关系中国式现代化的根本方向、前途命运、最终成败。党的领导决定中国式现代化的根本性质。"① 党的二十大将"坚持和加强党的全面领导"明确为中国式现代化的重大原则，强调要"坚决维护党中央权威和集中统一领导，把党的领导落实到党和国家事业各领域各方面各环节，使党始终成为风雨来袭时全体人民最可靠的主心骨，确保我国社会主义现代化建设正确方向，确保拥有团结奋斗的强大政治凝聚

---

① 《正确理解和大力推进中国式现代化》，《人民日报》2023年2月8日，第1版。

力、发展自信心，集聚起万众一心、共克时艰的磅礴力量"。① 发挥好中国共产党领导这一中国式现代化的最大优势，需要勇于改革创新，不断破除各方面体制机制弊端，探索完善党的领导与发展全过程人民民主内在统一的实现路径，不断完善中国共产党团结带领人民推进和拓展中国式现代化的领导体制和机制，统筹处理好政党与人民的关系、政府与市场的关系，在更加科学的党的决策和高水平社会主义市场经济体制下，促进人的现代化和人自由而全面的发展，厚植起党的领导的民意基础，把全体人民的智慧、力量凝聚到以中国式现代化全面推进中华民族伟大复兴恢宏事业中。

二是坚持中国特色社会主义道路，把中国发展进步的命运牢牢掌握在自己手中。方向决定道路，道路决定命运。2013年1月，习近平总书记在学习贯彻党的十八大精神研讨班开班式上指出："一个国家实行什么样的主义，关键要看这个主义能否解决这个国家面临的历史性课题。"② 完成中国共产党以中国式现代化全面推进中华民族伟大复兴的使命任务，必须坚持中国特色社会主义道路。习近平总书记指出，中国特色社会主义是全面建成小康社会、加快推进社会主义现代化、实现中华民族伟大复兴的必由之路。③

---

① 习近平：《高举中国特色社会主义伟大旗帜，为全面建设社会主义现代化国家而团结奋斗——在中国共产党第二十次全国代表大会上的报告》，人民出版社2022年版，第26—27页。
② 中共中央文献研究室编：《十八大以来重要文献选编（上）》，中央文献出版社2014年版，第109页。
③ 中共中央文献研究室编：《十八大以来重要文献选编（上）》，中央文献出版社2014年版，第118页。

党的二十大将"坚持中国特色社会主义道路"明确为中国式现代化的重大原则,强调要"坚持以经济建设为中心,坚持四项基本原则,坚持改革开放,坚持独立自主、自力更生,坚持道不变、志不改,既不走封闭僵化的老路,也不走改旗易帜的邪路,坚持把国家和民族发展放在自己力量的基点上,坚持把中国发展进步的命运牢牢掌握在自己手中"。① 明确在中国式现代化推进和拓展的实践中坚持中国特色社会主义道路,也就明确了以中国式现代化全面推进中华民族伟大复兴的根本途径,明确了中国式现代化的基本性质和发展方向,不迷信西方现代化道路是唯一通往现代化的道路,在各种国际压力和风险挑战面前不畏惧,不依附零和博弈思维下采取恃强凌弱、巧取豪夺等霸权霸道霸凌行径的现代化先发强势国家,坚持自信自立,以中国化时代化的马克思主义为指导,遵循中国式现代化的本质要求,从国情和世情出发创造性地推进和拓展中国式现代化,创造人类文明新形态。

三是坚持以人民为中心的发展思想,让现代化建设成果更多更公平惠及全体人民。发展为了谁的问题,是社会主义现代化与资本主义现代化质的区别。发展为了人民是马克思主义政治经济学的根本立场。2023年3月,习近平总书记在十四届人大一次会议上强

---

① 习近平:《高举中国特色社会主义伟大旗帜,为全面建设社会主义现代化国家而团结奋斗——在中国共产党第二十次全国代表大会上的报告》,人民出版社2022年版,第27页。

调：" 全面建成社会主义现代化强国，人民是决定性力量。"①党的二十大将"坚持以人民为中心的发展思想"明确为中国式现代化的重大原则，强调要"维护人民根本利益，增进民生福祉，不断实现发展为了人民、发展依靠人民、发展成果由人民共享，让现代化建设成果更多更公平惠及全体人民"。②坚持以人民为中心的发展思想这一重大原则与中国式现代化是全体人民共同富裕的现代化内在统一，都要求让现代化成果更多更公平惠及全体人民。因此，在中国式现代化推进和拓展中要坚持党的群众路线，发展全过程人民民主，完善为人民执政、靠人民执政的制度体系，坚持社会主义市场经济改革方向，以增进人民福祉、促进人的全面发展、朝着共同富裕方向稳步前进为经济发展的出发点和落脚点，坚持人民至上的根本立场部署经济工作、制定经济政策、推动经济发展，完善基于民有其股的基本经济制度、人民参与治理的经济治理结构、共享发展成果的共同富裕实现路径，完善分配制度，健全社会保障体系，强化基本公共服务，兜牢民生底线，解决好人民群众急难愁盼问题，进而完善发展为了人民、发展依靠人民、发展成果由人民共享的实现机制，让资本更好地服务人民和社会主义，以经济高质量发展为基础提升人民生活品质，充分激发全体人民的主人翁精神，让现代

---

① 习近平：《在第十四届全国人民代表大会第一次会议上的讲话》，《人民日报》2023年3月14日，第2版。
② 习近平：《高举中国特色社会主义伟大旗帜，为全面建设社会主义现代化国家而团结奋斗——在中国共产党第二十次全国代表大会上的报告》，人民出版社2022年版，第27页。

化建设成果更多更公平惠及全体人民，形成和完善以人民为中心的中国式现代化的动力观和动力机制。

四是坚持深化改革开放，不断增强社会主义现代化建设的动力和活力。改革开放是中国人民和中华民族发展史上一次伟大革命，是决定当代中国命运的关键一招，也是决定实现"两个一百年"奋斗目标、实现中华民族伟大复兴的关键一招。党的二十大将"坚持深化改革开放"明确为中国式现代化的重大原则，强调要"深入推进改革创新，坚定不移扩大开放，着力破解深层次体制机制障碍，不断彰显中国特色社会主义制度优势，不断增强社会主义现代化建设的动力和活力，把我国制度优势更好转化为国家治理效能"。[①] 面对新时代新征程中国共产党的使命任务、新的社会主要矛盾、新的现代化时间表路线图，要坚定沿着改革开放之路走下去，把着力构建新发展格局和深度融入世界经济、推进全球经济再平衡统一起来，在全球面临发展与冲突的突出矛盾的背景下统筹发展和安全，着力破解深层次体制机制障碍，以构建高水平社会主义市场经济体制释放发展活力，以推进高水平对外开放形成发展动力和拓展中国式现代化的发展空间。

五是坚持发扬斗争精神，依靠顽强斗争打开中国式现代化新天地。坚持发扬斗争精神是以中国式现代化全面推进中华民族伟大复

[①] 习近平：《高举中国特色社会主义伟大旗帜，为全面建设社会主义现代化国家而团结奋斗——在中国共产党第二十次全国代表大会上的报告》，人民出版社2022年版，第27页。

兴的重要法宝。党的二十大将"坚持发扬斗争精神"明确为中国式现代化的重大原则，强调要"增强全党全国各族人民的志气、骨气、底气，不信邪、不怕鬼、不怕压，知难而进、迎难而上，统筹发展和安全，全力战胜前进道路上各种困难和挑战，依靠顽强斗争打开事业发展新天地"。[①] 中国共产党团结带领人民以中国式现代化全面推进中华民族伟大复兴进程中，受逆全球化思潮抬头影响，世界进入新的动荡变革期，国内改革发展稳定面临不少躲不开、绕不过的深层次矛盾，会遇到来自政治、经济、意识形态、自然界等方面风高浪急的风险挑战，导致各种"黑天鹅""灰犀牛"事件随时发生的不确定难预料因素增多。只有坚持发扬斗争精神，居安思危、未雨绸缪，知难而进、迎难而上，努力成为敢于斗争、善于斗争的勇士，把发展和安全统筹起来，才能增强全党全国各族人民的志气、骨气、底气，在实践中练就斗争的真本领、真功夫，进而战胜前进道路上各种困难和挑战。

三、基于人民立场和人民至上理念构建中国式现代化理论体系

中国式现代化基于中国共产党的初心使命、科学社会主义的先

[①] 习近平：《高举中国特色社会主义伟大旗帜，为全面建设社会主义现代化国家而团结奋斗——在中国共产党第二十次全国代表大会上的报告》，人民出版社2022年版，第27页。

进本质、国情世情、中华优秀传统文化，借鉴吸收了人类一切优秀文明成果，不同于西方现代化，这一全新的人类文明形态代表了人类文明发展进步的方向。

人民性内在规定了顺应时代发展要求积极识变应变求变推进中国式现代化的目标指向及其实现路径。习近平总书记在纪念马克思诞辰200周年大会上指出："马克思主义是人民的理论"，"人民性是马克思主义最鲜明的品格"。[1]中国式现代化的本质要求以实现内在统一和相互促进的人自由而全面的发展和中华民族伟大复兴、创造人类文明新形态为世界现代化贡献力量为目标指向，致力于五个文明向更高水平发展的本质要求以实现人自由而全面的发展为目标指向，是对中国式现代化人民性的坚守。中国式现代化的重大原则确保中国式现代化人民性的坚守，在各种风险挑战下中国式现代化都能够朝着正确的方向推进和拓展。

中国式现代化体系中的根本性质、根本遵循、中国特色、本质要求、重大原则、重大关系，内在统一于以人民为中心的现代化和以中国式现代化全面推进中华民族伟大复兴。中国式现代化以中国共产党领导的社会主义现代化为根本性质，以习近平新时代中国特色社会主义思想为根本遵循，内在规定了中国式现代化的中国特色、本质要求、重大原则、重大关系。中国式现代化以人口规模巨大的现代化、全体人民共同富裕的现代化、物质文明和精神文明相

---

[1] 中共中央党史和文献研究院编：《十九大以来重要文献选编（上）》，中央文献出版社2019年版，第424、429页。

协调的现代化、人与自然和谐共生的现代化、走和平发展道路的现代化为中国特色,是中国式现代化的内涵,是中国式现代化的根本性质、根本遵循、本质要求、重大原则、重大关系下呈现出的中国式现代化的目标取向、价值取向及其标注的历史方位。中国式现代化的本质要求规定了中国式现代化的中国特色、重大原则、重大关系。中国式现代化的重大原则是中国式现代化的中国特色和本质要求所明确的目标取向、价值取向、历史方位坚持不变的保障。中国式现代化的重大关系明确了如何基于中国式现代化的根本性质、根本遵循、中国特色、本质要求、重大原则统筹兼顾、系统谋划、整体推进和拓展中国式现代化的问题。

内在统一的中国式现代化的根本性质、根本遵循、中国特色、本质要求、重大原则、重大关系等构成中国式现代化理论体系,科学地明确了中国式现代化的内涵、目标取向、价值取向、历史方位和实践遵循。中国式现代化理论体系的构建,人民立场和人民至上理念贯通其中,是基于对现代化规律认识的深化、顺应时代发展要求写好坚持和发展中国特色社会主义这篇大文章的一次重大理论创新,是科学社会主义的重大理论新成果,是对人类社会现代化理论发展创新的贡献。

综上所述,人民性内在规定了顺应时代发展要求积极识变应变求变推进和拓展中国式现代化的目标指向及其实现路径。中国式现代化的本质要求和重大原则科学回答了如何坚守中国式现代化人民性的重大理论和实践问题。新时代新征程推进和拓展中国式现代化，完成好以中国式现代化全面推进中华民族伟大复兴的使命任务，要基于人民性深刻认识中国式现代化理论体系所明确的中国式现代化的目标取向、价值取向、历史方位和实践遵循，把握好中国式现代化理论体系中的根本性质、根本遵循、中国特色、本质要求、重大原则、重大关系等。

古人说："慎易以避难，敬细以远大。"习近平总书记在省部级主要领导干部学习贯彻党的十九届五中全会精神专题研讨班开班式上强调："全党必须继续谦虚谨慎、艰苦奋斗，调动一切可以调动的积极因素，团结一切可以团结的力量，全力办好自己的事，锲而不舍实现我们的既定目标。"[1] 按照党的二十大"分两步走"的战略安排，以中国式现代化全面推进中华民族伟大复兴，建成富强民主文明和谐美丽的社会主义现代化强国可期，建设成为综合国力和国际影响力领先的社会主义现代化强国可期。

---

[1] 习近平：《把握新发展阶段，贯彻新发展理念，构建新发展格局》，《求是》2021年第9期。

后记

在学界对中国式现代化开展了多学科多视角研究的情况下，本书基于习近平总书记在学习贯彻党的二十大精神研讨班开班式上作出中国式现代化"展现了不同于西方现代化模式的新图景"的论断，以《现代化的中国图景》为题，对国内外长时段的现代化演进进行实证分析，探讨以下问题。

——梳理"现代化的中国图景"形成的历史逻辑和路径，阐明中国共产党是如何团结带领人民绘制"现代化的中国图景"的，将"现代化的中国图景"动态地呈现出来。

——从中国式现代化的科学内涵、目标提升、主题拓展、道路创造、优势厚植、全面发展、使命任务、守正创新八个维度呈现"现代化的中国图景"，深化对中国式现代化在人类社会现代化进程中的历史方位、原创贡献、发展方向的研究。

——从基层的生动实践层面呈现和诠释"现代化的中国图景"。笔者基于长期调研，把宏观研究与基层实践贯通起来，正视基层实践中遇到的问题及如何破解和实现创新发展，着力呈现基层在中国式现代化推进和拓展中的一份份贡献，为宏观研究提供来自基层实践的支撑和验证。书中插入笔者调研时用手机拍摄的部分照片，虽然不如专业摄影那般亮丽雅致，但这些记录很真实，所呈现出的实践中的"现代化的中国图景"，表明和验证了"现代化的中国图景"不是空中楼阁，而是实实在在的创造和发展。

本书力图通过上述努力，一方面多维度生动呈现"现代化的中国图景"，让中国式现代化可知可感，让读者从中感知到作为中华民族的一员在其中做出并可以继续做出的一份贡献，增强以中国式现代化全面推进中华民族伟大复兴的自信；另一方面深化和拓展学术研究，致力于对长时段动态演进的中国式现代化作出新梳理新归纳新判断新结论，为中国式现代化研究和实践发展尽绵薄之力。

本书是应湖南人民出版社副社长黎晓慧老师的热情邀请开始研究和写作的。笔者与黎老师的合作是从2008年开始的，这是我们合作出版的第三部著作，已出版的两部著作得到认可，《目标与路径——中国共产党"三农"理论与实践60年》入选庆祝新中国成立60周年全国百种重点图书并获第三届中华优秀出版物(图书)奖，《新中国"三农"发展重大突破》入选2020年度国家出版基金资助项目。黎老师策划了选题和内容，并给予多方面指导帮助。潘凯老师精心编辑并提出宝贵意见。在此，对两位老师表示衷心感谢！

郑有贵
2024年7月

本作品中文简体版权由湖南人民出版社所有。
未经许可，不得翻印。

图书在版编目（CIP）数据

现代化的中国图景 / 郑有贵著. --长沙：湖南人民出版社，2024.7
ISBN 978-7-5561-3370-3

Ⅰ.①现… Ⅱ.①郑… Ⅲ.①中国特色社会主义—社会主义建设模式—研究 Ⅳ.①D616

中国国家版本馆CIP数据核字（2023）第214985号

现代化的中国图景
XIANDAIHUA DE ZHONGGUO TUJING

著　　者：	郑有贵
出版统筹：	黎晓慧
产品经理：	潘　凯
责任编辑：	陈　实　潘　凯　曾诗玉
责任校对：	唐水兰
封面设计：	陶迎紫

出版发行：湖南人民出版社 [http://www.hnppp.com]
地　　址：长沙市营盘东路3号　　邮　编：410005　　电　话：0731-82683346
印　　刷：长沙超峰印刷有限公司
版　　次：2024年7月第1版　　　　　　　　　　　　印　次：2024年7月第1次印刷
开　　本：710 mm × 1000 mm　1/16　　　　　　　字　数：240千字
印　　张：22　　　　　　　　　　　　　　　　　　插　页：12
书　　号：ISBN 978-7-5561-3370-3
定　　价：88.00元

营销电话：0731-82683348（如发现印装质量问题请与出版社调换）